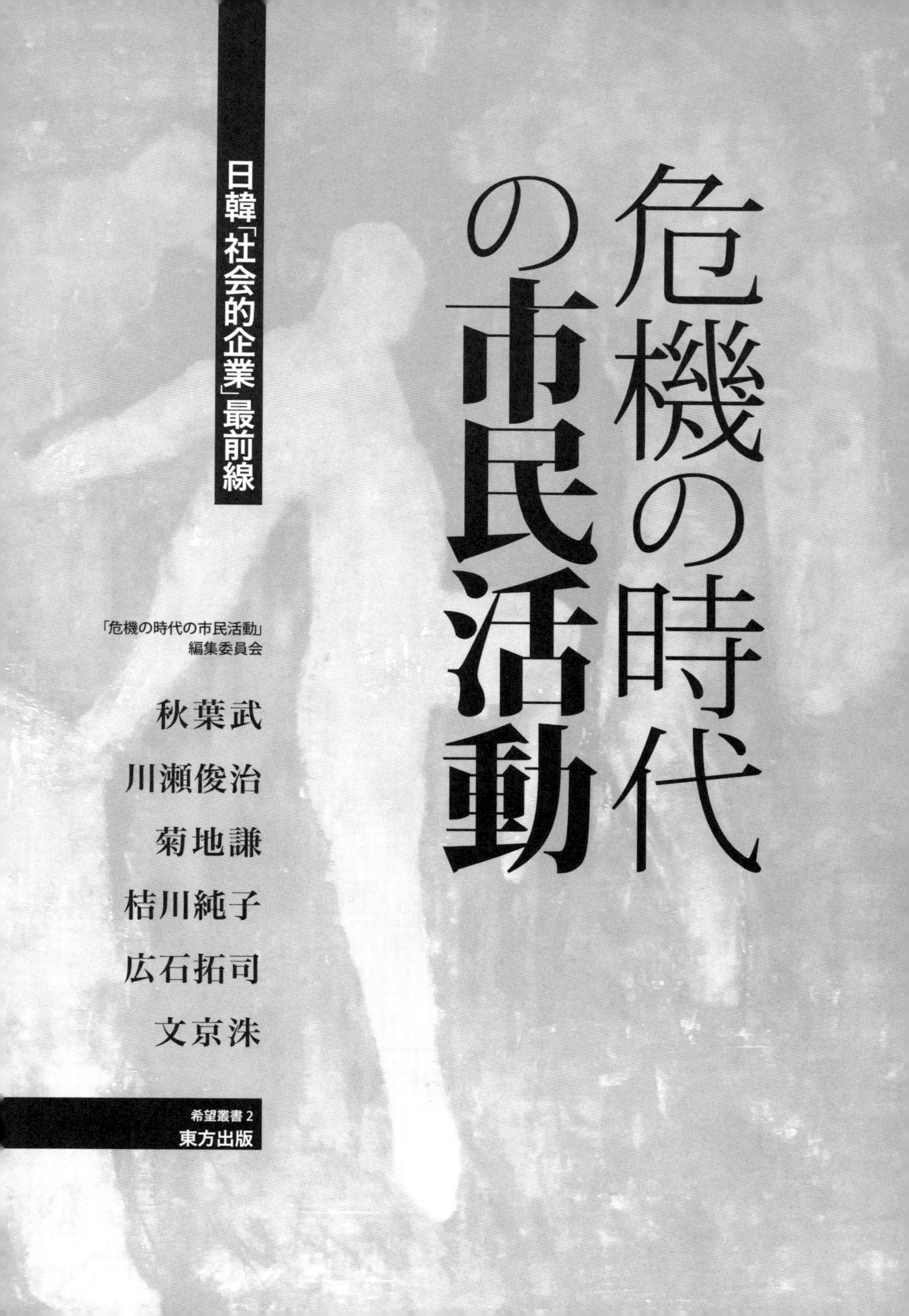

危機の時代の市民活動

日韓「社会的企業」最前線

「危機の時代の市民活動」編集委員会

秋葉武
川瀬俊治
菊地謙
桔川純子
広石拓司
文京洙

希望叢書 2
東方出版

はじめに

「朝起きて働くために出かけられることがいかに幸せかを感じています」。

韓国の介護サービス専門の社会的企業「タソミ財団」でヘルパーとして働くある中年女性が切々と語った言葉である。この言葉は、私たちがこの本で〝危機〟と呼ぶ事態のあり様をよく表している。もちろん、ここでの〝危機〟は、戦争やテロといった非日常の、殺戮や物理的な破壊への脅威から来るものではない。しかし、それでもそれは、一年に韓国では一万五〇〇〇人余り、日本では三万人余りの自殺者（犠牲）を生むような、人びとの日常を広く深く蝕んでいる〝危機〟にほかならない。韓国や日本ばかりかグローバル化の波に洗われたほとんどの先進資本主義国が共通して直面する〝危機〟でもある。ＩＬＯがはじき出した欧米の先進諸国の失業率は、二〇〇〇年の六・三％から二〇一〇年には九・三％となり、若者に至っては同じ期間で五％近くも跳ね上がって一八％を超える水準となっている（"Global Employment Trends 2011"）。国も企業も、「朝起きて働くために出かけられること」という、ごく平凡だが、人びとの生活の根幹にかかわる活動さえもまともに保障できなくなっているのである。

日本も韓国も、程度の差はあれ、こうした危機のただ中に置かれている。日本では、バブル崩壊以後、とりわけ、「雇用流動化」をかかげた小泉改革以降、「間接雇用」「短期契約」といった不安定雇用が蔓延する時代に入った。リーマンショック（二〇〇八年九月）以後は、「景気回復や企業の業績回復と雇用との乖離」、すなわち雇用なき成長が明らかとなり、「製造業派遣で働く労働者が全国で一斉に解雇される」ような事態となった（引用は本書第四章の座談会での菊地謙さんの発言）。生活保護受給者は、その間、四〇万人増えて二〇〇万人の大台を超えた。増えた受給者の大半（大阪市で七割）は、従来、受給対象として考えられていなかった、労働能力のある、いわゆる「稼働層」であった（ＮＨＫスペシャル「生活保護三兆円の衝撃」二〇一一年九月放送）。いまや、日本は、「身元不明の自殺」「行き倒れ」「餓死」「凍死」などの「無縁死」が年間三万人を越える「無縁社会」となった。二〇一一年三月の東日本大震災の衝撃は、日本社会がこうしてそもそも直面していた雇用や地域社会の疲弊の問題をあらためて浮き彫りにしたともいえる。

　韓国で稼働層の失業や非正規雇用の問題が明らかになるのは、一九九七年末から九八年の通貨金融危機（ＩＭＦ事態）以降である。韓国の国民がＩＭＦ事態によって受けた衝撃ははかりしれない。ＩＭＦ事態以前の韓国は、短い期間とはいえ、一頃の先進国並みに「完全雇用」に近い状態を実現していた。男子家長の安定した職場と高収入を前提に、夫は公にあって外で働き、妻は家庭にとどまって家事や育児を切り盛りする、といった〝中流〟の、四人前後からなる核家族が韓国世帯の典型やマジョリティとされるようになっていた。だが、九七年末から九八年の破局は大量の労働者から職を奪い、これに伴う家族やコミュニティの崩壊が引き起こされた。九八年夏にソウル駅構内に忽然と現れた一群のホームレスは、血縁や地縁を通じた伝統的セフティ・ネットがもはや従来のように機能しなくなりつつあることを衝撃的な仕方で示した。ＩＭＦ事態のさ中に成立した金大中政権の新自由主義改革によって、韓国経済はＶ字型の回復を遂げるが、高い輸出の伸びが国内の付加価値生産や内需を伸ばし、雇用増大をもたらすという、それまでの循環はもはや機能しなくなっていた。盧武鉉政権期（二〇〇三年〜〇八年）には、経済は成長基調にあるにもかかわらず雇用率は減少するという〝雇用衝撃〟を経験し、若者をはじめとする稼働層の失業や非正規雇用が高い水準でつづいた。働くことをめぐる困難は、離婚率の上昇、婚姻年齢の遅れや未婚者の増加、出生率の低下、家庭崩壊、自殺、精神疾患、ホームレスの急増、など、社会全般の病理と両極化をもたらした。

こういう「市場の失敗」、「政治の失敗」と言われる危機を迎えて、市民社会の役割がますます重みを増し、機能不全ぎみの行政や社会貢献を重視し始めた企業と、ＮＰＯの活動とをむすぶガバナンスの取り組みも盛んになった。そういうなかで私たちがこの本でとくに着目したのは社会的企業をめぐる市民社会の取り組みである。

韓国では、ＩＭＦ事態以降、オルタナティブな職場づくりをめぐる実験や模索がつづき、それは二〇〇七年施行の社会的企業育成法（以下「育成法」）に結実した。この「育成法」は、社会的企業を「社会的弱者に社会サービスまたは雇用の場を提供」し、公益に合致する「営利活動をおこなう企業」（同法二条）と定義している。より広くとらえて、社会的企業とは、「社会」にこだわれば「多様な公共目的のための市民主体の事業活動」ともいえるし、「企業」という面からは「企業活動における経済性と社会性の本質的両立を求める取り組み」（第四章広石論文）であるとも定義できよう。いずれにしても、「育成法」が想定する「社会的企業」だけではなく、「社会的起業」「コミュニティ・ビジネス」「ソーシャル・ベンチャー」「マウル企業」（マウルは村や町の意味）など、日本と韓国での展開だけをとってもその名称や形はさまざまであり、この本では、そういう多様な社会的企業の取り組みを中心に、まさしく「危機の時代」の日韓の市民活動のいまを検証する。

私たちは、そういう市民活動を検証するにあたって「現場主義」ともいえる姿勢に徹した。そもそもこの本の編集委員のほとんどは、さまざまな〝現場〟に立脚する市民活動家であり、本書でのインタビューに応じていただいた皆さんも、日韓の市民活動の第一線で活躍している方々としてよく知られている。

まさに「現場主義者」を自称する朴元淳（パクウォンスン）さんは、九〇年代以来の韓国の市民運動を代表する人物であり、昨年（二〇一一年）のソウル市長選挙で当選を果たして以降は、大都市の行政の長としての立場から市民社会と行政をつなぐガバナンスに取り組もうとしている。

湯浅誠さんは、リーマンショックのあった二〇〇八年大晦日から翌年初めの「年越し派遣村」の取り組みを通じて日本社会の貧困問題の可視化に大きく貢献し、政権交替後は、内閣府参与としての立場からも貧困問題や被災地とボランティアとの連携に取り組んだ。

阪神・淡路大震災以後、地域での多文化共生や若手社会起業家の育成に取り組んできた田村太郎さんは、東日本大震災後は被災者をNPOとつなぐネットワーク構築に取り組み、内閣官房の震災ボランティア連携室の立ち上げにあたっても、民間からの企画官としてかかわった。

岩手県遠野市でまちづくりやグリーンツーリズムを推進してきた菊池新一さんは、震災後、いち早く「遠野まごころネットワーク」を立ち上げ、岩手県南部の被災地支援のハブ機能を担いつつ、被災地の地域再生・創造に取り組んでいる。
九〇年代から韓国の貧困運動に取り組んできた李恩愛(イウネ)さんは、二〇〇〇年代には社会的企業の中間支援団体の事務局長として社会的企業の制度化と発展に最前線で貢献してきた、韓国の社会的企業の代名詞ともいえる人であり、「育成法」の制定にも直接かかわった。

李恩愛さんのインタビューでも明らかにされるように、韓国での社会的企業の成長は九〇年代以来の貧困運動(生産共同体運動)の伝統に根ざし、その〝伝統〟は、少なからず日韓の市民社会の交流と学び合いの中でつちかわれてきたものである。社会的企業をめぐる取り組みは、グローバル化時代の危機や課題を共有する日韓の市民社会の、問題解決に向けた共通のスキームづくりとしての意義をもち、日韓市民社会の連携に新しい地平を開くものであるともいえる。と同時にそれは、広く東アジア地域の共同性をつちかう上での貴重な公共財としての役割も期待出来よう。そしてこの本での私たちの試みが、そういう国境を越えた市民同士の共同・協働に少しでも役立てば、と願ってやまない。

「危機の時代の市民活動」編集委員会
文京洙

凡例

1　韓国人、韓国の地名の名前のルビ表記は、各インタビュー、論文の初出のみ付した。

2　本書での用語（名詞）は、「セフティ・ネット」、「きずな」など統一しているが、動詞は「持つ」、「もつ」などの表記は、各論考、インタビューで異なる。

3　座談会は二〇一一年九月一二日に行ない、参加できなかった人は個別にインタビュー、加筆などで補い、座談会以後の経過について加筆した部分も含まれる。

4　事例「韓国の社会的企業／日本の社会的企業」は各団体のホームページや雇用労働部もしくは韓国社会的企業振興院発行の『社会的企業概要集』、さらには編集委員や執筆協力者の独自の取材・調査に基づいてまとめたものもある。日本の事例は掲載の許諾が間に合わず掲載を見合わせた事例がある。

5　写真掲載で「提供」と明記された以外はすべて本書の編集委員が撮影したものであり、クレジットを入れなかった。すべて著作権は編集委員会にある。

危機の時代の市民活動—日韓「社会的企業」最前線◎目次

はじめに　1
「危機の時代の市民活動」編集委員会　文京洙

第1章　危機の時代とどう向き合うか

日韓の市民社会・社会的企業を語る　聞き手　広石拓司　12
朴元淳さん「希望製作所」常任理事（当時）

付記――朴元淳さんソウル市長になる　39
文京洙

政権交代と市民運動を語る　聞き手　菊地謙、桔川純子　45
湯浅誠さん「反貧困ネットワーク」事務局長、内閣府参与（当時）

第2章　東日本大震災に直面して、いま

東日本大震災に直面して
様々なつながりの具現化を　聞き手　広石拓司　76
田村太郎さん「ダイバーシティ研究所」代表

震災後の支援ネットワークを語る
遠野からの発信　聞き手　編集委員　86
菊池新一さん　NPO法人「遠野山・里・暮らしネットワーク」マネジャー

第3章　韓国における社会的企業の現在

韓国の社会運動と社会的企業
李恩愛さんへのインタビューに寄せて　106
文京洙

韓国の社会的企業の現況と
市民社会のイニシアチブ　聞き手　文京洙　121
李恩愛さん「ともに働く財団」前事務局長

韓国の社会的企業と言説の多様性　165
秋葉武

第4章　コミュニティの再生と市民事業の可能性

危機の時代乗り越えるために、社会的企業が果たす役割とは
人を中心に経済と社会、コミュニティと仕事を結び付ける　180　広石拓司

韓国のコミュニティづくりの実践
ソンミサン・マウルの新たな挑戦　203　桔川純子

座談会「危機の時代の市民活動」　218
出席者　菊地謙　秋葉武　広石拓司　桔川純子　文京洙
司会　川瀬俊治

一、市民「運動」から「活動」へ
二、変革につながる回路は
三、消費社会のインパクト
四、韓国社会の危機について
五、貧困問題をどうとらえるか
六、「雇用なき成長時代」について
七、日韓の社会的企業
八、コミュニティ再生の課題は

事例　韓国の社会的企業／日本の社会的企業　250

資料編　社会的企業育成法　281

あとがき　289　「危機の時代の市民活動」編集委員会　川瀬俊治

キーワード解説（韓国関連）　293

装画　瀬谷豊
装丁　林眞理子

第１章　危機の時代とどう向き合うか

朴元淳さん 「希望製作所」常任理事（当時）

日韓の市民社会・社会的企業を語る

二〇一〇年九月二〇日　聞き手 広石拓司、通訳 桔川純子

韓国の市民社会のリーダーの一人・朴元淳（パクウォンスン）さんは、九〇年代に市民参加型の政治を目指す「参与連帯」（本書末尾二九六ページキーワード解説参照、以下※印―ただし本文中の注で説明した用語は※印を付けない）を、二〇〇二年に韓国に寄付文化を広げるための「美しい財団」（※）をそれぞれ創設。さらに、その活動からリサイクル事業「美しい店」をプロデュースした。どちらの事業も「寄付集めは難しい」「韓国人はリサイクルを好まない」という逆風の中での立ち上げであったが、現在、「美しい財団」は年間に一〇億円規模の寄付を集め、「美しい店」は一一〇を超える店舗で一〇億円の売上の社会的企業となっている。また、朴さんは世界各国の市民社会の動きの情報を集め、それをブログやソーシャル・メディアを使って韓国国民にも伝え、自らの市民活動に応用することを応援している。韓国の市民社会のアップグレードに取り組んでいる朴さんは、リーマンショック後の世界と韓国、日本の状況をど

のように見ているのか、さらに、社会的企業の可能性と運営のポイントをどう考えているのか、インタビューを行った。

一、新しい代案、新しい克服

Q：現在、急激なグローバル経済の変化が、地域の経済・社会にダメージを与えています。経済のグローバル化が進む中、韓国の社会において何が重要な危機だと考えておられますか？

朴　社会的企業の話に入る前に市民社会の話をした方が良いでしょうね。その市民社会というものも一般社会とは別に独自にあるものではないでしょう。市民社会、市民団体とは、その社会その時代の問題が何か、深く洞察してそれを解決するために存在するのですから、結局その社会、時代の課題が何なのかが決定的に関係してくると考えられます。そのような観点で見れば、今、韓国社会だけの課題と、韓国社会だけでなくグローバルに共有する課題や問題、挑戦、危機が一緒にあるのではないかと私は考えています。

まずグローバルな側面で見ると、金融危機を通して、既存の資本主義金融システム、既存の多国籍企業の主導による経済システムが一瞬に崩れることがありうること、そしてそれが招く影響があまりにも大きいこと、これらのことが証明されました。ですから、そこに対応する新しい運動と言いましょうか、アジェンダが全く新しく登場したように思います。そして、それは結局のところ、近年全世界的に推進されてきた新自由主義という動きに対する新しい代案、新たな克服への方法が議論され始めたのだと見ています。

それは単に先進国だけの問題でなく、グローバル化の進展に従って、第三世界にも、韓国と同じような立場の国にも大きな影響を及ぼしているのです。

そのような世界共通の課題が存在することに加え、韓国社会では李明博（イミョンバク）政権以後、過去に回帰したように次々に他の多くの試練や様々な問題が重複して起きているので、解決するためにはもっと努力しなければならない状況になっています。

そして、さっき話した新自由主義の問題は、大きく見れば経済問題であることは各国共通で、他の社会や文化芸術とも、また政治とも不可分の関係になっていますね。

例をあげると、世界的経済システムの崩壊の問題は、結局は社会のセーフティ・ネットだとか、貧富の格差とか、多くの階級の疎外現象だといったこととかと関係しています。同時に、そんなことが文化芸術の基盤を押しつぶしてもいます。これらは政治的リーダーシップの解決なしには解決されない問題になっています。

これらの問題は、どれもが重複的で不可分的な状況で、さらに問題が複雑で解決が難しい側面があります。同時に、このような現代のグローバル化がもたらした問題には、グローバルな連帯と協同が要求されています。また、同時に、草の根運動をもとに解決されなければならない問題でもあります。

ただし、とても複雑で難しい問題だということは、別の見方をすると「難しい時ほど原則で解決しろ」という言い方があるように、問題解決の原則として、市民中心、ボトムアップ中心、現場中心、ローカル中心、コミュニティ中心といった価値観を大切にすべき時だと考えられるのです。こういう危機の時代は、他の見方をすれば、問題をもっと根本的に解決できる何よりも良い機会を提供しているのだと私は思います。

ですから、例えば新自由主義の経済や社会システムがそのまま行って、うまく機能していたら、私たちがこういう新しい代案的な社会を共有できる機会は少なくなり、それだけ代案を実現するため努力もしなかったはずですから、このような状況下では、かえって新しい社会を創り出そうと思う情熱や考えも深くなり、より良くなる機会をむかえているのだと、私はそう考えています。

これを「裏打ちのない楽観主義者」という声もあるでしょうが、私はそれが真理で歴史が証明してみせると考えています。

Q：朴さんは二〇一〇年二月から五月、英国に長期滞在をされました。その目的は何だったのですか？

朴　逆説的なことに、そのような一種の新自由主義者の受恵者だと言えるいわゆる先進国、日本もその中に含まれることと思いますが、代表的な英国だとか米国だとかドイツだとかで、新自由主義に対する代案も熟慮し、先進的な実験をしているということでしょう。

私も二〇一〇年の春には英国に二か月間滞在してきました。そこでたくさんのインタビューをして、それをまとめたものが韓国で出版されているのですが、そのとき関心を強く持って調べた論点の一つは「政府の失敗」についてです。

そこでは、政府がすべきだった公共サービスを、政府の代わりに民間が提供できるようにしています。政府がすると費用が多くかかるのに品質、サービスの質が低いと考えられることは、民間ができるようにしてその対価を支払うという方式で行っているということです。

特に、今回多数をとった保守党の主張がいわゆる「小さい政府」を打ち出しているのに、もちろん本来、保守的立場であれば政府の機能を縮小させるというもともとの方針がありますが、特別に英国のような場合には民間に力を与えることで社会的企業がより一層活性化するということにつながっています。

ところが、韓国の場合を見ると、韓国政府はそのような新しい社会の変化と未来に対して思い悩むこともなく、大変な状況になっているわけです。

日本では政権交代で民主党政府になりました。過去の自民党とは異なる哲学と原則を持って運営すれば良いのではないかと思いますが、私が何人かに話を聞いたところでは、いろいろ批判があるようです。私は日本の市民社会が民主党の失策を批判をするばかりでなく、多様な場をつくって、韓国が失敗したこと、つまり、韓国の進歩的政権は一〇年続いたわけですが、政権を取っても十分にできなかった部分もたくさんあったので、それをどのようにしたらより良いガバナンスを構築していけるかということを、ともに一度深く考えてみてはどうかと思っています。

二、現場主義に徹し答えを探す

Q：これまでの朴さんの活動から思うのは、海外のアイデアを韓国に持ち込み、実現させるのが、

とても上手だと感じています。海外のアイデアを自国に取り入れる時、何が大切だと思いますか？

朴　私はご指摘のように、どこかで良いアイデアに出合うと、それを韓国で実現したいと思います。韓国にはそれが可能な状況や、必要な条件があるのではないかと考える人が多いですが、そうではありません。「参与連帯」も「美しい財団」や「美しい店」も、良いネットワークと支援して下さる方があるから実現できたわけで、韓国社会が日本よりもやりやすいとは思えません。

例えば、大企業も、富裕層の人も含めて多くの人が政府とは違う考えを持っていても、自分たちの考えの通りにすることは怖くなってできなくなるようになったら、そのときにはまた代案を探すことになるのです。

今なら、多くのお金を持っていなくても小さいお金を集めて出しあうとか、でなければボランティアをするとか、また高度な専門性を持っている人を集めたりするには、ソーシャル・メディアを通して、協力したりもできます。

こういう代案をつくることができますよね。

実際、国ごとに少しずつ状況が違いますから、その状況をとにかく最大限活用する方法を考え出さなければならないと思います。

それでも一人であらゆることをすべて実現することはできないでしょうね。つまり、小さくても、たった一つのテーマででも、モデルをつくり出せば、結局それが広がる効果が生まれると考えています。それで、何をするかを考える際、現場主義で始めて、全体に拡散する方法を戦略的に取るのが良いだろうと私は考えます。

私が見てきたこと全てを一人ですることはできないので、その知識や情報を分けて、他の人たちも私のようにできるようにすることがとても重要だと考えています。例えば本を書いたり、可能ならば私がその日見てきたことを、その日の夜に、忘れないうちに整理してブログにアップし、他の人たちも知ることができるようにしています。実際に、その記事を見て考えたアイデアを報告する人々も結構いますよ。

朴元淳さん

その次の段階として、もう少し体系的に提供するためには、私は学校が重要だと考えています。大学でも研究機関でも似た科目はありますが、少し理論に寄りすぎています。希望製作所(※)は独自につくった学校が多くあります。

例えば社会イノベーション企業家学校が代表的なものです。それをもう少し専門化して、NPO経営学校、ソーシャルデザイナー・スクール、年配の方や引退者のためのハッピーシニア・アカデミーなどができました。また、大学生の起業のインキュベーション課程として希望別動隊があります。

そして最近では「千の職業を提供します」という講演フェスティバルに取り組んでいます。それには、キム・ジェドンというとても有名なコメディアンも以前出演しましたし、また、若者たちにいつもインスピレーションをあたえるハン・ビヤ氏という有名な旅行家が出演したり、三〇〇〇人もの人が集まっています。参加した若者たちが、すぐに私にブログやEメールを送ってくるのを見ると、ものすごい衝撃を受けていることがわかります。そこで私が『グッドニュース』という新聞を一度つくってみたらいいとアイデアを提供したら、ある若者がすぐにブログを一つつくったと報告してくれたりします。

こういう拡散の過程がとても重要だと思います。

Q：日本には「和魂洋才」という言葉があります。技術的なことを西洋から導入して、魂は日本のままで臨むという考えです。しかしそれは悪くすると、技術の裏にある文化や哲学を学ばないことになります。

朴　西洋の技術を習うことはできるが、その背景だとか、信頼だとかそういう部分は簡単には得られないということですね。もちろん私たちは技術を習ったなら、それを私たちのものにならなくてはならないでしょう。そうしなければ成功することもできないし、表面的には成功したとしても、本当の意味で社会に有益にはならないと思います。

それは、私もとても重要なことだと思いますし、お話に一〇〇％同意をします。

私は、対象が若者であっても、引退者であっても話をするときには、もちろん技術的なことも学んでもらいたいですが、それ以上に生きていく上での最も原則になることを伝えることを重視します。引退者ならば、その方たちが生きてきた世の中とは完全に違った世の中があるということを、私はできるだけ見せてさしあげたいと思います。そして若者たちには、ただのサラリーマンでの平凡な人生でなく、ちょっと大きい人生のビジョンを持って、ただ暮らすために生きるのではなく、一度だけの人生をもう少し人のために、世の中を変えるような少し大きなビジョンに挑戦をしてみたくなるような衝撃や感動のようなものを与えることが重要だといつも考えています。その人のビジョンがしっかりと立てられたならば、あとの技術的な部分は自ずとついてくることだと思います。私はそのようなビジョン、原則、哲学、大きい方向性がはるかに重要なものと考え、いつも信じています。

Q：朴さんは、海外の事例を自国に持ち込む時に、何が難しいとお感じになっていますか？

朴　現在の社会を変えることのできる原理的な代案を探し出すのは簡単なことではありません。まず洞察力がなければならないでしょう。現実を見つめることができる勇気がなければなりません。そう考える私は「現場主義者」なんだと思います。現場に行けば問題の本質もわかるし、答もわかると思うのです。

その現場というのは、外国であってもいいじゃないですか。同じ課題に悩む数多くの人々がいますが、それは実際、国内だけの問題ではないと思います。

外国へ行ってみれば、あまりにも似通った悩みを持っている人々を見て、かえってとても癒される時もあるのです。また、そこで数多くのアイデアを得ることもできます。グローバル化の中で、他の社会にも通じる普遍的なことがとても多いので、私たちより少し先を行っている人々の話を聞いてみると、とても得るものが多いのです。

同時に、私は足元の国内の、国内といっても韓国ならばソウルだけでなく田舎の村にも注目をしています。私は一年に三か月程海外に出向いて見聞を広めますが、国内についても二〇〇六年から地域に通いながらインタビューをして、それを本にまとめています。とにかくこういうものを通じて私が知らなかったような取り組みや、その方たちの経験を通じて得ることがとても多いようです。

そうすることを通して、何か希望や代案がつくれるのだと思います。

例えば韓国の教育問題に絞って取り上げても、私は韓国の教育は絶望的とだけ考えていました。私教育の費用がとても多くて、公教育は崩れているのです。ところが地域を回りながら見ると、とても良いモデルとなりそうな事例がたくさんありました。それが少し広がり、制度化されれば良いのではないかと思います。そしてそれにフィンランドの教育制度を調べた内容をあわせると、方向性に対する再確認をすることになります。このようにして代案がつくられるのだと思います。

Q：朴さんは海外情報を積極的にブログや講演などで韓国の人たちに向けて情報発信をしています。そのような代案を色々な人々に伝える時、どのように工夫して提示しますか？

朴　海外や地域で学んだことを、もちろん色々な本とか講演とかを通して広げることもできますが、一番重要なのは自分が何か一つを成功して見せることが、最もはっきりと広げることができると考えるようになりました。

リサイクル・ショップ「美しい店」
（ソウル市鐘路区　仁寺洞で）

例えば、私がリサイクル・ショップ「美しい店」を始めようとした時、人々は絶対にうまくいかないと言ったではないですか。ところがどうして、それから一〇年もたたない間に、ある程度定着して成功したと思われるようになり、その後、「美しい店」以外にも似た店が数十店は誕生し、リサイクルが今、一つの時代のトレンドになってしまいました。

ある分野で成功例を見せれば、近頃はオンラインもあるので、はるかに速い速度で、はるかに広範囲に広がるようです。国家を簡単に越えて広がることができます。

日本の代表的な事例を私たちは知るようになりますし、韓国の事例もこのようなやり方で知られるようになるでしょう。

例えば、地域の中で自然エネルギーとリサイクル・ショップを組み合わせるエコメッセ(1)は、「美しい店」で多くを学んだと言いますが、私たちが多くのインスピレーションを得ています。お互いが、まさにこのように国境を越えて、このように学ぶことが多くなりました。

私は「小さいことに集中しろ」といつも言っています。

「小さいことが美しい」という言葉がありますが、とにかく一つを成功するために一つに集中するのです。時にはそれが一〇年かかることもあって、早ければ一年でうまくいくこともありますが、とにかく一つに集中すること、そしてその成功が持つ拡散力、それが一つの代案をつくり出す重要な戦略だと思っているのです。

三、フットワークを自由にして小さいことから取り組む

Q：新しいことに人はなかなか協力してくれないのでは？

朴　最初に始める時は、スタッフや募金だとか、全てのことが難しいものです。実際、おそらく大企業が新しい事業を拡張する時と違って、特に市民団体やＮＧＯが何か新しい事業をする時は、素手でゼロから始めることが多いため、何をやるにしても難しいと私は考えています。例えば「美しい店」の話を少し整理してお話しましょう。

最も初期のころは、店舗を持たなかったため、一年間行商をしました。地下鉄の入口で、扱う物もアパートの主婦たちにお願いをして出してもらい、もしくは女子高の同窓会に行ってリサイクルに出すことをお願いして商売をしていました。徐々に常連のお客さんができて、一か月に一度の開催が、やがて週に一度になりました。このような様子を見て、車を寄贈して下さる人があらわれ、店舗も一つ寄贈してくださり、しかも絵になりやすいのでメディアでも報道されるようになり、第二、第三の売り場の提供者が現れました。このようなプロセスがあって事業として成立していきました。そして最初は「これはうまくいかない」と言っていた人たちが、徐々に支持者に変わっていきました。

このプロセスで最も重要なのは、先ず良いモデルを私が米国のグッドウィルや英国のオクス・ファーム、日本のＷＥ21などの先進事例を実際に行ってみて学んだということ、そのモデルを正確に理解したということ、そしてそんなことが可能だということを、共に仕事をするスタッフたちにも、決して資金は十分ではない中でも、一緒に米国へ行って直接見る機会をつくり、やれるという自信を植え付

けたことだと思います。

私も初期には「あれ、私が間違ってしまったのではないか。わけもなく始めたのではないのか」と混乱してしまうこともありました。不安があったとしても、とにかくまっしぐらに押し進めるということ、そういうものが重要なのではないでしょうか。

「私たちは失敗しても監獄には入れられないでしょ」。これは私が好きな言葉なんです。


代案の話に戻りましょう。

私たちが、新自由主義や資本主義の限界や、また私たちの社会が直面するとても厳しい問題を、非常に大きく考えると、答は出てこないでしょう。大きな問題を、とても細かく分析するのが必要で、その中で小さいことでも一つ始めなければならないと私は考えています。

例えば私が参与連帯で、ある時少数株主運動を始めたのも、韓国の財閥問題があまりにも深刻な経済的問題であることに対して、理論的に問題提起する人たちが多かったのですが、その財閥の問題を実際に改革するためには、何か小さい糸口を作り出さなければならないということですね。

実際、大きい堤防が崩れる時は、小さい穴が空いてその穴がだんだん大きくなって堤防が崩れるでしょう。そのように、社会問題に私たちがアプローチするには、小さいことから出発しなければならないというのが私の持論です。大きな問題を分析して小さく切って一つずつ解決していく、それが本当に重要なことでしょう。

だから私は市民運動をする人々には、大砲で撃って変化を起こそうと考えてはならない。針を持って行ってキリキリと刺せ。それで、痛いから相手が変わるという話をするのですよ。私が好む言葉は、有名なボクシング選手のモハメド・アリの「蝶のように舞い、蜂のように刺す」なのです。フットワークを自由にして小さい短打で攻めれば、大きい、強い選手も崩れることになるということですね。私たちが運動をするのにもそのような戦略が重要だと考えます。

そうしたことは日本の人々も上手ではないですか。

なぜならば韓国の人々は何かにつけ、あまりにも大きく考えがちで、だからこういう話を私は繰返すのですが、日本社会はいつも緻密で、小さく動くことができるから、それはものすごく強い点だと思うのですよ。日本では事実多くの方々が小さな実験をあちこちでしていますよね。

私は日本に来て、そのような小さな取り組みを本当に注意深く見て、韓国に帰ってから大きく展開するのがちょうど良い方法のようだと思います。

日本でよく習って、韓国でそれをもう少し大きい社会的イシューとしてつくり出していくことが私たちには良い戦略であるのです。

実際、私たちは日本の恩恵をたくさん得ているのです。

東洋大の青木辰司先生が取り組むグリーン・ツーリズムもそうでしょう。

韓国は日本から学ぶことが多いのですが、韓国はダイナミックに動き、急速に広まっていくので、それを逆手にとって日本の人々は「韓国があのように出来るのに、なぜ私たちは出来ないのか」と訴えるのが、日本で新たに広めていく戦略としていいんじゃないかと、冗談っぽく話し合っていたのですよ。そのように互いがウィンウィンできる方法を実現したいですね。

実際、日本社会と韓国社会は似ている部分がとても多いと考えています。社会的、情操的に見れば、西洋よりは普遍的に似ている部分が多いでしょう。制度的にもそうですね。だからお互いの良いところを活かして、お互いに学ぶことができたらいいと思うのです。

四、韓国・社会的企業の問題点は何か

Q：先ず実験的にでも取り組みを始めてみること、それを人々が体験することを通して人々を巻き込み、賛同者や協力者を増やしていくことが大切なのでしょうね。

朴　考えてみると、社会的企業でも、ＮＰＯの発展であろうと、社会変化の最も重要なのは中間支援機関だと思います。

それぞれが一人で何かをするのは容易なことではありません。どの分野でも、経験のある人々、情報を持つ人々が集まって、専門性を持った人々が助言やコンサルティングをして、その可能性に自信を持たせてくれることがとても重要なことでしょう。その重要な核心は中間支援機関だと思います。

韓国政府は、今自ら社会的企業に大きな予算をつけ、行政的支援をしています。ところが決定的に失敗しているのが、言ってみれば、ＮＧＯ、ＮＰＯなどの社会的企業を韓国政府の雇用労働部が直接支援をしていることではないかと思います。本当に重要なのは、そうするのではなく、むしろ間接的に、中間支援機関を支援して、税制で恩恵を与えるようなことではないかと思います。魚釣りを盛んにしたければ、魚を釣る方法を教えること、そして海を守ることや漁のための船舶を支援することが

大切ではないでしょうか。今は、直接行って魚を捕えるのを助けていますね。それだと、政府支援が切れれば終わってしまうことになるのではないか。私はとても非効率的だと思います。

その背景をもう一つ申し上げれば、韓国政府は焦っているのだと思います。大衆受けする政策を行ったり、または、雇用創出を展開しながら、表面的な数字にこだわっているのです。社会的企業をめぐって出てくる言葉が、何年以内にするかはともかくとして、五万社の社会的企業、一〇〇万人の雇用を創出するというものです。これは軍事作戦ではないでしょう。社会的企業が生まれやすい雰囲気をつくり、文化的な土台もつくって、相乗効果を生み出せる中間支援機関を支援して、そのようにして徐々に実現していくべきでしょうが、政府が社会的企業学校もつくるは、フェスティバルも開くはで、全部しようとしている。そこに力を注ぐことで中間支援機関が活躍する場を奪っているように思います。

韓国政府の社会的企業育成の取り組みに、日本が関心を持っていると聞いていますが、このようにしてはいけないんだという教訓にしなければいけないと思いますね。

Q：日本には良い活動はたくさんありますが、市民社会の間でノウハウを共有したり、体系的な基盤の整備が弱いようにも感じています。個々人の経験に任せられ、いいものがあると、それは個人のセンスということになってしまう。個人のセンスに片づけることなく、市民社会の活動レベルを高めていく仕組みが弱いのではないかとも思います。

朴　絶対的に同意します。ヤング・ファウンデーション(2)（健康相談サービスなど、社会ニーズにこたえて、多数の社会イノベーションにつながるプロジェクトを生み出してきた実践型シンクタンク。韓国の希望製作所はパートナー団体となっている）を知ることになったのは、まったくの偶然でした。

インターネットで調査をしていて、その前に私たちの希望製作所が創立する時、デモスという団体を知ることになって、創立式にデモスの研究員を招いたのですが、ヤング・ファウンデーションの常任理事のジェフ・モールケンという人がそのデモスも作った人だったんですよ。そのような縁で私たちの研究員らがヤング・ファウンデーションを行ってみたら、あまりにも取り組みが似ていて互いに驚いたのです。

それでその後に互いに覚書を交して、その方が希望製作所の顧問になり、私があちら側の顧問になったのです。そこで、私も二〇一〇年の三月から四月に行ってたくさんの人に会って、詳しく調査してきたのです。このヤング・ファウンデーションは、英国のものすごい想像力と創意性を提供するパワープラントです。英国にもさまざまな団体がありますが、このヤング・ファウンデーションは英国の社会を変化させる震源地になったのです。

もちろん英国にもヤング・ファウンデーション以外にも、アン・リミッテッド、ソーシャル・エンタープライズ・コアリション、ソーシャル・エンタープライズ・ロンドンという中間支援機関もあり、それを中心にしてとても小さいものなどもたくさんあります。ただ、先ほど話し合ったように、技術的なことを支援する機関はたくさんあるでしょうが、インスピレーションや感動を与えることができるところは多くはありませんね。

日本の近代化の過程では若者たちが、全世界の良いものを見て歩いて、その人々が使った数百冊の資料と本が今日の日本の近代化の用語を初めとして、教科書にされたと聞いています。その時の用語が今そのまま韓国にも入ってきています。

そのように新しい世の中へ行く、代案を含んだ新しい実験があちこちにあり、おもしろい試みが日本でなされれば韓国でも学ぶし、韓国で起きれば日本が学ぶという、そのような実験が少し必要なのではないかと思います。

Q：日本社会は、先が見えづらくなっていて、どちらの方向に進むといいか、漠然と感じながらも、社会の舵を切ることができないような状況だと思います。舵を切るべきだと思う人が増えながら、それが社会全体のコンセンサスになっておらず、動けないもどかしさのようなものがあるように思います。

朴　同じ社会的現象なのに、アンテナに引っかかる人とそうでない人がいます。ある種のハングリーさが必要なのでしょう。喉が渇いている人なら、全てのものが水に見えるでしょう。なので、まず渇きがなければならないと思います。

ですから、新しい世の中に出会ったとしても、とても切実な渇きがあればそれを探し求めたり、過ぎ行く全てのものが次から次へと目に入ってくることになっていると思います。そして、まず切実に感じた人が、それを多くの人々と共有しなければならないと考えますよね。

例えば、今回私が英国に行ってみると、ウェブサイトもあるから誰でも皆見ることができますね。

だけれども自らのビジョンが明確でなければ、見落としてしまったりします。

私たちは昔、明治維新のときに船に乗っていた時代に比べて、はるかに早く、より詳しく見ることができる世の中になったにもかかわらず、見落としてしまっているものがたくさんあります。

昔は鎖国で、国家が海外情報を閉じたりしていました。ところが今は、国境を閉鎖しているわけではないのに、人々は自ら目を閉じてしまっているし、切実感を持っていないから、門を閉めたのと同じになっているのかもしれません。

私はいつもそのように思うのです。

今回英国に行ってみると、そのデモスもそうなのですが、ニューエコノミー・ファウンデーションなど、とても進歩的な立場で、具体的な研究をしている所がありました。そのなかで私が感動を受けたのがＤＴＡ（Development Trusts Association）です。街の一種の総合的株式会社をつくるところなんですが、ここも私たちと協力をすることになりました。

私はこういう部分は日本の希望製作所が媒介になって日本の市民社会と韓国の希望製作所、また英国やドイツなど、グローバルなネットワークと協力関係をつくっていくと良いのではないかと思っています。

五、平凡の中にある非凡

Ｑ：市民活動も事業も長い取り組みになると、新しい実験よりも安定した活動を重視してしまうものです。活力をもち続けるために、何が大切なのでしょうか。

朴　私は、二〇〇〇年に、日本を三か月間、全国を歩き回って活動の現場を見たことで、本当に体験と経験と教訓をたくさんも得ることができました。それからもう一〇年になりますが、今見て回れば、その後にできた新しい活動も多くありますから、また学ぶことがとても多いだろうと思います。活動には、持続性と、斬新性や革新性、創造性などがいつも交差しなくてはいけないと考えています。ですから、安全性や持続性がなければ長く続かなかったり、不安になったりしますが、一方で、斬新性と創意性がなければ停滞してしまいます。逆に、私たちの社会はあまりにも速い速度で変わっていますから、私が一〇年間そのままでいれば停滞して後退することになっていますよね。同じ活動を長年することはすごいことではありますが、それがいつも新しく革新されていかなければ、批判を受けることになると考えています。

そこで、この頃注目しているのは、ソーシャル・イノベーションです。オープン・スペースの時代に、誰もがひとりの力で行おうとしたら、企業の力でも、公務員の力であっても、いくらその人が天才的であったとしても変化を起こすことはできないでしょう。同じことを、オンラインで多くの人がそれぞれ自分のアイデアを出して、それが他の人によって検証されて、改善されていくという過程を経て最も現実に適合した最も良いアイデアがつくられる。そういう方式を社会が採択しなければならないと思います。

平凡の中に非凡がある。また、大衆の中に知恵があると私は考えています。

そのように多くの人々が新しいアイデアを作っていく方法論が私たちの市民社会や社会的企業にも組み込まれなければならない、いや組み込まれるのではなく一番先頭に立って引っ張って行かなければばならないと考えています。

Q：韓国も日本も地方都市の疲弊が課題になっています。朴さんは地方都市の活性化にも熱心に取り組んでいますが、これからの地方都市の取り組みで大切な点は何でしょうか？

朴　日本も農業が厳しくて、地域の課題がたくさんあると聞いていますが、韓国はそれよりはるかに深刻です。日本は長い年月をかけて地方分権が定着していて、地方自治もかなり前からありましたが、韓国では地方分権は始まったばかりの段階で、ソウル一極集中と同時に、地方都市との不均衡がいうまでもなく深刻な状況になっていて、それ自体非常に難しい課題です。

それでも私たちは諦めてはいないので、色々な努力をしているわけですが、その中で一番難しいのは、人がいないということです。地域に、いわゆる高齢者だけが残っているということです。二番目はそのような地域に行こうと思う人々はいるのですが、まだそのような事例がないという。では、どうすればそのような事例をつくることができるのか。そこで『地域のまち叢書』をずっと出し続けて二八冊出版したのですが、こういう事例を、例えば地域でもこういう良い運動を続けていくと、こういう成果を出すのだという事例を紹介していくことでしょう。

風力発電所を通じてコミュニティ・ビジネス（CB）を広げるだとか、または、そういう活動を支援するために希望小企業だと指定するとか、また、地方自治体と協力して問題解決のためのコンサルティングをして共にパートナーシップをつくることなどの努力をしているのですが、とにかく簡単な問題ではありません。

三年前に日本の山梨などコミュニティ・ビジネスの現場に、希望製作所の地方自治体学校で学ぶ首長や公務員を連れて行きましたよね。そこに参加していた完州郡（ワンジュ）のイム・ジョンヨプ郡主、順天市（スンチョン）のノ・クァンギュ市長はとても熱心に学び、コミュニティビジネス・センターも作ることにつながりました。また、CBに関連した日本の色々な本の翻訳もして、セミナーもして、希望製作所の中にCB研究所も作っています。今、韓国社会ではコミュニティ・ビジネスに対して、知識経済部が希望製作所副所長であるキム・ジェヒョン教授に七〇数億ウォンを提供して、コミュニティビジネスに関する多様な行事を行っています。これは、もう全国的アジェンダになったと言えるでしょう。希望製作所がアジェンダとして始めて三年間でこれくらいになったのも奇跡的とも言えるのではないでしょうか。その点では、韓国社会はダイナミックだと言えるでしょうね。

もちろん、とても早く行うことで、少し雑になったりしますが、利点は一〇〇％利用して、地域の問題を解決していかなくてはいけないと考えています。

六、保守化しない市民社会をどう創るか

Q：先日、新聞のコラムで中曽根康弘元首相が「市民的保守」という言葉を使っていました。「市民らが自分の生活、職場生活を守りたい。市民は革新を望むと考えられがちだが、自分たちのこれまでをそのまま守りたいという認識も強い。今の民主党は、そうなっている」（要約）と批判をしています。保守化しないで新しいものを創り出すための市民社会のポイントは何だと思いますか？

朴　韓国の盧武鉉政権の場合は、とても市民社会とも近い存在でした。韓国の大統領制は日本の内閣制とは違ってものすごい権限があるので、世の中を本当に完全に変えてしまうこともできるはずでした。ところがどうしたことか、市民社会とは、お互いの仲が悪くなるくらい協力がまともにできなくなってしまいました。

権力というものの本質から、結局、国のリーダーは官僚を中心とする利益に抱き込まれなければならない存在だと私は考えています。それで政権がこういう市民社会的な基盤を持っていたり、市民社会に親和的性格を持っていても、限界があるといつも考えています。そこで、市民社会は自らこういう独自のアジェンダを選択肢として提案しなければならない。

同時に、さっきも申し上げたように、社会革新、社会創案——こういうものは官僚的社会や企業の領域とは異なる私たちの持つ長所だと考えています。

私たちは、いつも早く動くことができ、いつも革新的なことを実現できます。もちろんお金と権力はありませんが、これが私たちの持つ長所なのだから、私はそれを通して市民に新しい世の中の姿を見せ、こういうものが可能なのだということを見せたりもする。そのような実験と努力を絶えずしていかなければならないと考えています。そのために技術的で、戦略的な手法で、小さい取り組みが人々を感動させることにつなげる必要があります。小さいことが感動を与えることだと思いますから、それを通じて成功すればさらに広がり、また他の人もそうしようと思うようになる。そうして社会変革を実現していくのです。

Q：市民社会において社会的企業への関心が世界的に、韓国でも日本でも広がっています。「美しい店」の経験などから、社会的企業が経営で成功するためのポイントは何だとお考えですか？

朴　社会的企業は最近トレンドになりましたが、実際のところ社会的企業はそれ以前にもすでに存在していました。でもだからといってトレンドになっているのを熱心に否定する必要はなくて、活用しなければならないと考えます

今、韓国社会では過剰なほど社会的企業が取り上げられますが、何よりも政府の助成金を取ろうと躍起になっている社会的企業は成功しにくいと思います。

ですから、自立的精神、自分たちが伝統的にしてきた公益的目的に対するこだわり、これがとても重要だと考えます。流行のように政府予算を受けるのはほどほどにしないと、結局政府の支援が切れたら事業を閉じなければならないことになってしまうでしょう。社会的企業が成功するには、そのような原則に対する強いこだわりが必要です。

それにプラスして既存の競争市場に入ってしまうと社会的企業は成功しにくいと考えています。既存市場の隙間（ニッチ）を探し出すことがとても重要だと思います。ただそれにはなかなか気づかない人たちも多いので、私が一〇〇〇の新しい仕事を紹介し始めたのも、そのような理由からなのです。既に大きい企業がしているのと同じことをするのは容易ではないでしょう。既存の企業ができない、その人たちが嫌がったり、しなかったり、失敗したり、そんなことを探してこそ、かえって成功する可能性が高まると思います。

つまり、創意的でなくてはいけないということでしょう。隙間を発見するのも創意的ですが、既にある事業分野にも創意的な目で見たら新しい領域を生み出せると思います。そんなことが国際的な社会分野でもありえます。分かち合いだと言っていたのがチャリティの領域になりました。特にＮＰＯはそんなところをよく見るべきだと思います。

また、私は五〇程度のサブタイトルで話をしましたが、その中で例えば倫理を持ち込むことで事業が可能になることはとても多いと考えています。例えば、英国には、ethical fashion network（倫理的なファッションのネットワーク）があります。綿花が栽培されて、それが布地になり、そこから服が作られるという過程において、それぞれがどれくらい倫理的な過程を通じて作られたのか、全部指数化して評価し、良いものを認証しています。このように倫理とファッションをつなげることだけでも、英国では大きい事業になりました。fair trade も倫理的であることの一つですね。

そのように考えると、私は日本のような環境があれば、数十万か所の働き口を作ることができると思います。こういう新しい分野を創造的方式でつくること。そして、単に社会的に排除された階層を助ける補助的手段だけでなく、彼らがメインストリームの経済に出て行くことまでが可能になるのではないかと、私は楽観的に考えています。

Ｑ：意識の持ち方が重要ですね。見慣れた社会や地域も、新しい目で、他の観点で見れば、違う姿が現れてくる。それを大切にしていきたいと思いました。

朴　実際、私もいつも新しいものを見聞きして、それと共にいつも思うのですが、孔子が「日神佑一新」（日新日日新又日新）と言っていますが、毎日毎日が新しいというのは本当だと思います。昨日の私は今日の私ではないでしょう。

今日もこうしてお話をして新しいことを知ることができました。それがまた、何か新しくなる、新しいものを知っていくという面白味は大きいですよね。

朴元淳（パク・ウォンスン）：ソウル大学中退、檀国大学校史学科卒業。地検検事を経て弁護士開業。ハーバード大学ロースクール客員研究員などを経て、政治への市民の参加・連帯・監視・代案を掲げる「参与連帯」を創設し、事務局長。二〇〇〇年の「落選・落薦運動」[※]が日本でも話題となる。二〇〇二年、韓国に寄付文化を広げるための「美しい財団」を創設。その活動からリサイクル事業「美しい店」をプロデュース。日本円にして年間一〇億円以上を売り上げる社会的企業として育てる。二〇〇六年、市民が市民社会のアジェンダを設定し、日常の不満や疎外を希望の種に変えていける活動を地域に広げるため、市民参加型シンクタンク「希望製作所」を創設。アジアのノーベル賞と呼ばれるマグサイサイ賞（二〇〇六年）など内外の各賞を受賞。『朴元淳弁護士の日本市民社会紀行』など著書多数。現ソウル市長。

註

（1） ＮＰＯ法人エコメッセは、東京で環境まちづくりを目的に、地域でリユースショップを運営し、その収益の一部で自然エネルギー導入、都市緑化などの環境活動を展開している団体。
http://www.npo-ecomesse.org/

（2） The Young Foundation 英国ロンドンを拠点に、the Open University（本格的な大学授業の遠隔教育の先駆け）、the School for Social Entrepreneurs（社会起業家育成の体系的な学習プログラム）。

付記——朴元淳さんソウル市長になる

文京洙

本書でのインタビューから一年余り後、朴元淳（パクウォンス）さんは、ソウル市長（補欠）選挙に出馬して当選を果たした。二〇一〇年六月の統一地方選で再選を果たした呉世勲（オセフン）前市長が、二〇一一年八月、学校給食の無料化を問う住民投票をめぐって辞職したことから市長選となっていた。このとき白頭大幹[1]の韓国側を縦走中だった朴元淳さんは、この降って湧いたような機会をとらえて、急遽、市長選への出馬を表明した。

市民運動の世界では誰にもまして知名度の高い朴元淳さんであったが、市長選での下馬評は必ずしも高くなかった（世論調査での当初の支持率は三〜五%にとどまっていた）。若い世代を中心とする有権者の支持は、朴元淳さんとほぼ同じ時期に出馬の意向を示していた、当時ソウル大融合科学技術大学院院長の安哲秀（アンチョルス）さんに集まっていた。「韓国のビル・ゲイツ」と言われた安哲秀さんは、メディアやネットの世界で社会的公正や公益への献身を訴えてカリスマ的な人気を博していた。ところが、この安哲秀さんが、朴元淳さんこそが「ソウル市長を誰よりもうまくやってくれる」と自身の出馬取りやめを決断して朴支持に回ったのである。

この電撃的な候補一本化によって、朴元淳さんの支持率は一気に跳ね上がった。その後、朴映宣（パクヨンソン）民主党候補との野党候補一本化のための予備選挙、そしてハンナラ党・羅卿瑗（ナギョンウォン）候補との本選での一騎打ちなど山あり谷ありの選挙戦がつづき、朴元淳さんはハンナラ党の猛烈なネガティブキャンペーンの中をたたかい抜いた。結果は、羅卿瑗候補に七ポイントもの差をつけての大勝であった。政党離れのいちじるしい二〇〜四〇歳代の有権者の大半が朴元淳さんを支持したことが勝敗を左右したといわれている。

朴元淳さんは、それまで政界からの度重なるラブコールにも応じていなかった。本書のインタビューでも、「権力」や「政権」の限界について語り、「社会革新」や「社会創案」が市民社会から発するという趣旨のことを述べている。そういう朴元淳さんが、ソウル市長という、大統領に次ぐとまで言われる権力の座を目指すことを決意した理由は、一体、何だったのだろうか。「参与連帯」時代から朴元淳さんと歩みを共にし市長選挙でも重要な役割を果たしたユ・チャンジュさんは、朴元淳さんが「出馬を決意した直接の背景が国情院事件をはじめとする李明博（イミョンバク）政権の弾圧」(2)にあったと書いている。

国情院とは、かつて国家の中の国家といわれるほどに絶大な権力をふるった韓国中央情報部（KCIA）（全斗煥政権期には、「安全企画部」に改組）を引き継ぐ韓国の諜報機関であった。民主化が進展し、一〇年にわたる進歩派政権のもとでその役割や機能がいちじるしく低下していた国情院は、久し

ソウル市長選で遊説中の朴元淳さん。野党大物議員が揃って応援（朴捧鶴さん―韓国環境運動聯合―提供）

ぶりの保守政権のもとで復権を目指し、市民団体や野党関係者の「民間査察」によって保守政権への忠誠ぶりを誇示しようとしていた。希望製作所もそのターゲットとなり、国情院の圧力によって希望製作所付設の「小企業発電所」にハナ銀行から約束されていた三〇〇億ウォンの資金や、行政自治部（現在は行政安全部）から運営を委託された「地域広報センター」の取り決めが反故にされていた。これに憤激した朴元淳さんは週刊誌『ウィークリー京郷（キョンヒャン）』のインタビューに応え、そういう不当な国情院の介入（民間査察）を暴露した。これに対して国情院は、「大韓民国」の名で朴元淳という個人に二億ウォンの名誉毀損訴訟を起こす。名誉毀損訴訟そのものは、二〇一〇年九月、ソウル中央地裁の判決で原告国情院の敗訴に終わるが、その間に希望製作所が受けた被害は小さくなかった。国情院の訴訟をうけて、希望製作所を後援していた大部分の企業が手を引いたために、スタッフの大幅な縮小やプロジェクトの一部中断を余儀なくされていたのである。

希望製作所の設立などを通じて朴元淳さんがこの頃に目指すようになっていたのは、韓国語で〝協治(ヒョプチ)〟と訳される「ガバナンス」、つまり、市民団体、中央・地方の行政、企業などの多様な主体が貧困や格差などの社会問題の解決に協働して取り組むための仕組みや体制づくりであった。金大中(キムデジュン)・盧武鉉(ノムヒョン)の進歩派政権の登場がそうした〝協治〟を可能にしていたし、グローバル化や脱産業化による、行政の機能不全や格差・社会問題の深刻化がその必要性を切実なものにしていた。「小企業発電所」や「地域広報センター」も、まさしくそうしたガバナンスの取り組みにほかならなかった。

朴元淳さんは、李明博政権の下でもそうした協働がある程度維持されると期待していたようである。ところが、青瓦台(チョンワデ)(大統領府)や国情院は市民団体を敵視し、挙げ句の果てには国情院が朴元淳さんを名誉毀損で訴訟を起こすという事態にまで至った。朴元淳さんはこうした現政権の対応に韓国の保守勢力の宿痾にも似た権威主義的体質を改めて痛感し、そうした「排除の政治」(3)の転換なしにはガバナンスの体制づくりは難しいと考えたようである。

ソウル市長選出馬への決断は、これまで市民社会の側から推進してきたガバナンスを、地方行政の長として、行政の側からこれを推進するという戦略上の転換を物語っている。朴元淳さんは、ソウル市長就任直後から、社会投資財団(4)の推進や、ソウル型社会的企業(5)の立て直しとマウル企業（コミュニティビジネス）の推進などを目指した「社会経済委員会」の設置、さらには、従来の再開発事業とは異なる、住民、商店街、社会的企業などがあまねく参加するコミュニティ復元事業など、ガバナンスにかかわる政策や構想を矢継ぎ早に打ち出した。

そしてそういう朴元淳市長が「コミュニティ復元事業」のモデルとして挙げているのが、ソウル市麻浦（マポ）区のソンミサン・マウルである。桔川純子論文（第4章二〇三ページ）で述べられているように、朴元淳さんは市長就任早々、「第二の〝ソンミサン〟を一五か所つくる」方針をソウル市の職員たちに指示している。さらに、朴元淳さんはそうしたコミュニティの再生・創造を推進するにあたって、日本での「まちづくり」の経験を重視し、市長就任直後の慌ただしい最中にも『月刊自治研』編集委員の菅原敏夫・日本希望製作所副理事長のインタビューに応えている。

朴元淳さんはそのインタビューのなかで「これまで他の方々は、ソウル市長というポストを大統領への足がかりとみなしてこられました。自らの夢を実現するためのポジションです。しかし私は、自らの夢ではなく、市民の夢、市民の希望を具体的な政策を通じて実現していく人間、それがソウル市長であると考えています」と自身の「確固たる信念」について語っている。(6)

だが、韓国語で〝政治（チョンチ）パン〟と表現される政治の世界は、権力をめぐって個人や集団がぎりぎりまでしのぎを削る世界にほかならない。市長選を通じて朴元淳さんは無所属を貫いたものの、選挙運動では実質的に選挙区に基盤をもつ既存の大政党（民主党）の選挙マシーンに依存せざるを得なかった。さらに、最大野党の民主党を中心に市民統合党(7)や韓国労総（韓国労働組合総連盟）などが合流して設立された民主統合党に入党し、政党人としての歩みを始めた。そうした政治の世界に身を沈めてもなお、市民運動家としての理念や活動スタイルを貫き、「市民の夢、市民の希望」を体現する新しい政治家像を築きうるのかどうか、注目されるところである。

註

（1）白頭山から智異山に至る朝鮮半島の、いわば背骨となる山脈。

（2）『朴元淳の市民革命―五〇日間の希望の記録』ドゥリミダス二〇一一年、五二ページ。

（3）前掲『ウィークリー京郷』での朴元淳の発言。

（4）ソウル市が最大五〇〇億ウォン、民間企業が最大五〇〇億ウォンを負担して毎年都合一〇〇〇億ウォンの基金で青年、失業者、低所得層の就労支援や創業支援にあてようとするもの。

（5）呉世勲前市長時代の二〇〇九年に条例として制定され、二〇一二年まで一〇〇〇社の企業を育成して二万八〇〇〇人の就労を創り出すという目標で推進された。しかし、二〇一一年末現在で四〇〇余りがソウル型社会的企業として認定されているが、不正や倒産も多く、ソウル市が二〇一〇年二月～二〇一一年二月までに実施した調査では、調査企業（二二一社）のうちの四分の一が条例に定められた指針や規定に違反していた。

（6）「韓国から吹く希望の風：参与と連帯の政治をめざして」（『月刊自治研』二〇一二年一月号）。

（7）故・盧武鉉大統領の下で要職を務めた政治家（文在寅元大統領秘書室長や李海瓚元国務総理、韓明淑元国務総理など）が二〇一一年九月に結成した野党統合推進機構の「革新と統合」が、新たな統合政党に合流するステップとして結成した院外政党。

湯浅誠さん 「反貧困ネットワーク」事務局長、内閣府参与(当時)

政権交代と市民運動を語る

二〇一〇年九月二四日 聞き手 菊地謙、桔川純子

湯浅誠さんは、九〇年代半ばからホームレス支援の活動を行い、二〇〇一年にNPO自立サポートセンターもやいを設立。生活相談やアパートへの入居支援を行う一方、著作や講演で日本に広がる貧困問題について発言してきた。リーマンショック以降の「派遣切り」と呼ばれる派遣労働者の大量解雇（派遣契約の打ち切り、雇い止めなど）により職と住まいを失った労働者への支援として、二〇〇八年から二〇〇九年にかけて湯浅さんが労働組合関係者らと共に、東京・日比谷公園で企画した「年越し派遣村」では、官庁街の目の前にテント村を出現させ、貧困がより身近な問題として起こっていることをクローズアップさせた。これは「豊かな」社会の中で多くの人が貧困に苦しんでいることについて、社会に衝撃を与え、政府が積極的に貧困問題に取り組むきっかけとなった。政権交代後、内閣府参与に就任し、政府内でも公設派遣村やパーソナルサポートサービス事業の提起など活発な活動を続ける

湯浅さんに、市民運動と政府の関係、これからの市民運動のあり方などについてお聞きした。

一．九〇年代以降の日本の貧困の状況

Q：湯浅さんが野宿者支援を行っていたのは九〇年代半ばだと思いますが、それ以降のわが国における貧困の問題についてお話し下さい。

湯浅：ものすごく簡単にまとめると、私は国、企業、家族の三つの傘が閉じてきたと言っています。つまり、日本社会が変わってきていることを意味します。

いわゆる後発国というのはどこも同じかも知れませんが、（国は）集めた税金を産業育成支援と、公共事業に集中的に投下して広く企業を抱え、その企業は正社員の生活給[1]を支払うということで抱え、それに対して社員は長時間労働で応えるという形でやってきました。その働く人たちは男性が中心だったので、男性が家族を養うという構造でした。これが日本型雇用システムといわれるもので、よくも悪くも、キャッチアップ型では成功して、実際に欧米に追いつくところまでいきました。

ところが、九〇年代になり日本が追われる立場になり、国も護送船団方式[2]はやらないということになり絞り込みを始めます。そうすると、企業も競争にさらされることとなり、社員の絞り込みを始めました。するとそこで一家の大黒柱の力が弱まり、家族の関係も弱くなるということが起きた。そういう中で、言ってみれば「雨にぬれる」人が多くなったというのが、今の状態であると思っています。

にもかかわらず、日本では企業福祉と家族福祉[3]に依存してきたので、そういう雨に濡れる人が増え

ても、公的な福祉はあまり広がっていきません。しかも、その問題は、傘が閉じてきた問題ではなくて「その人たちが傘から出たのだ」とその人たち自身の問題として捉え、傘の問題として考えてこなかったということもあります。これが、ホームレスやフリーターをめぐる問題や貧困に対する、古くは母子世帯に対する言い方であったと思います。

それがようやく、傘の問題であるということを社会全体が気づき始めたのが、ここ三〜四年です。とはいえ、じゃあ、新しい仕組みを作る方向に舵が切られたかというとそうではない。なぜかというと、今まで企業福祉や家族福祉で生きてきた人たちが社会の中核を担っていて、いまさら公的福祉といわれてもピンと来ないからです。彼らは今まで公的福祉に頼らずに生きてきたため、それの拡充に対するイメージが湧かないのです。そんなことやったって、官僚の天下り先を増やすだけだという意見はいまだに多くて、そちらの方向に転換することも社会全体としてはなかなかできていません。何とかしなくてはと言いつつも、実際には踏み込めないので、事実上放置されており、さらにみんなの不安は広がっています。そうすると、どこに新しいモデルを求めるかと言えば、過去のモデルということになり、男性は終身雇用願望、女性は専業主婦願望が増えてきています。かなり現実とイメージが乖離しており、危ない状態にあると言えます。

Q：湯浅さんは、野宿者の支援や「もやい」(4)の活動といった、貧困層のいちばん厳しいところの支援をされてきましたが、その実態をみて、かなり大きく世論が変わってきたというのは感じられるでしょうか？

湯浅：変わってきたといえば変わって来ましたが、変わっていないといえば変わっていません。先ほどの「傘の問題」だということになってきたという点では変わって来たといえますが、元々傘の外にいた我々から見れば、傘が閉じていくというプロセスは、相談に来る人が多様化してくるというプロセスです。

それは常に「その人たちの問題」つまり自己責任論[5]であるとされてしまい、母子家庭のお母さんの問題であり、ホームレスの問題であり、フリーターの問題であり、派遣切りされた人の問題であり、給食費が払えない人の問題であり、保育料が払えない人の問題であり、そいつらがもうちょっとちゃんとしていたら払えただろうという捉え方をされていました。

今はもう少しそういうレベルの問題ではないと思う人が増えてきたという意味では変わってきたと言えます。しかし、そこからは綱引きの問題であり、じゃあ、それをどうするのかといえば、かつての終身雇用に戻ればいいという人もいるし、新しい社会民主主義的なシステムを作るべきという考えをする人もいるし、社会的なシステムでみんなで支えたいという人もいるし、百家争鳴状態であり、ある方向に向けて落ち着いていけていないというのが過渡期の今の状態です。

過渡期なのでこれは仕方がないけれども、その中で痺れを切らす人が出始めたという雰囲気になってきており、この中で怖いのが「こんなごちゃごちゃした状態はうんざりだ、とにかくなんでもいいから〝ガラガラポン〟してもらいたい」ということで妙なリーダーシップ待望論が出てくることです。とにかく誰でもいい、なんでもいいという感覚が若干焦りとして強まっているような印象があり、そこが危ないと思っています。

Ｑ：この間韓国の事情なども見てこられたと思いますが、[6] こういう動きというのは日本独特のものでしょうか？

湯浅：ある意味では普遍的だし、ある意味では独特であると思います。

普遍的という意味ではグローバリゼーションということがあります。よく引き合いに出すのが、高度経済成長期には「いざなぎ景気」があり、それが一九六五年から一九七〇年でした。前回の好景気は二〇〇二年から二〇〇七年で、ちょうど同じ五年間であるとされているのですが、何が違っているかというと、いざなぎ景気のときには、企業利益は二・八倍に増え、雇用者報酬は一・八倍になっていました。つまり今、時給八〇〇円で働いている人は、五年後には一六〇〇円になっていたということですが、それは我々の感覚では考えられないことです。一方で、二〇〇二年の好景気では、企業利益は一・七倍に増えているけれど、雇用者報酬は一・〇倍で全く増えなかった。それは、企業の利益分配構造が変わった、つまり先ほど述べた企業の傘が閉じたということなのですが、じゃあ経営者にそこの自由度があるかというと、実態経済の何十倍というお金が浮遊しており、そういう中で、四半期決算で利益を出さないと会社も乗っ取られてしまう、経営者も首を切られる、いわば人件費を変動費化しなくてはならないという状況の必

湯浅誠さん

然的な結果であると言えます。そこには世界共通の普遍的な要素はあります。

しかし、同時に、少子高齢化がものすごい勢いで進んでいるのは日本独自であると言えます。先日調べてみたら、高齢化率が一〇%から二〇%になるのにイギリス、フランス、ドイツ、スウェーデン、アメリカでは五五年から七五年かかっていますが、日本の場合には二五年です。このように、非常に短期で急激な変化が起きています。高度経済成長もそうだし、少子高齢化もそうであり、そこは、世界的な問題だけでは語れない日本の独自性と言えます。同じスピードで韓国や中国にも将来的には起こるだろうと思いますが、いわゆる後発国は、時間が凝縮してメリットもデメリットも起こるということです。それは両面を見ないといけないと思います。

Q：日本では、自己責任論的なことで傘に入れない人が非常に増えているとのお話でしたが、なぜこうなってしまったのでしょうか？　もう少し社会全体で支えていこうというイメージができないものかと思うのですが、こうした風潮になってしまうのはなぜでしょうか？

湯浅：これも両面があって、いわゆる産業主義の問題ではないかと思います。今まで企業福祉と家族福祉でやってきて、それにこぼれて本当に生活できないという状態にまで行って初めて公的福祉が出てくるので、（公的福祉は）ごくごく絞りこまれた人に対する、かなり例外的な救済措置でした。

従って、「そうなっちゃうような人は～」みたいな言われ方をしてしまう。それは、アングロサクソン的、日本的な福祉のあり方がそうなのであって、そこで、スティグマ(7)が強まってしまいます。

また、先ほどの話で、高度経済成長が起こってその二〇年後に今のような状態が始まっているのですが、高度経済成長期とはつまり自分の親父の世代なんです。自分の親父は高度経済成長期が二九歳から三五歳に当たり「コツコツまじめにやっていれば何とかなるはずだ」という記憶でやっている人であり、その人たちの感覚では、現状がそうなってもそう簡単に理解できないと思います。それは、今の二〇代の人たちが「コツコツやっていれば何とかなると思えない」のと同じ状況です。皮膚感覚みたいなものが異なっているわけです。「何とかなる」というのが理屈でないところのレベルであり、そこの切り替えには時代の変化が早いからこそ追いつかないということがあります。

二、政権交代と市民運動

Q：この二年から三年で傘が壊れているということにみんなが気づき始めたということですが、気づかせるきっかけが湯浅さんたちの活動や二〇〇八年末の派遣村[8]であり、かなりインパクトがあったと思います。その後に、請われて現政府の一員[9]となっておられますが、その中で今、どんなことを感じておられますか。

湯浅：それをひと言でいうのは難しいです。どこの切り口で話すかによりますが「政権交代が普通に起こるような国になったか？」というのがまず大きな問題であり、それはまだ分かりません。しかし、政権交代の前は自民党政権の一党体制がずっと続いており、様々な運動体というのは反政府・反権力とのセットでした。政府の側につく人は御用学者などと言われ、我々も野党の人と共闘を組むことが多かったのですが、今回はその政党（野党）が政権をとってしまったということになると、我々としてもどう距離をとるのかが難しい状態になってしまいました。

そうなると、多分、韓国で民主化した後に、三八六世代[10]が政権に入って起こったようなことが、おそらく日本でも起こり始めており、いろいろな毀誉褒貶がある中で、より建設的でいい方向に進めるか、どれくらい社会的にやっていけるかを考える時期に入っていると思います。

一言でいうと「是々非々」だということ。口で是々非々だというのは簡単だが、官民関係は今まで、私も含めてディスコミュニケーションであったので、コミュニケーションをとれるような環境を作ることが大事で、そのための「通訳」を増やすことが大事だと思います。また、いろいろな変化は起こっているのですが、権力というのは批判すべきものであるので、その変化としては評価されないということがあります。この間、取り調べの可視化[11]などの動きはチョコチョコと始めていますが、きちんと動いていかないという状態です。

それは、政策に対する市民参加という面でも同じで、チョコチョコと始めているのですが、きちんと動いていかないという状態であり、そういう中で進めていくのか、または、進まないじゃないかと政府を批判していくのか立場が取りづらい。そういう意味では、今の政権が持っている微妙な位置取りやスタンスと、市民運動が持っているスタンスの難しさが実は似ているところがあって、同じようなことが、市民サイドにも問われていると思います。つまり、力量が問われていると思っています。

Q：湯浅さんご自身は、政権に入ることについて躊躇はなかったのでしょうか。

湯浅：いろいろ考えましたが、結果的に判断する材料がなく、入ってどうなるのか、誰が何をしているのかということも分からなかったので、結局、外にいることと、中に入ることの位置づけの比較ができませんでした。こちらはブラックボックスだったので、結局は決断することしかできませんでした。私が感じたようなことは、（政府の中が）見えないことによって起こっているので、そこは見えるようにすべきであると思います。

また、各運動の厚みの違いというのは形になって表れると感じます。障害者運動などは厚みがあって、それにより障害者制度改革推進会議ができた。運動の厚みがないと、そういうものは作れないので、結果的には（自分が）一本釣りになるというのは、そこは市民運動の力量のなさを示していると思います。

Q：確かに、湯浅さんのような形で政権に入って発言をする人はその後も多くない印象があります。

湯浅：力量が問われているわけで、そういうテーブルをセッティングしましょうとしたときに、例えば、じゃあ誰がそのテーブルにつくかということになると、あいつとは組みたくない、一緒にやりたくないといったような話がワーッとでてきてしまう。そこは、市民団体側の横の連携が作れなければ、テーブル設定をさせることもできません。そういう意味で、障害者自立支援法[12]制定に対抗するということで、障害者関係の団体にも派閥がある中で連携し、障害者の大運動を起こしあそこまで持っていったというのは、障害者運動の力量であると思います。あれ以上のものは、今の日本社会の中には運動としてないと思います。

Ｑ：菅首相（インタビュー当時）自身も、元々は市民活動をされていたのですが、そういう意味では、政権の一角には、市民運動の経験者が布陣している状態であるとは思います。その辺との連携をしながら、湯浅さんが参与として活動するとか、発言するといった可能性はないのでしょうか。

湯浅：発言ができない訳ではありませんが、発言するということと、枠組み作りまで持っていくというのは別次元の話です。例えば、貧困問題でテーブルを作るという話になったときに、誰を呼ぶのかというのは、市民運動側にも合意が無いわけで、それをどこまで進めればいいのかということになります。だからこそ、市民キャビネットという民主党系の市民団体がキャビネットをつくったりするのですが、それがある程度の市民団体の合意を得ながら進めているかというとそうでもありません。その手の団体としては、市民政策調査会などがありますが、そこがある程度とりまとめられているかというとそうでもありません。もし、言えたとしても聞き返されてしまいます。それが、市民運動のタテ割り化というか、蛸壺化しているところであると思います。

Ｑ：そういう意味では、反貧困ネットワーク[13]は貧困問題に関して、プラットフォームを作ろうとしているように思いますが。

湯浅：それはもちろんそのつもりでした。それは政権交代が起こる前から作っているもので、そのつもりで作っていたものです。今もそうしたいとは思っています。しかし、まだまだそこまでの力はなく、そのためには、もう少し世論的にも浸透していかないといけないと思います。

Q：この二〜三年のつまり『反貧困』[14]を書かれた後のことについてお伺いしたいのですが、象徴的な数字として生活保護受給者が一九〇万人[15]であり、一年で約二〇万人増えています。受給者が相当増えていますが、この数字というのは、危機が深化したための数字なのでしょうか、それとも生活保護を申請する人が増えたつまり貧困の可視化による結果とみるべきなのでしょうか。

湯浅：それはまさに両面です。大阪などは（行政側が）完全にあきらめています。大阪市では今まで、住所のない人は市立更生相談所（市更相）というところで相談することとしており、そこで一括して（生活保護申請を）撥（は）ねてきた。ところが、去年の中ごろに、拒否することを完全にあきらめて、全員を受け入れることにしました。今は水際作戦というのは、なくなってきています。現在またそれの揺り戻しということで市更相が復活してきていますが、一時はそうでした。「こういう状況だからしょうがない」「生活保護を受けさせるのは俺たちのせいじゃない」「むしろ下手なことして弁護士に叩かれるよりいい」ということで、数的には増えていきました。しかし、それが全国の自治体でそうかというとそうではなくて、全体状況がかなり深刻になり、家族で支えるということができなくなって、生活保護申請をする人の母数が増えているので、水際作戦がなくなるわけではありません。ただ、申請が増えざるをえない状態にあるということと、それこそ餓死事件(16)が問題になったりして水際作戦をすべきでないというトーンが高まった中で、受け入れる度合いが強まったということもあり、その両極面が絡まって数字が出てきているのだと思います。それをよく表しているのが、数の増加でなくて「その他世帯」の増加です。その他世帯というのは、生活保護のカテゴリーでいうと、高齢でもなく、障害も持っておらず、疾病でも母子でもない、稼働年齢層です。それまでは、はじかれてきた人たちで、これが今、一番伸びてきています。そういう意味では、この間の時代の変化はそこに表れています。

三．市民運動の今後

Q：客観的にみると、政権交代が起こって、市民運動の経験者が首相になるということで、市民活動や市民運動が政府の方針にも色々反映できる要素はあるのではないか。一方で、その機会を捉えて、政府の政策の中で市民の意見を取り入れようという動きが活発になってきているかというとそうでもない。政権が交代するときに、韓国の人たちから「何が変わるのか？」と聞かれましたが、「あまり変わらないのでは」と答えてしまう自分がいます。市民運動・市民活動は、今の政権が続くとして、どのように運動・活動していくのがいいと思われますか。

湯浅：難しいですね。基本的な根っこのところは変わらないと思います。私は、活動家というのは一人三役だと言っています。これは現場をやり、社会的に問題発信して、政策提言するという三役のことですが、三つの役割については市民活動をやっていくのであれば変わらないとは思います。しかし、問題は政策提言をしていく中で、それを政府が呑んだり、その方向に向かいましょうといったときに、それに向けて進めていけるかどうかということです。

（三つの役割という）一番根っこのところは変わらないとは思いますが、政府のやることは一から一〇まで冷ややかに見るべきだという今までのスタイルがセットになっているので、そこは、なかなか切り替えとしては難しいと思います。もちろん、今の政府が一〇〇％いいとも言えないし、そういう中で、そこの関係をどう作るのかというところが、個々ではスタンスの違いということで出るとは思いますが、大きくいうと、そういう方向に向かわざるを得ないと思います。

Q：それが先ほどおっしゃっていた「間をつなぐ通訳という人が増えないと」ということになるのでしょうか。

湯浅：私自身経験したから分かるのですが、現場には問題というのは二〇も三〇も転がっている。しかし、それを生の素材のままぶつけても、政策にはなりません。政策にするためには、今までの所管のこういう政策にこういう形に継ぎ足していけるとうまくはまるというように端的に誰かが翻訳していかなければならないわけです。それを官僚がやってくれるかというと、やってはくれません。誰がやるのかということになると、誰もやらない。官僚の側からすれば、何を言われているのかわからない状態だと思うんです。つまり、彼らは現場が見えていないので、「この人たちは難癖をつけにきた」くらいに思っている。お互いにお互いのことがさっぱり見えていないので、全く違う言語を話している人たちみたいだとよく思うのですが、文字通りそこの通訳がもう少し増えないといけないのではないかと思います。

Q：そうして考えると、例えば韓国の希望製作所[17]は通訳の装置を作っているようなところがあります。政府との関係を作りながら市民が何を考えているかを伝えています。相当な財政基盤を寄付などを利用しながら作り、スタッフを何十人も抱えるような体制ができていますが、今の日本ではなかなかそこにお金が出るように思えません。

湯浅：寄付文化がないというのが決定的ですね。自分たちの自立性を財源的に確保できないとなると、専念できないので、素人的にやらざるを得ないというところがあり、限界が出てきます。NPOもそうであるように行政から出してもらうしかないと、下請け的になってしまうのはやむを得ません。寄付文化かあるいは税金が自動的に流れるような仕組みの構築が必要で、今両方の面で進めている人がいますが、進みそうなのは寄付税制の税額控除[18]です。あれも、寄付文化が進まないといくら税額控除されても機能しないので、それはそれで追及していく必要があります。悩ましいところですね。即効薬がない。仏教界が動かないかなと思う（笑）。

Q：湯浅さんのご活躍をみていると、翻訳や通訳を一人でやっていくのはしんどいだろうなと感じます。

湯浅：私だけがしんどいわけではないですが、こういう社会として方向性が見定められないような状況であるので、ある程度はしょうがないのではないかと思っています。

四．日本における社会的企業について

Q：この本のテーマのもう一つが社会的企業で、日本でも社会的企業についての言説が増えてきましたが、二〇〇七年に「社会的企業育成法」[19]ができた韓国ではブームといわれるくらいになっています。湯浅さんは「あうん」[20]という社会的企業を立ち上げてこられ大きくなってきたのですが、韓国の法律が目指しているのはまさにそういうもので、脆弱階層[21]の自立を進める活動を企業的な手法を用いて行うというのが目的となっています。どうしてそのようなものを作ろうと思われたのかといったあたりをお伺いしたいのですが。

湯浅：まず、もともと作ったのは私じゃなくて中村光男さん[22]です。二〇〇二年に作って、その翌年から私も関わるようになりました。目指したのはいろんな意味でのまさにオルタナティブで、新しい人間関係だし、そこで行政の委託に頼るのでなくて、自分たちで稼いで自立的にやっていくというものです。その中で、もちろん一人一人の人たちもいっしょに作業することで変わっていく、そういうことが目指されています。そういう意味では、政府に賛成する／反対するというのとは別なオートノミー（自律性）なものが目指されており、まさにオルタナティブな試みだと思います。

Q：中村さんは「既存の仕組みの中ではじかれてきた人たちが作るもの」だということをよくおっしゃっています。

湯浅：そこにこそ、オルタナティブなものを作る意義があるというのが彼の主張です。それは私もよくわかります。政府のやり方に賛成するか反対するかというのは一八〇度逆に見えて実は同じ方向にあり、イニシアティブを握っているのは行政の方です。行政に対して何か物申すというのであれば、必ず後手に回ってしまうことになります。しかし、オルタナティブというのは「何をやろうが自分たちは自分たちでやっていく」というものであり、新しい関係づくりという意味ではオルタナティブなあり方です。しかし、それが、組織的な矛盾を抱えないというのとは別の話です。明らかに、「あうん」の中にも、働く人とマネージする人がおり、意識の違いやギャップなどもあり、働いてこれだけの賃金しかないのかという人もいます。それは組織内で解決していかなければなりません。目指したいものや社会的に出したかったメッセージは「自立的なオルタナティブ」です。

Q：韓国の社会的企業は政府主導のものであり、資金的な援助や税制的な優遇があります。韓国でも雇用の問題は非常に大きいので、政府が「こういう枠組みを作ったからあとは自分たちで作れ」ということになっています。実際に社会的企業はたくさん生まれてきていますが、韓国で見てこられたご感想があれば。

湯浅：「共に働く財団」を見ました。韓国の流れは、日本とは違う位相で見る必要があると思います。ヨーロッパで福祉と言われているものは（日本では）家族だし、韓国で社会的企業と言われているものは、日本でいうところのＮＰＯ法人であると思います。社会の中にどういう位置づけではめ込まれているのかというのを見ると、大きくいうとそうなるのではないかというのが、私の印象です。

少ししか見ていないので、断言はできませんが、日本のＮＰＯと同じような可能性と課題があると感じました。多くの場合は行政のお金で運営しており、悪く言えば公共サービスのアウトソーシングを担わされています。しかし、そこにオルタナティブなものがないかといったら、ものによってはそういうものもあると思います。（社会的企業育成法の）対象が「社会的脆弱者か、社会的脆弱者を雇用しているか、その他か」という分類となっています。どうしても、日本で紹介されるのはノリダンな[23]ど「その他」に分類されるもの[24]ですが、ベースとなっており数が多いのは、前二者であり、それらはどうやって運営しているかというと、公共事業の委託のお金が入るからで、日本のＮＰＯと似ています。しかし、積極さという面での日韓の違いは、日本のＮＰＯに対しては、（運営については）一切（行政から）お金は出ませんが、韓国の場合には最初の三年間は人件費を出して行政が育てています。よくわからないのですが、基本的に正規雇用が原則で、賃金は最低賃金の一二〇％でなければならないそうなので、それがなんらかの縛りがあるのだとしたら、日本のＮＰＯよりは、健全な雇用を生み出すベースがあるので、よいと思います。しかし、逆の意味でいうと、ここはなかなか微妙なところで、韓国は日本以上に社会保障が弱いので、そこ（社会的企業）に頼るしかないというところにきて、公共サービスのアウトソーシングとして、これからの少子高齢化の時代に向けて、社会保障のすべてを担わされるために育てられたとしたのならば、日本よりもっとよくも悪くも社会的企業が福祉サービスの担い手になる可能性はあると思いました。

Q：韓国の場合、政府が雇用に力を入れており、それは、国が税金を投入しないと働けない人が相当数いるということでもあります。日本もそれに近い状態になってきていますが、政府の対応は積極的ではない。緊急雇用創出事業[25]などいくつかの施策はできていますが、働く場所を作るという点では、社会的企業についてはまだおよび腰という気がするのですが。

湯浅：一応項目の一つとしては、社会的企業も入ってきています。ただ、ほとんど芽が出ていない感じです。結局は日本ではそこをＮＰＯが代替しているのだと思います。

Q：韓国の社会保障ですが、地域自活センター（旧「自活後見機関」[26]）が国民基礎生活保障法[27]を実施しています。日本での生活保護の五％くらいを引き受けて、自活するのを支援するという制度です。韓国では生活保護に関する法律は以前からあったのですが、そういう枠組みを、市民立法によって作った。それ以前との一番大きな違いは国が義務として保証するということでしたが、財源がないということで、もともと市民社会の方にあった共同体的な機能を取り入れながら、自活後見機関を作った。そこで自立する人が五％くらい出てくるという枠組みになっています。こういう仕組みは日本にはないのではないでしょうか。

湯浅：ほとんどないといっていいですね。生活保護受給者の自立支援ということであれば、自立支援プログラムが二〇〇五年から導入されています。釧路などでは地元の企業と話をつけて体験就労的に働かせてもらい、賃金が出る場合も、出ない場合も、作業量に合わせてという場合も、とやっている事例あります。[28] それを行う中で就労自立のステップを刻んでいくということもあるのですが、これはきわめてまれなケースです。一般的な自立支援プログラムとは、一般就労の後押しをするということです。生活共同体的なベースもないし、そこを活用するということもない。それが中間就労的な働き方の不在につながっているのだと思います。

Q：ワークフェア[29]のような形で自立していき、そこから社会的企業が出てきたりする。韓国でも昨年から低所得層就労支援パッケージサービスが始まり、中核になっているのが自活センターです。自活センターに来ている人たちと、次上位層[※]という生活保護の対象になっていない人向けに就労訓練から就労まで行っています。そこで三カ月生活すると、七万円くらいの報奨金が本人に出る。そこを基盤にして就労支援が行われています。日本ではこのような仕組みをつくることは難しいのでしょうか。

湯浅：広い意味でのアクティベーション[30]みたいなものに行かざるを得ない状態にあると思っています。日本では、今まで窓口でシャットアウトしてきたので、ワークフェアみたいなもの（支援）を入れる人たちがいなかった。しかし、先ほど述べたようにその部分の人たちが増えてきているので、その人たちの福祉受給が長期化しないために、様々な支援を入れていかなければならないという声は高まってきています。従って、自立支援プログラムの発展形が出てくるはずです。また、それの受け皿としてはＮＰＯや社会的企業だとは言われているので、今後は似たような方向に行かざるを得ないと思います。そこは一歩下手すると、福祉からはじき出せばいいみたいな極論になりがちであるので、綱渡りの状態でもあります。アクティベーションというのは、ある程度の福祉国家としての基盤があるヨーロッパで出てきた概念であるので、それが一〇分の一もないような国でやればどういうことになるかということを、同時に考えながらやらないといけないと思います。

Ｑ：韓国の貧困運動との交流は？

湯浅：ホームレス支援の関係で、韓国の全国失職野宿者対策協議会（全国失職野宿者対策宗教・市民団体協議会）というのがあって、聖公会の牧師さんでジョン・ウンイルという人と会ったことはあります。そこには様々なネットワークがあり、彼が一緒にやっていたのが、居住権実現のための運動をしているユ・ヨングさんなどで、ソウルオリンピックのときの立ち退きに抵抗運動をしていたスラムコミュニティの人たちです。その人たちとの交流は結構あり、二〇〇一年のホームレス東アジア大会のときに、韓国、香港へ日本の野宿の人たちを連れて行って当事者同士の交流を行いました。今は、彼らはむしろ社会的企業法の流れには乗れていなくて、どちらかというと批判的な立場だと思います。

Ｑ：日本でも最近、社会的企業という概念が出されてきています。ただ、韓国には貧困層支援とい

う文脈があるのですが、日本にはそれがない。イメージ先行という気がします。社会的企業がすべて貧困層支援でなくてはならないということではないのですが、そういう社会的な目的を実現するような企業を支援していくということを考えていかなくてはならないと思うのですが。

湯浅：韓国を見ていて感じるのは、日本のセツルメント運動[31]がずっと続いている状態であるということです。日本の場合には、（貧困層支援の運動の歴史が）一回切れているように思います。私は社会的企業というのは社会的企業を作ろうと思って作れるものだとは全然思いません。現場の活動の中で、ニーズとみんなの出来ることを組み合わせたら結果として社会的企業になったということであり、社会的企業を作ろうとしても形だけの魂のこもらないものになるのではと思っているので、そこは日本のＮＰＯも韓国の社会的企業も同じリスクを抱えていると思います。政府が「作れ作れ」といってやっていくと、そういうことになる恐れはあると思います。それは両刃（の剣）だと思う。それが活かせるかどうかは、こちらの力量の問題です。セツルメント運動が途切れてしまっている日本では、貧困問題で社会的企業のようなオルタナティブなものがどんどん伸びていくということはベースとしてはないので、そこに頼るというのは無理だとは思います。しかし、その他の分野やその他の部分で出てくる可能性はあります。例えば、フリーター全般労組[32]などワーキングプアの集まるグループからそういう動きが出てくる可能性の方が高いと思います。

五．市民運動の課題

Q：今はむしろ市民運動側が問われている時期であるとの指摘ですが、市民運動側に一番問われている課題は何か。韓国では一つのことについて連帯をするという実践はしているのですが、そういう意味でも乗り越えていかなくてはならない問題は何でしょうか。

湯浅：それはやはりすごく大きな話でいうと「社会を作れるか」ということです。日本は「無縁社会[33]」といわれるようになりましたが、社会というのは、元々無縁で、地縁でも血縁でもない人が結合を作るから社会というわけで、そういう意味で、もともとの地縁結合体、血縁結合体や、日本の場合には企業結合体が機能してこなくなったために、無縁社会と言われるようになってきているわけです。そういうときに「社会を作れるか」ということです。

日本の市民運動は「この指とまれ」というやり方なので、ある意味で社会であるのですが、また、それはそれで蛸壺化しています。そういう意味では広い意味での社会連帯が必要です。社会が本当の社会になるために、市民運動が社会的な結びつきを積極的に広げて行く必要があります。そして、今、それが問われています。実際にそれが足元ベースで広がっていかないと、政府の動きがそちらの方向に進んでいくということは、基本的にはありえないだろうと思います。他方で、経済界など別のことを一生懸命いう人たちもいるので、そこはこちらの力量が問われているのです。

湯浅誠（ゆあさ　まこと）：一九六九年生まれ。二〇〇九年一〇月、内閣府参与に就任。緊急雇用対策本部貧困・困窮者支援チーム事務局長、内閣官房震災ボランティア連携室長を歴任し、二〇一二年三月に退任。東京大学大学院法学政治学研究科博士課程単位取得退学。

　ＮＰＯ法人自立生活サポートセンター・もやい事務局次長、反貧困ネットワーク事務局長他。九〇年代より野宿者（ホームレス）支援に携わる。「ネットカフェ難民」問題を数年前から指摘し火付け役となるほか、貧困者を食いものにする「貧困ビジネス」を告発するなど、現代日本の貧困問題を現場から訴えつづける。

　著書に『本当に困った人のための生活保護申請マニュアル』（同文舘出版、二〇〇五年）、『反貧困—「すべり台社会」からの脱出』（岩波新書、二〇〇八年、第一四回平和・協同ジャーナリスト基金賞大賞、第八回大佛次郎論壇賞）。最近著は『活動家一丁あがり！—社会にモノ言うはじめの一歩』（共著、ＮＨＫ出版新書、二〇一一年）など。

註

（1）労働者の生活必要度に応じて決定される賃金。年齢、勤続年数、家族構成などを考慮して最低限度の生活を保証しようとするもの。

（2）軍事戦術として用いられた「護送船団」が船団の中で最も速度の遅い船に速度を合わせて、全体が統制を確保しつつ進んでいくことになぞらえて、日本の特定の業界において一番経営体力・競争力に欠ける事業者（企業）が落伍することなく、存続していけるよう、行政官庁がその許認可権限などを駆使して業界全体をコントロールしていくこと。

（3）戦後日本の社会福祉は、企業が、労務管理の一環としてその雇用労働者の福祉向上を図り、企業帰属意識の強化・定着化、生産性の向上、労使関係の安定をねらい、住宅、給食、保険・衛生、共済、金融などを負担する企業福祉が発達する一方、子育てや介護といった分野は主に家族によって担われてきたため、国の社会保障支出や税などの再配分は低く、「日本型福祉社会」モデルと言われてきた。

（4）ＮＰＯ自立生活サポートセンターもやい。二〇〇一年、現理事長の稲葉剛氏と湯浅氏らが設立したホームレスや派遣労働者や生活保護受給者などの自立支援を行う団体。生活相談や生活保護受給の支援、アパート入居の保証人提供を行っている。

（5）自己責任論は常に「上から目線」であり、弱っている人を黙らせ、痛めつけ、社会的な問題としてとらえる契機を奪うものとしている。（『どんとこい、貧困！』湯浅誠、理論社）

（6）湯浅氏はこのインタビューの直前に市民団体や研究者と韓国を訪問している。

（7）他者や社会集団によって個人に押し付けられたネガティブな意味のレッテル。

（8）二〇〇八年一二月三一日に日比谷公園の霞門付近に開設され、自立生活サポートセンターもやい、全国コミュニティ・ユニオン連合会などが中心となって組織された実行委員会が、炊き出しや生活・職業相談、生活保護申請の先導を行った。また、ハローワークが業務を開始する一月五日までの簡易宿泊所を設置した。湯浅氏は村長としてこの運動の運営に関わった。活動は年末年始のマスコミ報道などを通じて大きな反響を呼び、期間中に派遣村を訪れた失業者はおよそ五〇〇人、参加ボランティアは一六八〇人、寄せられた義援金は二三一五万円となった。

（9）二〇〇九年一〇月、菅直人副総理兼国家戦略担当大臣に要請され、一〇月二六日内閣府参与・緊急雇用対策本部貧困・困窮者支援チーム事務局長に就任。翌二〇一〇年三月に辞任。五月に再任され、二〇一一年三月一六日、東北地方太平洋沖地震を受けて、被災地で活動するボランティアと連携し情報提供などを行う内閣官房震災ボランティア連携室長に就任。二〇一二年三月七日、二度目の辞任。

（10）韓国で、一九九〇年代に三〇代（三）で、一九八〇年代（八）に大学生で学生運動に参加し、一九六〇年代（六）の生まれである世代。一九八〇年の光州事件を起点とした民主化運動を闘い、二〇〇二年に選挙で盧武鉉大統領を生み出す支持基盤となった。

（11）捜査機関による取り調べを録音・録画し、行きすぎた捜査や冤罪を防ぐため後からチェックできるようにすること。大阪地検による証拠捏造が明らかになり無罪判決が確定した厚生労働省・村木元局長の事件などを受けて取り調べの一部可視化が始まっている。

(12)従来の支援費制度に代わり、障害者に費用の原則一割負担を求め、障害者の福祉サービスを一元化し、保護から自立に向けた支援を行う制度。二〇〇六年に施行されたが、法案作成過程や国会審議が当事者抜きに進められたことや、障害者の負担増への批判が大きく、障害者団体の枠を超えて反対運動が取り組まれ、一万人を超える国会請願デモなどが行われた。

(13)拡大する貧困問題を解決するために活動する団体や個人を結び付ける社会的ネットワーク団体。二〇〇七年一〇月発足。これまでも個別に貧困問題の解決を目指し活動する団体はいくつも存在したが、分野や社会的な立場の壁を乗り越えて円滑に活動を行いにくかった。反貧困ネットワークはそれらの団体・個人が相互に連携し協力し合い貧困という大きな問題を解決するために発足した経緯を持つ。会長は日本弁護士連合会会長の宇都宮健児氏。湯浅氏は事務局長を務める。

(14)湯浅誠氏の著書。『反貧困―「すべり台社会」からの脱出』岩波新書、二〇〇八年四月出版。同著により、第一四回平和・協同ジャーナリスト基金賞大賞、第八回大佛次郎論壇賞を受賞した。

(15)一九〇万人を超えたのは二〇一〇年六月時点。二〇一一年二月には二〇〇万人を超えた。

(16)二〇〇七年七月一〇日、北九州市小倉北区の独り暮らしの男性(五二)が、死後約一か月とみられるミイラ化した状態で見つかった事件。男性は肝臓病のため働けず前年一二月から生活保護を受給していたが、翌年四月に福祉事務所の勧めで「働きます」と受給の辞退届を出した。だが、男性が残していた日記には、そうした対応への不満がつづられ、六月上旬の日付で「おにぎり食べたい」などと空腹や窮状を訴える言葉も残されていた。

(17)二〇〇六年、韓国で朴元淳弁護士を中心に、市民が社会デザインの担い手となることを目指して設立された市民参加型シンクタンク。英語名 The Hope Institute。現在、市民会員は五〇〇〇名を超え、地域活動の支援や市民社会づくりの担い手の育成に取り組んでいる。

(18)二〇〇九年九月の民主党政権発足以降、鳩山前首相は、政権運営の柱として「新しい公共」という概念を掲げ、「新しい公共の担い手を支える環境を税制面から支援する」ための市民公益税制の整備を進め、平成二三年度税制改革大綱には①ＮＰＯ寄付税制の整備（税額控除制度の導入）②認定ＮＰＯ法人制度の見直しなどが盛り込まれている。

(19) 本書第三章の李恩愛さんのインタビューを参照。

(20) あうん＝Asia Workers Network。二〇〇二年、バブル崩壊後、失業し野宿を余儀なくされた元野宿生活者が力をあわせ、衣類の寄付を集め荒川区でリサイクルショップを起業。「一日三食食べられるだけの賃金」を目標に、リサイクルショップ以外にも、頼まれた事は何でもこなす「便利屋」として事業を拡げ、現在約三〇名の、さまざまな理由で失業状態にあった人や、あうんでの働き方に賛同した若者や中高年達が働いている。湯浅氏は二〇〇三年から参加し、理事長も務めた。二〇〇七年、企業組合法人取得。

(21) 社会的企業育成法における脆弱階層とは、大統領令により「全世帯の月平均所得の一〇〇分の六〇である者」などの基準で定義づけられている。

(22) 一九五一年生まれ。東京・山谷地域の活動家。山谷争議団などで活動し、八九年に山谷労働者福祉会館の設立に着手、九〇年に完成。〇二年に「あうん」を立ち上げる。反貧困ネットワークの中心的担い手の一人。

(23) ノリダン（noridan）。若者が中心となり、生活廃棄物を素材として作った楽器による演奏とパフォーマンス、そして、それを活用したワークショップを事業とする社会的企業。

(24) 韓国の社会的企業育成法による社会的企業には、①就労提供型：全体の勤労者のうち、脆弱階層の雇用比率が五〇％以上、②社会サービス提供型：全体のサービス利用者のうち、脆弱階層の利用者比率が五〇％以上、③混合型：全労働者に占める脆弱階層の雇用比率、および全利用者に占める脆弱階層の利用者の比率が、各々三〇％以上、④その他型：社会的目的実現の当否が上記の雇用比率、利用比率で判断するのが困難な場合、社会的企業育成委員会で決定、という類型がある。

(25) 二〇〇八年の世界同時不況を受け、国が離職した失業者等の雇用機会を創出するため、各都道府県に「ふるさと雇用再生特別基金事業」「緊急雇用創出事業」「重点分野雇用創造事業基金」をそれぞれ数千億円単位で造成し、都道府県や市町村を通じて失業者の雇用を確保する事業。公園の草刈りや地域調査の調査員といった補助的な業務が多く、雇用期間も当初は半年に限定されていたが、後に最長一年まで認められるようになった。

(26) 国民基礎生活保障法に基づき、各基礎自治体に設置された組織で（二〇〇五年の段階で全国に二四二か所）、貧困層のうち労働可能な者に対し「自活支援事業」を行う。事業内容としては、自活意欲を高めるための教育、自活のための情報提供・相談・職業教育及び職業斡旋、生業のための資金融資斡旋、自営創業支援及び技術・経営指導、自活共同体の設立・運営支援などがある。自活後見機関の運営は、法制定以前から貧困層のためのコミュニティづくりや協同組合運動に取り組んできた市民団体に委託されているケースが多い。

(27) 韓国では一九九七年の経済危機によるＩＭＦ救済以降、臨時・日雇い労働者が増えることによって生計の不安定な階層が拡大しており、二〇〇〇年一〇月には「国民基礎生活保障法」を制定し、就業可否、年齢に拘わらず最低の生計費に満たない全ての世帯を対象にし、生計費の不足分を支給することとなった。特にその第一六条において低所得者層の自活を促進する支援組織として「自活後見機関」を設置することにより、国や自治体からの援助ができるようになった。詳しくは、李恩愛さんのインタビューを参照。

(28) 釧路市が取り組んでいる生活保護支援プログラムは、平成一六～一七年に厚生労働省のモデル事業として取り組んだ「就労促進及び母子家庭自立支援調査研究事業」を土台に、母子家庭から全体に対象を広げ、平成一八年度から実施しているもの。
事業の内容は、生活保護受給世帯を対象にして、①日常生活意欲向上支援②社会奉仕きっかけづくり事業③就労体験的ボランティア事業プログラム④就労体験プログラム⑤就労支援プログラムの五段階のプログラムで段階的に自立への支援をおこなうというものです。⑥高校進学支援プログラム（その他中学三年生の子どもとその親を対象）⑦高校進学希望者学習支援プログラム（中学三年生を対象）などのプログラムのほか「多重債務者自立支援プログラム」「DV被害者自立支援プログラム」など、多面的な支援を行っている。

(29) 生活保護、医療費保護などからなる「福祉」（welfare)の受給者に対して、一定の「勤労」を義務づけ、給付を労働の対価とすることによって、その精神的自立を促すと共に、「勤労」を通じて、将来の経済的自立の基盤たる技術・技能を身につけさせようとする制度。もともとはアメリカのニクソン大統領が福祉改革に際して用いた言葉であり、一人親家庭の扶助が福祉依存層を拡大させているという認識から、こうした世帯に何らかのかたちで就労を義務付けることを目指した。

(30) 社会保障を就労促進につなげる社会政策。一般に「ワークフェア」と呼ばれる政策に近いが、福祉受給者を就労に駆り立てる面が強いアメリカのそれと区別して、デンマークやスウェーデンなど欧州の就労支援サービスを「アクティベーション」と呼んでいる。欧州におけるアクティベーションとは、失業給付や公的扶助が寛大でありすぎるため、就労可能な者が「失業の罠」や「福祉の罠」に陥ってしまい、結果的に非生産的な公的支出が増大することへの対策という側面もある。

(31) セツルメント（Settlement)。一八八〇年代のイギリスにおいて、知識や教養のある学校教育者や学生、教会関係者など中級階級の人たちが、都市の貧困地域（スラム）に移り住み、労働者階級、とりわけ貧困に苦しむ人々に対して直接触れ、生活を共にすることによって生活状態を改善することを目的として始まった運動。日本では隣保館と呼ばれ、岡山博愛会（一八九一年）と片山潜による東京・神田のキングスレー館（一八九七）が最も早いものとして知られている。米騒動以降には、大正デモクラシーを背景として、キリスト教系および仏教系のセツルメントや隣保館が、大学セツルメントとしては東京帝大セツルメント（一九二四）が設立された。戦後は、全国学生セツルメント連合（全セツ連）が結成されるが、高度成長期以降は、対象となる極貧層が少なくなり、活動は衰退した。

(32) フリーター全般労働組合。二〇〇四年八月に結成された個人加盟労働組合。いわゆるフリーターや派遣労働者など非正規労働者の労働条件などの改善を交渉や争議を通じて行うと共に、自己責任論への反論を行い、毎年「自由と生存のメーデー」を呼びかけている。

(33) 単身世帯が増え、人と人との関係が希薄となりつつある日本の社会の一面を言いあらわしたもの。二〇一〇年一月NHKテレビで「無縁社会」と題したNHKスペシャルが放送され、それをきっかけにこの表現が広く使われるようになった。

第２章　東日本大震災に直面して、いま

田村太郎さん「ダイバーシティ研究所」代表

東日本大震災に直面して

様々なつながりの具現化を

二〇一一年六月一一日　聞き手 広石拓司

田村太郎さんは、阪神・淡路大震災をきっかけに地域での多文化共生の取り組みを進め、新潟中越地震などの災害時の同様の取り組みをサポートする活動も行ってきている。NPO法人edge代表理事として関西の若手社会起業家の育成も推進。三月一一日の東日本大震災直後に「つなプロ（被災者をNPOとつないで支える合同プロジェクト）」の立ち上げを呼びかけ、現場のネットワーク構築に取り組む一方、政府の内閣官房に立ち上がった「震災ボランティア連携室」に民間からの企画官として参画。これら経験をふまえて、日本のどうした問題が見えてきたのか。震災後の状況を中心にお話をうかがった。

東日本大震災での市民社会をどう見るか

Q：これまで田村さんは現場の立場で阪神・淡路大震災や中越地震などの災害時の現場で、多文化共生のサポートなどに携わってこられました。東日本大震災における市民社会の動きを、田村さんは、どのように見ていますか？

田村　今回の震災がこれまでの日本災害と大きく異なるのは、規模が大きすぎることです。例えば、福島県いわき市だけで死者は三〇〇人です。いわき市一つだけでもじゅうぶん、大規模災害と呼ばれる被害が出ているのに、それが一〇〇以上の地域で同時に発生しているような状況です。大規模災害ではスピードと量が重要になります。多数のボランティアが参加しましたが、それでも絶対数は足りていなかったと感じます。とくに阪神・淡路大震災の時に比べて、現場での学生や若い人の姿が目立たないように感じます。

一方で、一六年前よりもずっと、多様な担い手が被災地で活動するようになっていると感じました。企業、ＮＰＯ、外国人グループ、海外からの支援など多様な支援者が参画しています。日本で暮らす外国人コミュニティの支援活動も早かった。震災直後に帰国した外国人のことがクローズアップされていますが、その一方で被災地で炊き出しを続けている外国人グループもたくさんあります。

また、ここまで大きいと、スピードと量の優先を前にして、きめ細かさは後回しにせざるを得なかった。例えば避難所を百か所もすぐに作ろうとすると、どうしても均質的なものが優先され、少数のニーズは後回しになってしまいます。

阪神・淡路大震災以降、そうしたことがないように様々な工夫がなされてきました。例えば、着替え場所の設置など女性への配慮、子どもや障がい者への対応など、これまで市民社会が経験の中で蓄積してきたノウハウは、新潟中越地震などでは活かされたのですが、今回は災害の規模が大きすぎて、じゅうぶんに対応できていません。

これまでは、一つの被災地に全国からノウハウのある色々な人が集まって、サポートすることで、目を行き届かせることができた。しかし、これだけの規模になると、専門家も分散せざるを得なかったのが原因だと思います。初めての経験なので初動の時は仕方なかったとしても、これから仮設住宅など次のステージに移る中で、少数者のニーズの取りこぼしもないように、具体的な支援メニューをどんどん出していかなければならないと思っています。

ただ、専門家の数や支援策の量にも限界があります。ですから、これからのステージでは、被災した方たちが自分たちでも少数者への配慮の大切さに気付いて、自分で工夫していくようになることも大切だと考えています。

Q：今回、田村さんは、これまでの「現場の人間」の立場から、内閣官房の企画官という立場として震災に接することになりました。そこで感じたこと、気付いたことはありますか？

田村　今回、私は内閣官房の企画官という立場を持ったことで、被災地全体の様子を俯瞰しなければならなず、ひとつの現場に集中できないという点においてはもどかしい思いもあります。一方で、被災地全体を俯瞰するという立場にあって、どこでどんな人が活躍しているのかを知り、キーパーソン同志をつないだり、事例と事例をつないで化学反応を起こす役割を担うことができるんだなということがわかってきました。

また、「メッセージを出す」ことの大切さも改めて実感もしました。たとえば、ボランティアが足りている、足りていないという大きな枠でのメッセージも、具体的にどこで何人足りていて、どこで何人足りていないという情報を出し続けていくことと同じくらい重要だということも感じました。

また、先を見通すことの大切さにも改めて気づかされました。状況が日々変化していく中で、次々と新しい状況に対応する必要があります。現場にいると目の前のことだけに追われてしまいがちで、次のことを始めようとすると「このことを置いていくのか」という声も出ることがあるのですが、そうではなく、どんどんと新しい課題を予測して、並行してやっていかないと間に合わない。だからこそ、現場から一歩引いたところで、先を見通すことが大切なのです。原発事故への対応に象徴されるように、政府はどうしても状況の後追いになってしまいがちですが、本来は政治には先を読んだ対応が求められていることを、もっと真剣に考えていく必要があるでしょう。

実際、現場からは様々な要望が政府に寄せられています。しかし、政府も各現場のすみずみまで把握はできないし、一つ一つに対応するには限界があります。要望に優先順位をつけるのも、政府の仕事です。

優先順位が低いテーマには対応しなくていいということではなくて、現場でどんどんやっていくべきことと、国で推進していくべきこととを分けて考えると言うことです。現場で起きていることへの対応は、国を待っていては遅れてしまうことの方が多いのです。霞が関に頼んでも無理なもの、遅れるものは、現場の民間の力でどんどんとやっていかないと手遅れになってしまう。

私自身は、現場の人から国への要望を言われても「それは無理ですよ。自分らでやりましょうよ」と呼びかけることもあります。そうすると、「あ、そうですね」という反応が返ってくることが多いように思います。私は民間の立場もあるので言えるという部分もあるでしょうが、政府と現場がどのようなコミュニケーションをとるべきか、考えることもあります。行政のプロトコルがわかって、かつ、現場やNPOのマネジメントがわかる人は意外と少ないので、間にたってコミュニケーションをとることが今回の私に与えられた役割なんだと考えるようになりました。現場の情報を集めて官邸や省庁に届けるとともに、現場の人に政策の使い方を伝える。両方とも必要な情報を持ち合わせてないので、両方の文化を理解しながら両者にとってよりよい状態を生み出していくことが私をはじめ、連携室のメンバーの役割だと思います。

東日本大震災の津波で未曾有の被害が（宮城県南三陸町、2011年5月4日撮影）

「ボランティア連携室は存在感がない」とよく言われます。ただ、自分としては、被災地では被災者が主役であってボランティアは目立たない方がいいと考えています。また市民による自発的な行動が原則のボランティア活動において、政府が前面に出てリードするということはあり得ないのではない。あくまでも被災地の方々が主役であり、ボランティアはそこに寄り添う、さらにその活動を後から支えるのが政府の役割だと思っています。被災地の需要とボランティアの供給状況を把握しつつ、必要な政策を提言したり、メッセージを発信したりする地味な仕事が「ボランティア連携室」の役割だと思っています。

私自身ずっと民間の立場で活動してきましたので、なかなか慣れない部分も多いのですが、これからも目立たずとも必要な仕事を続けていきたいと思っています。

また、俯瞰的に見て改めて、市民社会としてのチームプレイの重要性も感じています。今までは、震災などの現場で個人プレーのボランティアが中心だったように感じています。これからはNPOとしての、NPO同士、NPOと政府などの連携のチームプレイをしていく必要があり、その間にたつ人を増やしていく必要があるでしょう。

希望は実践の中からしか生まれない

Q：復興の中で、就労は重要なテーマです。韓国の社会的企業育成法の背景には社会的就労を創出するというテーマがありました。復興の中の仕事づくりで何が大切だと思いますか？

田村　社会的就労も必要ですが、付加価値を生むような就労のしくみ作りも必要だと思っています。現在、被災地域での雇用対策費として大きな金額の雇用対策費が出ていますが、半年雇用でのがれきの撤去や復旧現場での労働は、従前の失業対策と何も変わらない。そうした従来型の雇用対策では、新しい付加価値を創りだすことができない。

今必要なのは、一〇〇働いたら一二〇の価値を生み、再生産につなげていく発想です。がれきの中から新しい価値を生んでいくことによって、雇用の裾をひろげないといけない。それこそが社会的企業の真価を発揮すべきところだと思うのです。

例えばいま、関西の社会起業家育成支援プロジェクト「edge」で復興事業の特別枠をつくって、現場での起業を支援し始めています。支援しようとしている事業は、流れ着いた漁網や流木からアクセサリーやストラップを創り出して販売するプロジェクトや、震災前後の地域のことを語る「語り部」を育成して観光客をガイドするプロジェクトなどで、いずれもゼロから価値を生み出す事業です。雇用対策としての作業は、そこから次に何を生み出すのかも考えてこそ、付加価値を産み、雇用が拡大していくのです。

また、政府のメニューは「雇用」が中心で、月一五万とか二〇万円くらいの仕事を指向しますが、月三万円でも良いので収入があるような状態をまず創り出すことの方が現実的だと考えます。その意味で「就労」のイメージをもう少し柔軟に解釈していく必要があります。

被災地の雇用情勢は深刻な状態ではありますが、一方で私は楽観視しているところもあります。例えば、現場で接する漁師の方たちはとてもタフです。「俺たちは海でタダのものを拾ってきて商売してきたんだ、心配されなくてもまたやっていけるんだ」とおっしゃる方もいる。確かに三陸の海産物は国際競争力もありますし、自分たちでやっていこうという危害のある人も多いように思います。

「被災者」とは、力のない、なにもできない人ではない。そこにいる人たちの力を信じることが大切だと思います。だから、「気の毒な被災者に仕事をわけてあげよう」という発想ではなく、したたかで強い人たちと共に、地域だけでなく、日本丸ごと復興してやろう、という視点を持ちたいです。

そうとはいっても、被災地で付加価値のある新しい産業をつくっていくためには、外からの産業を持ち込み、地域と結びつけていくことも大切だと思います。

私も理事をしているNPO法人「チャイルド・ケモ・ハウス」では今年、神戸のポートアイランドに「夢の病院」を建てるプロジェクトをキックオフさせました。これは、阪神・淡路大震災の復興事業の中で、ポートアイランドを医療産業の集積地にしようという長期計画があり、そこに医療産業のクラスターをつくってきたからこそ実現できたことです。阪神・淡路大震災後の復興のなかで、ポートアイランドに新しい産業を、という視点があった。それが一六年後にこのような形につながっている。今回も、新しい産業を外からもってきて、地域に新しい付加価値を生み出すことも大切であり、復興を新しい産業を生む機会とするしたたかさも求められるように思います。例えば現場の漁師さんと外部の知恵で新しいタイプの水産加工産業をつくり、付加価値をつくっていくことなどが求められるでしょう。

被災地に限らず、外貨を稼ぐ発想がなければ日本は沈没します。具体的には外国人観光客の受け入れや工業製品以外の産品の海外への輸出の促進が不可欠です。また、次の段階として日本への移民受け入れも重要です。女性や高齢者の就業率を上げても、日本の産業は維持不可能です。これらを長期的視野に立ってしっかりやれる地域は生き残れるでしょうし、できない地域は消滅していくでしょう。

NPOが労働賃金の低下に荷担している日本の状況は、不幸でしかない。社会起業家としてもっと付加価値を生み、外貨を稼いで経済のパイを広げることをしなければならない。政府に頼らず、自分たちで産業を興すべきであり、補助金に頼った雇用創出は長続きしないと私は見ています。

Q：大震災は日本にとって大きな試練となりました。震災も含めて、今の日本には、どのような危機があるとお考えですか？

田村　日本の危機は「評論家が多いこと」と「実践者が少ないこと」です。これは震災前から気になっていることです。

阪神・淡路大震災のあともそうでしたが、所属や年齢、肩書きではなく、いま何ができるのか、ということが問われるのが災害時であり復興期です。当時二三歳だった私が神戸の復興にいろんな形で関わらせてもらえたのも、災害・復興という特殊な時期にあったからだと思っています。今回も被災地で必要とされているのは、具体的な解決策を提示し、実践できる人です。

希望は実践の中からしか生まれないので、実践を増やしていくことが大切だと、ずっと思っています。どんな小さなことでも良いので、被災地で様々な取り組みが始まることが希望だと思っています。

もう一つの危機は「中央集権」思考です。被災地の復興は中央からの指揮に頼っていては難しい。今回、東北の自治体、首長などの方から、「国が方向性を決めてくれない」という言葉を聞くことが少なくないように感じます。東北は中央とのつながりを大切にする意識が関西より強いのかもしれません。でも中央頼みだと、判断が遅れるし、現場の「多様性」に対応できなくなってしまいます。

ある時、被災地でタクシーに乗ったら運転手さんが「震災で、また貧しい東北に戻るのではないか」と話してくれました。これまで東北は貧しく、中央からの支援を求めてきていたが、ようやく自分たちでやっていく感じになりかけていた。なのにまた、国に頼らないといけないのでは、と懸念しているのです。ものごとを現場で決めることができること。それが地域に多様性を育み、復興のスピードもアップさせます。意思決定が現場にあることが、現場の状況へのきめ細かな対応、早さ、実践との結びつきとなり、地域、現場の強さになるのです。

震災後、「日本が一つになろう」というメッセージがたくさん出されています。しかし、一つにまとまる社会は、もろい社会でもある。「ひとつになろう」というモノカルチャーなコミュニティ形成の指向よりも、「いろいろなものがつながろう」というダイバーシティ・コミュニティへのメッセージが大切だと考えています。自ら決める意志のある多様な人と多様な現場があり、それらがつながることが、しなやかで強い多様な地域の実現につながると考えています。

田村太郎（たむら　たろう）：兵庫県伊丹市生まれ。阪神・淡路大震災直後に外国人被災者へ情報を提供する「外国人地震情報センター」の設立に参加。一九九七年四月から二〇〇四年三月までNPO法人多文化共生センター代表。二〇〇七年一月、人の多様性を地域や組織の力にすることを目的に、CSRや自治体施策の研究を行う「一般財団法人ダイバーシティ研究所」を設立し、代表に就任。関西の若手起業家育成のNPO法人edge代表も務める。東日本大震災後、内閣官房震災ボランティア連携室に民間からの企画官として参画。共著に『阪神大震災と外国人』『自治体政策とユニバーサルデザイン』『好きなまちで仕事を創る』など。

菊池新一さん　NPO法人「遠野山・里・暮らしネットワーク」マネジャー

震災後の支援ネットワークを語る

遠野からの発信

二〇一一年五月二二日　聞き手　編集委員

東日本大震災において、岩手県は沿岸部の津波による被害を始め、大きなダメージを受けた。遠野市は、震災後、いち早く三月二八日に「遠野まごころネットワーク」を立ち上げ、周辺地域も含めた支援のネットワークを構築するなど、岩手県南部の被災地支援のハブ機能を担っている。遠野まごころネットワークの副代表の一人で、NPO法人「遠野山・里・暮らしネットワーク」マネジャーである菊池新一さんに、震災後、地域社会の現場の課題は何か、なぜ遠野がいち早く支援ネットワークづくりができたのか、そして、困難な状況にある地域社会の危機をどう乗り越えるべきか、お話をうかがった。

一、地域支援活動はどう展開されているのか

Q：東日本大震災において、遠野市は岩手県南部の地域支援活動の拠点として注目を集めています。現在、どのような取り組みをされていますか？

菊池　遠野市の位置は、沿岸部で被害の大きかった大槌町と陸前高田市、大船渡市、釜石市などどこからも約四〇km、車で一時間のところにあります。また、盛岡市、花巻市などの中核都市からも四〇kmくらいと、様々のところへアクセスできます。

遠野は北上高地の中の盆地にあり、地域の往来の要所でした。江戸時代や明治時代には、海産物を馬に積んで一日山を越えて遠野に、また、内陸部の農作物も馬に積んで一日して遠野に集まったのです。一六市日という一と六の数字がつく日には市を開く市場の町であり、宿場町でもあり、また一万二〇〇〇石と南部藩の小さな支藩の城下町でもあったのです。ですから、昔から、物と情報が集まる場所だったのです。柳田国男の編纂で有名になった「遠野物語」[1]も、各地の昔話が集まっていたからできたのでしょう。

このような位置にあるため、遠野は沿岸部の後方支援基地として国も県も拠点として位置づけています。「遠野まごころネットワーク」[2]としては、特に、陸前高田市と大槌町に集中して支援をしています。陸前高田市は二万人強の人口で、死者と行方不明者合わせても一八四四人います。また、ほとんどの町が津波で取られてしまい、一万五〇〇〇人程度が避難しています。大槌も一万五〇〇〇人程度の人口で、約二〇〇〇人の死亡と行方不明者がおり、九五〇〇人が避難している状況です。大船渡市と釜

石市はどちらも死者が四〇〇〇人を数えました。このように地区による被害の差も大きいものがあります。

遠野市は、防災の視点から、以前から将来、このような事態がいつか絶対に起きると言われていたので、防災拠点基地として消防署も改築と合わせて取り組んでいました。県でも自衛隊や警察と一緒に大規模な訓練もしていました。このように、いろんな形で対応の訓練ができていたので、市も後方支援基地としての機能を発揮できたのです。

国はかなり早くに自衛隊が入ってきて、道路を確保しました。すごく素早かった。更に避難所を確保して、避難所までのルートも通れるようにしました。餓死者も出ていないので、避難所まではルートの整備はかなり早かったと言えます。まず動脈の部分は早い動きで整備され、物資も少しずつ避難所まで行きはじめたのです。

私たちは民間人として何ができるのかを考えました。すぐに始めたのが情報の発信です。私たちのネットワークを使い、三月一五日からすぐにインターネットなどを活用して情報発信を始めました。メーリングリストを中心として、全国にかなりいきわたったようです。

その後、遠野市の民間団体として一緒に活動していこう、一丸となって対応していかないとできないということで、地域のNPO、民間企業、社会福祉協議会も集まり、「遠野まごころネットワーク」を三月二八日に組織しました。全国では社会福祉協議会とNPOとがかみあわないこともあるようですが、この団体では社会福祉協議会がトップにあり、NPOの私を始め三人が副代表となり、それぞれ自分たちのできる得意なことをやろうということになりました。

市と民間の活動も連携がとれています。市が支援物資を調達してきて、物資ヤードが体育館に保管されていました。私たちは、三月一五日からメールで緊急度の高い致命的に足りない赤ちゃんの粉ミルクをお願いしていました。その後、これが足りない、あれが足りないと発信していき、結果的に四月一〇日までに一五〇団体を超える方々から大量の物資が「遠野山・里・暮らしネットワーク」宛に届きました。それを、行政は行政、民間は民間ということでなく、体育館においてもらい、シェアをしていきました。行政も様々な避難所や住居に届けるし、我々も届けるということで、お互いに足りないものは融通しあっています。

物資のヤードは、市と民間の物質をまとめて、バザー方式で提供しています。これは、物資供給はお役所的な配給になりがちだと気付いたからです。配給する者は、届いた物資の状況をみて公平に配ろうとします。しかし、現場のニーズと届くものがずれることがありますし、家族によりニーズも異なります。そうこうしている間に、必要なものが届いていないという現象が起きた。しかし、避難所には山のように物があるのです。それはやはり、極めて合理的でないので、多彩な物資を並べてバザー方式で「どうぞ取りに来てください」というシステムにしたのです。

遠野市に避難している人たち向けに行っていたら、やがてガソリンの状況もよくなったため、周辺地域からも県外からも遠野にもらいに来るようになりました。物がどんどんはけていきます。人が集まるのは交通アクセスがいいということと、アイデアがいいということでしょう。

避難所の先に避難している方々がいます。住居が残っていた場合、おじいさんとおばあさんが二人暮らしのところに、町にいた子どもたちや親戚が戻ってくるという現象がおきた。普段二人しか生活していないところに、一〇とか一五人が入り込んでくることになる。二人分の備蓄しかないので、数日はもってもすぐに枯渇してしまう。そこに、ものが行かないという現象が起きました。

避難所までは行政もその先に避難している人の分として物資は届けるが、取りに来てくださいということになってしまっていました。そうすると、一般の家庭に避難している方々は、避難所に取りに行く気持ちになれない。それは、自分たちは家があるが、避難所にいる人は家も流されてない。そうすると、そこに行って何かをもらうことに対して遠慮をしてしまい、必要なものをほしいともいえない状況になってしまっていたのです。

我々はボランティアであり、いわば毛細血管である。動脈が整ったら、毛細血管の部分を我々がやりましょうということで、避難所の先に物を配ることにしました。様々なネットワークを活用して、ゲリラ的ではあるが、その情報があれば飛んで行って対応するということを行っていた。それが功を奏したと思っています。

Q：「遠野山・里・暮らしネットワーク」では、どのような取り組みに力を入れているのですか？

菊池　山里ネットでは物資の供給配送を担当しました。また、「ほっと一息事業」ということで、被災地から遠野に来ていただいて、お風呂に入っていただき、食事をして昼寝をして行っていただくという事業も行っています。後は、それぞれの地域に行き、ボランティアとして瓦礫撤去、家の清掃を行ったり、足湯隊であるとか、被災者の生きがいと仕事をつくる「まけないぞう」をつくるといったようなケアの部分もボランティアとして担ってきました。

今後、大きく四つの活動を展開していきたいと考えています。

一つめは、物資の配送、供給です。陸前高田と大槌を中心として、釜石や大船渡からもちょっとしたイレギュラーなニーズが飛び込んでくるので、それに対応しています。

最初のうちは現場の確認も必要なため、私も出かけ、私たちのスタッフが行っていました。それもいいのですが、一か月くらいすると落ち着き始めて、大槌、陸前高田から仕事を求める人が出てきました。そういう人たちを雇用して、物資の配送をするのがいいのではないかと考えました。試しに一人、大槌町出身の豆腐屋をやっていた人に頼んで全部で四台ある配送車の一台を任せたら、被災地の人々が我々には言えないことを言ってコミュニケーションをし始めた。私たちは様々な機関や被災地の人たちにニーズ調査を行いました。しかし、「あんたもよく生きていたな」という会話から話ができるのは現地の人ならではです。外部の人間はそうは言えない。そこから話に入っていけるので、深い生活ニーズを聞くことができることがわかり、全部任せた方がいいとそのときに思いました。そこで四台とも任せるのは被災者の方にしました。

菊池新一さん

　私たちが被災地を回ってみて感じるのは、最初は避難所の先の民家に物資が届かないのが問題だとマスコミでも言っていたし、私たちもそう思っていました。しかし、ここにきて、現地に行ってみると、民家に避難されている人は、ものすごくお元気になられてきたように感じます。やる気もあるし、次の仕事への思いも持っておられる。しかし、避難所の方は内にこもってしまう。我々もなかなか中に入っていけない状態です。必要な物資を届けに行っても、周りの人から白い目で見られるのです。「なんで、この人だけに届けるの?」といった感情がある。避難所生活を始めて、一か月から二か月くらい経つと、避難所の方の精神状態がかなり厳しい状態なのでしょう。

そこで二つ目として、私たちは「ほっと一息」事業を始めています。一日二〇人ではあるが、マイクロバスで遠野の入浴施設まで来てもらい、お風呂に入り、昼食を食べてもらい、二時間程度お昼寝をして帰ってもらうのです。福祉でいうショートステイです。平日は施設を使えるが、土日は使えないため、民家を借りています。これは、今までグリーンツーリズムをやってきたノウハウがあるからできることです。一二〇軒の会員農家に、修学旅行生を受け入れるノウハウがあり、そこにお願いをしています。お風呂と食事を提供してお昼寝、民家の場合には洗濯もサービスできる。二〇人なので五軒あれば四人ずつ対応してもらえば賄えます。また、個人の家でやるメリットもあります。

我が家でも二回お引き受けしましたが、私はものすごく考えさせられました。私の家内がたまたま保健師であるので、彼女はおそらく気を遣って、胸の手術をしてみんなと一緒にお風呂に入れない女性を連れてきた。そういう人が一か月お風呂に入れなかったのが、我が家に来て、一人でゆっくりお風呂に入ることができた。四人のうち三人が女性でした。一人は男性でしたが、奥さんをはじめご家族を津波で亡くした方でかなりしょんぼりされていました。最後に、お昼ご飯として、焼きたての魚を出したら、暗い表情だったのが、パッと明るくなったのです。つまり、やっぱり毎日魚を食べたいのだろうが、それが避難所では叶わないのです。入浴施設には二〇人分の魚を焼く施設がないので、お昼ご飯に出せないが、家庭にくると四人くらいなので対応できます。意識的に食材もそのようなものを選んでだすこともできます。避難所では、栄養バランスも崩れており、豆腐、肉、魚などもありません。支援物資は全国から来ますが、豆腐や肉、魚は来ません。従って、当然栄養バランスは崩れる。とにかくそういう食材を民家のショートステイでは出すようにしています。この事業は継続しようと考えていますが、仮設住宅に入った後にも必要な事業であると思っています。

三つめは、今、福島の農産物が風評被害により数値が安心なものでも売れないという状況に対して、会津地方とグリーンツーリズムのネットワークがあるので、会津地方で放射線の出ていない野菜を買い取って、被災地に持っていくプロジェクトを始めています。それに地元の野菜を加えて毎日運んでいます。野菜は毎日必ずなくなるので、そういった対応が必要です。また、パル・システムの生協さんの協力を得て、豆腐や魚や肉などの日配品について、食べきれる量をボックスに入れて届けています。また、これからの取り組みとしてコミュニティ・ビジネスの話があります。「まけないぞう」と名付け活動をしています。また、ニット製品などもデザイナーがデザインしたものを被災地の方にお作りいただいて、商業ベースに乗せたいと思っている。髙島屋さんと話がついています。品質の高いものを作って行きたいと思う。この活動資金には、韓国の「美しい財団」からの寄付も使うことができればと考えています。

コミュニティ・ビジネスやソーシャル・ビジネスを、経済産業省などの関わりで進めており、地域で芽が出はじめているので、復興支援を基盤としてビジネスを立ち上げることが出てくるでしょう。

また、物資の輸送を担当している人に、もともと宅配便の仕事をしている人がいます。この事業をやり続けていくことで、もう一度顧客を取り戻し、復活してもらうこともあるでしょう。また、配送のノウハウを活かして移動販売車で移動販売をしてもらうなども起業として考えられる。

今のところは、これらのプロジェクトが立ち上がり、四つの柱になりそうでしょう。

それから、青木辰司教授(3)とお会いして、「都市の人は震災を忘れない、被災をした人はちょっとは忘れたい」という気持ちを、グリーンツーリズムの手法を用いて交流事業として実現したいと考えています。被災地の高田高校や大槌高校の高校生と、青木先生の東洋大学の学生がお互いに交流して、縁を作るのがいいのではないかと思う。それが五つめの柱になりそうです。

二、社会教育の積み重ねが緊急対応・復興のベースに

Q：大震災という危機に対して、遠野のみなさんは緊急対応から復興までスムーズに対応されています。それが遠野で実現できたのは、なぜなのでしょうか？

菊池　それは昭和四〇年代から社会教育に力をいれ、人づくりに力を入れてきたからでしょう。そのベースがあるから、今回の対応ができたと思います。行政も訓練を受けているし、民間もその中で活動しています。「遠野まごころネットワーク」の代表も、市で社会教育をやっていた人ですし、民間企業の社長も社会教育をやり、市役所を辞めた人間でもある。そういう思いを持って集まってきた人たちが、今回、集まっています。

昭和四〇年代ごろから今言われているようなコミュニティの崩壊の傾向は出ていました。おそらく、当時の市役所の人がそれについて、大変であると危機感を持って取り組んできたと思います。遠野もかつては企業誘致をしていました。しかし、その方向を目指さず、人を育て、地域の風土を大切に取り組んできました。

全国的には、公民館の所長は左遷ポストというようなイメージもありましたが、その当時の市長になってから、遠野の八つの公民館では昇格して所長になるというエリート・ポストとして扱われるようになりました。そこに所長と主事、保健師を配置したのです。当時からタテ割り行政の弊害を認識し、保健師を社会教育にはりつけ、保健師が公民館をベースに地域の保健師活動をするというユニークな取り組みも始めました。

当時はサラ金問題が社会問題となり、サラ金対策、訪問販売でだまされないようにという消費者教育に取り組んでいました。私が「だまされないために」という話をして、その前後に保健師が健康相談を行うと、健康相談にいつもの倍くらいの人が来るようになったことがあります。このような横の連携を進めてきました。

遠野は郷土芸能(4)を大切にしていますが、実はそれも戦後すぐは廃れていました。昭和四〇年代以降は、まずはそういうものを復活させたいという地域からの盛り上がりがあり、全部復活させました。そこが地域の力になっているのでしょう。郷土芸能なら手軽にみんなが参加でき、できそうだと思えるもので、本当に復活してよかったと思っています。

また、郷土芸能の取り組みに遠野の社会教育の良さが出ています。子どもたちも郷土芸能を一生懸命練習していますが、練習だけ続けてもだめで、本当の舞台を踏ませないとうまくはなりません。一〇回練習するよりも、一回舞台を踏ませる方が成長する。遠野はその場を提供してきました。それが、他の地域の社会教育との違いではないでしょうか。

私たちが何事も続けられるのは、発表できる場、ほめられる場があるからでしょう。遠野の社会教育では、それを保証し、本番を提供し続けました。社会教育というのはそういうものでしょう。評価をしてあげなければ、長続きしません。モチベーションも上がりません。「答のない社会教育」ではなく、結果が見えるようにしてあげることが大事なのです。

そして、社会教育というのは地域にいる人の農業の生産活動、商業の生産活動、観光活動などの上にあり、トータルとしてそれをつなぐような活動をすべきだと考えてきました。遠野が保健活動、福祉の連携、グリーンツーリズムなどの活動を起こしてきているのは、地域全体の力で、それは前からそうだったわけではなく、社会教育のたまものであると考えています。地域と社会教育の関係を評価するのは難しいですが、研究に値すると思っています。

Q：現場で震災への対応について課題に感じたことは何でしょうか？

菊池　今回の震災では行政の対応に大きな差が出ました。例えば、ある市では津波後、高台にある公民館しか残らなくて、そこに災害対策本部ができ、そこにかろうじて避難所ができました。そこにいる人々が役人の目が届くところにいるので、炊き出しができないから、何か月もおにぎりしか食べていないというのです。炊き出しは、保健所からみたら違法行為という扱いになり、あれはだめ、これは作ってはいけない、ガスは二口までとか通常の規制を課してくる。机が一つ必要だとなって、あるルートで頼んだら役所の書類整備に数日かかるという。余っているものをもってくれば、その場で調達できるのに。こんな非常事態にとんでもないと感じることもありました。

また、仮設住宅を何万戸も建設すると国は言い、陸前高田市では一人ひとりに抽選した。このやり方は、阪神・淡路大震災のときと同じやり方で、そのときにはコミュニティが崩れてしまい、孤独死を招き、失敗している。コミュニティごとでないとだめだということがわかっていたのに、同じ過ちをしようとしている。これは何かというと、五年先、一〇年先を考えて取り組む余裕がないのでしょう。余裕がなくて、対症療法的になっている。抽選が一番公平だと思っているのでしょうが、それが結果的にみんなをバラバラにしてしまう。例えば避難所に一〇〇人いて、仮設住宅への引っ越しのときにお手伝いが必要だろうからボランティアに行こうと準備してもなぜか要請が来ない。避難所で、当選した人には鍵が渡されますが、周りがいる中で自分だけが抜け駆けするように思って当選を内緒にしている人が多いのです。そういう状態だということを国はわかっていないと思います。

それに対して私が提案したのは「あなたは必ず仮設住宅に入れます」というパスポートを今のうちに渡すということです。今、職員の口頭の説明で「必ず仮設に入れます」と言われても、今は何もない状況だから、本当かなと疑心暗鬼になってしまっていますが、パスポートを渡すことで確かに入れると安心が得られる。

避難所から花巻温泉に移動[5]してくださいと言っても、温泉の方が施設は整っているのにみんな行こうとしない。それは、今、花巻温泉に行くことで、仮設住宅に入ることが後回しにされるのではないかという懸念があるからです。高齢者や障がい者の世話をしなければならない人は、家族が我慢して、残っていることが多い。

こういう状況なので、パスポートというお墨付きが必要だと思う。それを早く出してほしいと国には要請している。また、抽選はコミュニティ単位で抽選してもらいたい、自治会長が抽選することにしてもらいたいと要望している。自治会長が一〇〇世帯、五〇世帯単位で行なうと、コミュニティごとに移動ができる。確実に入れるが、自治会ごとに早いか遅いかだけだと保障するためにパスポートが必要である。そうしたら高齢者や障がい者が安心して戻れるということになり、設備の整った避難所へ安心していける。多くの人が高齢者や障がい者を優先して仮設住宅に入れるべきと思っていますが、私は逆だと思います。設備の整っているところで療養してから、仮設のコミュニティが整備されてから後からゆっくり来ればいいのだと思います。

また、仮設住宅においても、ただ住宅を並べるだけでなく、間にフリースペースを設け、そのフリースペースの使い方は、入ったコミュニティごとに考え工夫できるようにすると良いでしょう。漁師であれば、加工所とか、道具の修理の場所とかとして活用することができる。フリースペースの使い方は、それぞれのコミュニティが考えればいい。もし商店街の人たちなら、そこにショッピングモール的なものが作られると思う。それが復興の足がかりになる。そういうコミュニティ活動が、将来もどって復興するまでの活力となるでしょう。

このパスポートは宮古市でやろうとしていますが、他の市では能力や気が回らないというのが現場の現状なので、仮設住宅をつくるまでは復旧事業として国が責任もってやってもらいたいと要請した。政府は仮設住宅を必要な全員分用意するといっているのだから、パスポートも発行してもらいたい。フリースペースの活用支援などについて、国が造るのであれば、農地法なども関係なくなる。道路は、国の復旧事業として早くに復旧できたのだから、仮設についても行ってもらいたい。

そして、実際の活用や運営、その後の復興につなげていくのは、市町村が対応するということでいいのではないでしょうか。将来の街づくりなども、自治体や県、コミュニティなどが、専門家の先生にも入ってもらい、五、六年かけてじっくりやればいいでしょう。

Q：今回の震災では、地域社会のいい面も悪い面もあぶりだされたように感じます。震災を通して改めて日本全体や遠野などの地域社会に、どのような課題があるのだとお感じになりましたか？

菊池　高度経済成長時代には、みんなが富士山の頂上を目指してきたが、今はたどり着いてしまい今後の方向に迷っている状態と言えるでしょう。頂上を目指している分には、道は違っても、目指すゴールは同じで共有することができてうまくいった。しかし、みんな頂上に行ってしまい、若者たちも何をするかと迷っているという状態ではないでしょうか。

その時に言われているのが、過去のヘリテージをみようということでしょう。それを我々は「グリーンツーリズム」で、そう言ってきました。つまり、遠野は六〇〇〇年前の縄文時代から人が居て、ずっと暮らしてきた。その六〇〇〇年間の歴史を振り返ってみようということです。

過去には冷害で多くの人が亡くなったりしたが、残った者で命をつないで来た。河童も座敷わらしもいる。河童というのは、口べらしのために、子どもを川に流したことのいわれであり、そして、座敷わらしは障がいのある子を外から見えないようにするため、奥座敷や蔵に閉じ込めて養育していたその名残りでもあります。遠野には姥捨て山もありました。遠野の場合には、人里に近いところに姥捨て山を作り、六〇歳になればそこに上がるのですが、朝には野良に出て働き、夜には戻るというもので、今でいうところの老人ホームでの共同生活をしていたのです。それは口減らしの一つではあるが、生き延びるための知恵でした。そのことにより、私たちの命がつながっている。こういう作業を今やるべきだと思うし、東京の人間もやるべきでしょう。東京の人間も座敷わらしや河童の恩恵を受けてきて、生活できているのですから。これは今必要な社会教育の一つだと思います。

同時に、今回の震災は将来を見越した取り組みを始めるきっかけにもなるでしょう。陸前高田市と大槌町は大変な目にあっています。陸前高田市は一〇〇％ほとんど全部なくなってしまいました。一万六〇〇〇人が避難しているということは、町のほとんどの機能がなくなったということで、ゼロからのスタートになります。大槌町も同様です。それは、逆にいうとチャンスにできるはずです。今の街づくりは、既存のものを活かしながら、という制約がある。特にハードの面ではそうです。しかし、それは五〇年後、一〇〇年後の地球上で生き残る上で、人間にはこういうものが必要だという提案ができる。世界中から注目されるものが作れるチャンスにできるはずです。そのためには、先ほど言った方法で仮設住宅や仮設のコミュニティ・スペースも活用して、専門家の先生などを混えてじっくり検討すべきでしょう。そうすると、将来、東北に世界中から人が来ることになるでしょう。

三、就労の場をどう確保するか

Q：復興も含めて、Uターンの人なども考慮して、地方でこれから就労の場を提供していかなければならないと思うのですが、仕事をつくる、就労の場を提供するという意味において、何がポイントというか気をつけるべき点になるでしょうか。

菊池　私は市役所で消費者教育の後、福祉の仕事をし、遠野で日本型の在宅ケアの仕組みを作りました。そこでも、私が社会教育をやってきたこともあり、福祉と社会教育ということで一緒になり、遠野の仕組み作りを行いました。

その後、産業の分野に携わり、農業や観光などに一〇年ほど関わりました。そこにも福祉や社会教育の要素を取り入れながらやってきた。今では全国に名の通っている「遠野の風の丘[7]」という道の駅の立ち上げであるとか、ショッピングセンターの再生などに取り組みました。そこで、グリーンツーリズムの立ち上げにも携わりました。在職中からグリーンツーリズムを全国に先駆けて取り組み始めたので、「西の安心院[8]、東の遠野」と言われるまでになっています。ドライビングスクールとグリーンツーリズムの組み合わせなどを手がけ、ドライビングスクールの再生にもつなげています。ソーシャルビジネスのビジネスモデルとして、色んな分野にも適応でき、経済産業省からも注目されています。グリーンツーリズムでは観光資源として農作業体験などを行うことが一般的になっていますが、私はそうではない、体験観光になってしまったのが日本のグリーンツーリズムの課題だと思っています。

遠野へ修学旅行で五月に来ると田植えが体験できます。しかし、学生は田植えをしたり、田植えのスキルを身につけに来るわけでないので、私としてはかれらに遠野の農村の暮らしを感じてもらいたいと思っています。おじいさん、おばあさんのしゃべることがわからないとか、夜になると真っ暗になるとかそういうことを感じてもらいたい。明るい都会生活に慣れている子たちは、遠野の闇夜では歩けない。農家は朝に農作業をする。田植えが終わっていても、田んぼのない家でも、暮らしていくために、毎日農作業を坦々とするんだということを感じてもらいたい。田植えを体験するだけでなく、農家の暮らし全部を感じてもらいたい。そういうことを分かってもらえるように、理解しながら、解説しながら、という作業が必要でしょう。そういう作業が必要であると思うのですが、それが抜けているケースが多いのです。

また、私たちはグリーンツーリズムに対応するために「旅の産地直売所」なども設けました。それはグリーンツーリズムをビジネスとして定着させたいからです。農産物は、昔は八百屋さんで売られていましたが、それがスーパーに移りました。スーパーで販売するようになって、まっすぐなきゅうりしか売らなくなってしまった。それが消費者のニーズだと言って生産者に押し付けてきた。やむなく、生産者が、曲がったきゅうりを産地直売所に置いたら消費者はそれを求めてきた。スーパーで売るということは、消費者に選ぶ権利を持たせないということであるが、直売所ができてからは消費者にそれを選ぶ権利を与えたんです。

「旅」については、まだまだスーパー的なものしかない。旅行会社が押し付けるものしかなく、産直がない。消費者が選びようのない状態なので、我々は「旅の産直」を作ったのです。それは、体験ではなく「体感」です。座敷わらしを体感してもらうこと、それを遠野はやりたいと思っています。

Q：農村で高齢化が大きな課題となっていますが、どのように対応すべきでしょうか？

菊池　「福祉のまちづくり」として福祉が目的になっていることが多いが、私は最初から「福祉でまちづくり」ということを言ってきました。つまり、福祉を、高齢化を手段にしようという考えなのです。また、高齢化社会は、みんな長生きをしたいと私たちが求めてきた社会ですよね。技術を進歩させ、私たちが目指した社会のはずなのに、それを、なぜ大変な社会だというのか。考え方を変えてもいいのではないでしょうか。

私の父は、一〇〇歳まで現役でした。現役というのは、人や地域に役立つことをするということです。都市では六〇歳になったら定年とし、六五歳になったら年金をもらえ、七五歳は後期高齢者といってきました。一方、田舎では生涯現役である。なぜ、それを都会でもやれないかということです。高齢者は資源である。河童や座敷わらしも含めて地域には大きな資源があります。グリーンツーリズムにおいては、特に大資源である。高齢化を困った、大変というのは、不届きではないでしょうか。

霞が関では、人々のことを、人を個別で考えずに六〇、六五といった一律のものさしで切っている。そうではなく、その年代からもっと知恵を出していくべきでしょう。それができたら、高齢化社会は、ちっともこわくないのではないでしょうか。

菊池新一（きくち しんいち）：遠野市役所職員として、道の駅「遠野風の丘」の立ち上げから運営、中心市街地ショッピングセンター「とぴあ」の再生、遠野型グリーン・ツーリズムの実践など、遠野市の地域づくりを進めてきた。特定非営利活動法人「遠野山・里・暮らしネットワーク」を立ち上げた後、東北まちづくり実践塾などで東北地域の人材育成にも取り組んでいる。二〇〇九年から内閣府地域活性化伝道師も務める。東日本大震災後、「遠野まごころネットワーク」副代表を務める。著者『遠野まちづくり実践塾』（無明舎出版、二〇〇七年）、共著「中山間地域におけるグリーン・ツーリズム振興」（『観光地づくりの実践』3　所収、日本観光振興協会、一九九九年）など。

註

（1）一九一〇年当時官僚だった柳田國男に、遠野出身の大学生・佐々木喜善がふるさとの伝承を話して聞かせたことがきっかけで誕生した書籍。遠野の地勢にはじまり、神々の由来、天狗や河童、ザシキワラシ、魂の行方、神隠しや歌謡など、遠野に伝わる不思議な話が一一九話にまとめられている。（参考：遠野物語百周年サイト）

（2）活動内容、最新の動向はホームページに掲載されている http://tonomagokoro.net/

（3）東洋大学教授　特定非営利活動法人日本グリーンツーリズム・ネットワークセンター代表理事を務め、遠野ならびに全国のグリーンツーリズムの旗振り役を務めている。

（4）遠野市では、地域をあげて伝統芸能の保存に取り組んでおり、神楽やしし踊り、南部ばやしなど五五の保存団体が活動している。

（5）震災後、避難所生活が長期化するため、高齢者などの方を中心に、各地で温泉などでの休養の滞在を設けている。

（6）菊池新一編『保健・医療・福祉の連携とネットワーク形成への挑戦　遠野方式在宅ケア地域サービス供給システム』（北土社、一九九一年）などに詳しい

（7）http://www.echna.ne.jp/~furusato/

（8）大分県宇佐市安心院町は、農村民泊のモデル地区などグリーンツーリズムの先進地として知られている。

第3章　韓国における社会的企業の現在

文京洙

韓国の社会運動と社会的企業
李恩愛さんへのインタビューに寄せて

韓国で社会的企業に関する卓越した現場の専門家の名を挙げるとすれば、必ずそこに李恩愛(イウネ)さんの名前が含まれるであろう。李恩愛さんは、九〇年代の貧困児童のための保育活動を出発点に自活後見機関での取り組みを経て、二〇〇三年には失業克服国民財団(二〇〇八年以降「ともに働く財団」と名称変更)の事務局長に就任し、各種の政府委員会の専門委員やTF(タスクフォース)チーム長などをつとめた人である。まさに李恩愛さんは韓国の社会的企業の制度化とその発展に最前線で取り組んできた人だといえる。

インタビューは二〇一〇年七月二四日、「韓国の社会的企業の現況と市民社会のイニシアチブ」というテーマでおこなわれた。インタビューに先だって私たちが示した質問は、I.韓国社会的企業(社会的企業という発想はどこから?)、II.社会的企業育成法の立法経緯と特徴、III.社会的企業育成法の成果と課題、の三つであり、李恩愛さんはこれらの質問の一つ一つに率直かつ丁寧に答えていただき、五時間余りにわたるロングインタビューとなった。李恩愛さんの社会的企業をめぐるこれまでの取り組み、考え方や思いについては、インタビューの記録から直接、読み取っていただきたい。ここでは、インタビューで明らかにされた事実を踏まえて、主に「社会的企業育成法」の成立過程を韓国の社会運動の脈絡に位置付けることで、「社会的企業育成法」の特徴や課題を考えてみたい。

一、九〇年代の貧民運動

韓国の社会的企業の出発点は、九〇年代初めのソウル首都圏の貧困地域での生産共同体運動にあり、李恩愛さんも、コンブパン[1]での活動などご自身の体験をふまえて改めてこの点を強調している。九〇年代初めにそうした運動が活発になった要因をインタビューから敷衍（ふえん）するとおおむね二つのことが指摘できる。一つは、当時の盧泰愚（ノテウ）政権が打ち出した都市再開発計画（住宅二〇〇万戸建設計画）である。一九八七年の民主化後の最初の大統領選挙での民主勢力の分裂（金大中（キムデジュン）・金泳三（キムヨンサム）の大統領候補一本化の失敗）に乗じて当選を果たした盧泰愚政権にとって、貧困層の支持基盤の拡大・強化が急務であり、そうした中で打ち出されたのが住宅二〇〇万戸建設計画であった。この再開発計画にともなう貧困地域の立ち退き問題や住宅建設にともなう生活改善要求が都市部の貧民運動を噴出させた。

ちなみに、この時期の貧困地域の運動が、単なる底辺労働者の寄り合いや共同作業場づくりにとどまらず「労働者協同組合」という形をとることになったのは、スペインのモンドラゴンを初めとした諸外国の事例が聖職者のネットワークを通じて伝えられたことが大きかったといわれる。[2] 一方で八〇年代後半に台頭したＮＬ／ＰＤ[3]などの青年・学生中心の急進的な「運動圏」が全盛期を過ぎて、その一部が貧困地域での共同体運動に身を投じることになったことがインタビューからうかがえる。

ところで、聖職者中心のこうした貧民運動は、これをさらに遡れば、軍事政権時代（六〇年代から八〇年代半ば）の民衆教会や民衆神学をよりどころに都市貧民地域を舞台とした住民運動に行き当たる。七〇年代の維新体制期の「都市産業宣教会」[4]などを中心とした都市貧民の自立・連帯、社会経済的地位の改善運動は、韓国の反独裁民主化運動の歩みを語る上で欠かすことの出来ないエピソードとなっている。ところが、光州（クァンジュ）事件（一九八〇年）を経てＮＬ／ＰＤなど青年・学生を中心とする理念的な「運動圏」が八〇年代半ばに台頭すると、社会運動の主役の座はこれらの「運動圏」にとってかわられることになる。この時代は、マルクス主義や民族統一といった「大きな物語」（韓国風には巨大談論）が社会運動の世界で風靡した時代であり、九〇年代初めの都市貧民運動についても、八七年の民主化後にさまざまな分野で噴出した各種の社会運動の一つではあったとしても、時代を先導するほどの意義は与えられていない。[5]しかも、この頃の生産共同体の多くは、事業体として持続できずに倒産や解散を余儀なくされている。

だが、この時期の都市貧民運動が地域社会の問題を〝共同体〟という方式で解決しようとしたことは、韓国の社会的経済のその後の成長、ひいては社会運動全体のその後の展開を考える上でも重要である。当時の共同体運動が掲げた「生産・分ち合い・共同」といった理念、さらには献身や自発性といった精神は、いまもなお自活事業関係者やひろく社会的経済に取り組む活動家が立ち返るべき原点ともされているのである。

事業として必ずしも成功したとは言えなかったが、九〇年代初めの共同体運動の経験は金泳三政権（九三年二月から九八年二月）の下で九六年から始まった自活支援事業（全国五か所の地域自活支援センター[※]の設置）に活かされることになる。九〇年代のグローバル経済のただなかでスタートした金泳三政権は「世界化」のスローガンのもと経済の自由化や競争力強化にまい進する一方で、これに伴う社会的ひずみを是正するために民間の研究者や専門家の参加する国民福祉企画団を創設した。この企画団の研究者や専門家は、生産共同体による脱貧困の取り組みに着目し、現場の活動家の建議を受けて「自立支援政策の一環として生産共同体モデルを導入した生産的・予防的福祉を構想」するに至る。[6]こうして最初の自活事業の実験が、生産共同体運動の現場の運動主体と学者・政府担当者とのパートナーシップの下で始まる。この緊密な「官民協力」は、自活支援センターが二〇か所に拡大した金泳三政権期を通して維持された。

自活支援のモデル事業がこうして始まった九〇年代の後半は、社会主義体制の崩壊や五月闘争[7]の敗北をへて理念的な運動圏が衰え、参与連帯や経実連に代表される市民運動が社会運動の主役の座を占めつつある時期であった。とはいえ、当時ではなんといっても民主化や社会的公正の実現を目指すアドボカシー運動が主流であり、そういう社会運動にとって政府・行政は、監視や異議申し立ての対象であっても、協力やパートナーシップの相手とはほとんど考えられていなかった。民主化の進展や市民社会の成長を前提に、政府がグローバル経済に積極的に対応して自由化や構造調整をすすめる一方、そのひずみに対処するために市民社会との共同のガバナンスを構築するというパターンは、いうまでもなくその後の金大中・盧武鉉政権の下でより本格的にとられる政策となる。

二、「IMF事態」(※)の衝撃と国民基礎生活保障法

九七年末～九八年の通貨・金融危機、韓国でいう「IMF事態」はそうしたパートナーシップをより切迫した形で提起した。金大中政権は、IMFが示したコンディショナリティに忠実に対応した。インタビューでは、これに伴う、労働市場の変化(両極化)とそこから派生する韓国社会の困難(離婚率、自殺の急増、少子高齢化などなど)が語られている。問題は、失業の増大によってこれまで生活保護の対象とされていなかった労働能力のある勤労者とその世帯の生活困難が深刻化したことである。さらに九八年夏にソウル駅構内に出現した一群のホームレスは、血縁や地縁を通じた伝統的セフティ・ネットがもはや従来のように機能しなくなりつつあることを衝撃的な仕方で示した。

インタビューでは、「失業大乱」と言われたこの危機に「失業克服国民運動委員会」に結集した市民社会が、単に失業者への対処療法的な生活支援にとどまらず、「オルタナティブな職場づくり」のための取り組みをはじめたことが語られている。この取り組みの中心となったのは、自活事業関係者を中心とする貧民運動や失業運動のグループであった。日本の労働者協同組合の経験に学んだこのグループは、介護、森林整備、リサイクルなど公益性を持った事業を協同組合方式で展開し、行政が実施したその場限りの公共勤労事業(ワークフェア)を民間委託を通じてより持続的な就労事業とする道を探った。この民間委託は当時、「特別就労事業」と呼ばれたが、社会的就労事業の出発点ともなる取り組みとしても位置付けられる。

そういう中で、「国民基礎生活保障法」(※)(国基法)が九九年に市民運動の力で制定される。国基法制定運動は、九〇年代後半から、急進的「運動圏」に代わって韓国の社会運動の主役となっていた、参

与連帯など市民運動団体によってリードされていた。国基法制定は、二〇〇〇年の「落薦・落選運動」[8]とならんで、アドボカシー型の市民運動の頂点をなす取り組みであったともいえる。ところが、その主たる目的は、国民生活の最低線（National Minimum）の国の責任において確保させることであって、その運動をリードした勢力のなかで社会的就労や自活事業への問題意識は薄かった。

一方、自活運動の側のこの頃の最大の関心は、職を失った中壮年世代の労働市場への再統合問題であり、国基法制定運動については、その戦線には加わったとはいえそれほど積極的ではなかったといわれる。[9]国基法は、自活支援事業を取り入れることになるが、その制度設計上の問題意識はあくまでも生計保護の必要な条件付き給付者の自活問題に限られていた。つまり対象が国基法の規定する受給権者（国民の三％前後）にほぼ限定され、生産共同体運動の流れをくむ自活事業の関係者が求めた労働市場統合の方法やビジョンは盛り込まれなかった。自活事業関係者は、当初からこれに不満を抱いていたようであるが、財政難に苦しんでいた自活団体にとって政府の事業運営費支援を振り払うことは難しかったという。[10]けっきょく、自活運動団体の多くは国基法の枠組みで制度化された自活支援事業に参加することになる。

こうして国基法は、韓国の社会福祉政策史にもつ画期的な意義にもかかわらず、モデル事業以来の経験を通してオルタナティブな経済の多様な試みを展開しつつあった自活事業にとってはある種の桎梏となった。自活運動団体が本来目指した方向と、国基法に枠づけられた実際の自活制度とのこの齟齬は、その後も尾を引き、「社会的企業育成法」の制定過程にも微妙な影を落とすことになる。

三、社会的企業育成法への道のり

ＩＭＦ事態以後に市民団体や専門家の間で芽生えた社会的就労についての問題意識は、国基法に枠づけられた自活事業とは別の、より幅広い公益的就労の枠組みとして模索されるようになった。インタビューによれば、この模索のなかで決定的に重要な意味をもったのが、二〇〇〇年に開催された国際会議での黄憙淳（ファンドクスン）博士の報告であったという。この国際会議は、「貧困と失業克服のための国際フォーラム」と銘打ち、労働部系のシンクタンクである韓国労働研究院と聖公会大学が主催し、二〇〇〇年一二月六日〜九日の四日間にわたって開催されている。韓国の行政関係者や専門家はもとより、イタリア（Pia Negrini）、イギリス（Charlie Cattell）、フランス（JacQues Dughera）、そして日本からも菅野正純が参加した。この文字通りの国際会議で黄憙淳博士は「社会的就労創出の意味と展望」と題し、諸外国の事例を参照しつつより広範な階層が参加可能な社会的就労や社会的企業という考え方を提起した。

インタビューによれば、このアイデアを盧武鉉（ノムヒョン）政権がとりいれることになり、労働部の所轄で二〇〇三年七月から七三億ウォンを投入して社会的就労事業がスタートする。二〇〇三年、韓国は、経済成長率が三％（名目）を記録したにもかかわらず雇用が逆に減少（雇用率が前年の六〇・〇％から五九・三％に減少）するという〝雇用衝撃〟を経験した。二〇〇四年からは政府の各部署（二〇〇四年には四部から二〇〇七年には一一部）が社会的就労事業を実施するようになるが、そこにはこの〝雇用衝撃〟への危機感が働いていた。盧武鉉政権は、「雇用なき成長」が韓国経済の体質として構造化する中で、構造調整によってはじき出された大量の勤労者を、軍事政権期以来の成長優先の経済政策によって決定的に不足していた社会サービス分野の拡充に振り向けようとした。

盧武鉉政権による社会的就労事業の拡大は、韓国の市民運動にも大きな波紋を投じた。一九九〇年代の後半から二〇〇〇年代初めの全盛期を過ぎて、韓国の市民運動は、そのアイデンティティーを問うような重要な転機に直面していた。九〇年代以降、政治経済の民主化が進展し、グローバル化や脱産業化として特徴づけられる社会変化がすすむなかで、専ら権力監視・異議申し立てに励んできた韓国の市民運動も、新しいアジェンダや運動スタイルの発掘を迫られていたのである。[11]そういうなかで、それまで自活事業や失業問題に関心を示していなかった多くの市民団体が地域社会の雇用問題や社会サービスの拡充に関心を寄せ始め、社会的就労事業に参入するようになる。

すでに述べたように、そもそも、社会的就労事業の出発点は、ＩＭＦ事態直後の自活運動関係者の取り組みにあった。ところが、一方で自活運動が国基法の枠組みに押し込められ、他方で社会的就労や社会的企業という考え方が諸外国の経験を媒介に本格的に導入される中で、労働部という、自活事業の所管部署（保健福祉部）とはライバル関係にあった部署に担われ推進されることになったわけである。そのことは、ある意味では、社会的就労や社会的企業が生産共同体運動の〝伝統〟から断絶する形で成長することになったことを意味する。そして、事務局長として「ともに働く財団」を導いていた李恩愛さんはこの労働部と歩調を合わせて社会的企業の枠組みづくりに奔走した。

インタビューによれば、社会的就労事業が拡大しつつあった二〇〇五年に、社会的就労に関連する新法案の作成のための「社会的就労ＴＦ」が労働部次官をＴＦ長として組織され、ここに李恩愛さんも黄悳淳博士とともにチーム長として参加した。この間、李恩愛さんは、自活後見機関での活動を経て、失業克服国民運動委員会を継承して二〇〇三年に設立された失業克服財団の事務局長に就任していた。さらに、教保タソミ財団のような企業協力型の社会的就労事業など新しいモデル開発に指導的な立場で携わったり、大統領政策諮問委員などに招聘されて政府の政策形成にかかわる立場にあった。盧武鉉政権は、「委員会共和国」などと言われたように、失業対策や福祉政策の立案に市民社会のアイデアや要求を積極的にとりいれた。まさにそれは「市民活動家出身の実務者が官吏をリードし、仕事をすすめることができる異例の時期」（インタビュー）であった。

二〇〇六年一二月に国会で採択された「社会的企業育成法」は、基本的には、社会的就労ＴＦで練られた法案を元にしている。李恩愛さんは、インタビューで、その間、保健福祉部が自活事業を国基法から切り離して「別途の自活支援法」の制定を模索していたことを明らかにしている。二〇〇六年九月、保健福祉部は、「自活給与法」を立法予告している。同法は、現行の自活給与が「基礎生活保障制度の枠組みに限定されて条件付き受給者中心に非常に制限的に運営される限界」があることを認め、自活制度を国基法から分離して二七〇万人と算定された勤労貧困層に対象を拡大しようとするものだった(12)。つまり、それは自活事業の対象を「次上位層」に拡大しようとするもので、そこには当初から国基法の枠組みでの自活制度に不満をもっていた自活運動団体の意向も反映していたであろう。自活給与法は、一一月一三日に国務会議で可決されて国会に上程される予定であった。だが、実際に翌月に採択されたのは、「脆弱層」という言い方で「勤労貧困層」の大半を立法のターゲットに包括した「社会的企業育成法」であり、保健福祉部と労働部の綱引きがギリギリまで続いたものと想像される。

一方、自活運動団体をはじめとする一三の市民団体は、「社会的企業発展のための市民社会団体連帯会議」（連帯会議）を二〇〇六年六月に結成して八月には協同組合方式をベースに独自の法案を作成して提起した。法制定をめぐって労働部・失業克服財団と、自活グループを中心とする市民運動団体との溝が明らかとなるが、連帯会議の運動は、国民的な世論を巻き起こすほどに強力なものとはならなかったし、立法に及ぼす影響も限られていた。しかも、インタビューによれば、協同組合方式をめぐって「理事会の構成がNPOの多様な組織形態や構成を包括できない無理な法案づくりとなって、説得力を持てず、NPOの会員たちは社会的企業育成法の支持に回」ったという。おそらく、生産共同体運動に出自をもつ自活運動グループと、新たに社会的就労事業に参入してきた市民団体では、協同組合方式へのこだわりについては温度差があったのであろう。

もちろん、保健福祉部とのライバル関係を背景に労働部がやや強引に法案制定に持ち込んだという面もあり、これに対する市民運動団体の反発はいまだに根強い。自活運動の側からすれば、自分たちこそ社会的企業の本家本元であるとの自負があり、実際、「社会的企業育成法」の制定以前には「社会的企業」といえば自活共同体である場合が少なくなかった。だが、とはいえ、「社会的企業育成法」が労働部主導で実施された社会的就労政策の延長線上で制定されたこと自体は、ごく自然なことといえるであろう。ボタンの掛け違いは、生産共同体運動に根差す自活運動が国基法の枠内に押し込められたことにある。それは自活事業がそれ自体として社会的企業を展開させる可能性の芽を摘み、あらためてその殻を打ち破ろうとした二〇〇六年の段階には、すでに別の文脈で社会的企業への基盤が形づくられていたわけである。

いずれにしても、こうした行き違いや市民運動内部の軋轢を越えて社会的企業が韓国の社会的経済の一翼としてしっかりと根付くことが出来るのかどうかが、法制定以後の課題として問われることになった。

四、社会的経済づくりの課題

こうして成立した「社会的企業育成法」は、イギリスのCommunity Interest Companies (CIC) 法をベンチマーキングして認証制度を導入している点に特徴がある。李恩愛さんは、二〇一〇年に開催された「第二回日韓社会的企業セミナー」での報告でこの点を明らかにしている。二〇〇四年にイギリスで制定されたＣＩＣ法の所轄機関は二〇〇六年の省庁再編以後、旧貿易産業省（ＤＴＩ）から内閣府 (Cabinet Office) のOffice of the third sectorに移り、ＣＩＣとして認められるためには、その活動がコミュニティへの利益に適うと判断されることが必要となっている。

これに対して韓国の社会的企業育成法は、社会的サービスの提供と脆弱層の就労機会の創出（労働市場への統合）という目標をはっきりと打ち出した。その制度設計は、「次上位層」のワーキングプアを労働部の予算取りの可能な事業対象として囲い込む、いわば〝省益〟をにじませるものとなったが、その分、目標設定が確かなものとなり、認証制度による厳格なブランド管理ともあいまって社会的企業のあり方をめぐる明確なメッセージを社会に発信しうるものとなった。

李恩愛さんへのインタビューは、社会的企業の最初の認証（二〇〇七年七月）があってほぼ丸三年を経て、韓国の社会的企業が一つの節目を迎えようとしている時期におこなわれている。この間の社会的企業の達成は、インタビューに詳しい。しいて言えば、この時期は、限定された目標のもとに、韓国社会では馴染みの薄かった社会的企業についての認知を確定する段階であったと言えるかもしれない。途中、李明博（イミョンバク）政権の成立があり、金大中・盧武鉉の進歩派政権時代を「失われた一〇年」としてその達成を無にするような動きが目立った。市民社会の自律的な営みを白眼視する「過剰忠誠派」が市民団体への締め付けによって点数稼ぎをしようとする事態も相次ぎ、市民運動は「冬の時代」を迎えた。だが、インタビューによれば、社会的企業については「政権交替とは関係なく……一つの政策的枠組みとして根付いた」とされる。

こうして政権交替以後も社会的企業は順調に拡大したが、三年目を迎えて認証件数が減り、社会的企業の成長が停滞したかにみえた。だが、インタビューで詳しく語られているように、社会的企業の目的を「地域社会への貢献」にまで広げる社会的企業育成法の改正（五月。一〇月施行令確定）があり、統一地方選挙（六月二日）では社会的企業を地域づくりの柱に据える改革的団体長が多数当選した。社会的企業は成長の勢いを再び取り戻し、二〇一〇年一二月には一度の認証としては最も多い事業（九七社）が認証され、操業する社会的企業は五〇〇の大台を超えた。各自治体が後ろ盾となる予備社会的企業の拡大とも合わせ、いまや社会的企業は、グローバル化によって疲弊する地方経済や地域社会再生のキー・アイテムとして新しい成長の動力を得たように見える。

李恩愛さんは、社会的企業についての市民社会のコンセンサスについても楽観的な見通しを語っている。社会的企業育成法に異議を申し立てた連帯会議は、その後も政府や企業への窓口となる常設機関を目指して存続し、二〇〇八年六月には、新たに消費者生協や大学研究機関も加わって「韓国社会的経済連帯会議」[13]に改組され現在に至っている。自活共同体の多くが社会的企業の認証を受け、法制定時にみられた溝はかなりの部分で解消されたようにみえる。行政主導の社会的企業政策への批判も少なくないが、社会的企業という制度的な枠組みそのものは社会的経済の重要な一翼として市民運動団体の間でも確実に認知されつつある。地域によっては、個別に運動してきた各種の市民団体が「社会的企業育成法」を通じて出会い、地方自治体[※]の行政や大学とも連携しつつ、自活支援センター、生協、社会的企業など社会的経済の広範なネットワークを通じて地域づくりに取り組むことが、期待を込めて語られている。[14]「生産・分ち合い・共同」、「献身と自発性」といった、かつての生産共同体運動が掲げた理念を、自活事業、社会的企業などのそれぞれの取り組みの垣根を越えた、「社会的経済」というオルタナティブな経済づくりのなかに蘇らせることが出来るのかどうか、今後の動向が注目される。

註

（1）シングルマザーなど低所得家庭の学童のための放課後保育。
（2）韓国地域自活センター協会編『自活事業一五年記念白書　自活運動の歴史と哲学』二〇〇九年、一六頁。
（3）NL（National Liberation）、PD（People's Democracy）は八〇年代の半ばに台頭した青年・学生を中心とする急進的社会運動の二大潮流。前者は反米自主化・統一を掲げて民族的課題を重視し、後者はオーソドックスなマルクス主義の立場に立って階級的課題を重視した。
（4）一九五七年、聖公会の米国人主教がソウル市永登浦に都市産業宣教会(※)を設立したことに始まる新旧キリスト教の宣教団体で、七〇年代の東一紡績争議やYH貿易事件など底辺労働者の生存権闘争に積極的に関与したことで知られている。
（5）社会運動を中心に記述された韓国現代史研究のもっともスタンダードな研究成果であるといえる徐仲錫『韓国現代史60年』（日本語版は明石書店、二〇〇八年）ではほとんど取り上げられていない。
（6）韓国地域自活センター協会編、前掲書、三二頁。
（7）一九九一年の四月二六日から六月二〇日まで続いた、青年・学生や労働運動の急進派に主導されて盧泰愚政権の公安統治（警察・検察など公安機関を動員した運動圏に対する弾圧政策）に反対してたたかわれた闘争。
（8）収賄・選挙法違反・反人権・反民主主義行為の前歴などを基準に公薦不適格者を選定して公薦反対運動を展開し、それにもかかわらず政党がその候補を公薦した場合には落選運動をくりひろげた。ターゲットとなった候補の七〇%を落選させ社会的なセンセーションを巻き起こした。
（9）貧困地域の共同体運動をリードしてきた金弘一神父（聖公会）へのインタビュー（二〇一〇年七月二五日実施）による。

(10) 金弘一「生産共同体運動の歴史と自活支援事業」『動向と展望』二〇〇二年夏号（通巻五三号）、二八頁。
(11) 参与連帯を率いてきた朴元淳が二〇〇〇年代に入って「美しい財団」や「希望製作所」の取り組みを始めたことも、この時期の市民運動が直面した状況の変化を端的に物語っている。詳しくは希望叢書1『ろうそくデモを越えて―韓国社会はどこに行くのか』（東方出版、二〇〇九年）でのインタビューなどを参照。
(12)『保健福祉部報道資料』二〇〇六年一一月一三日付。
(13) 会員団体は以下の二六団体。分ち合いの家協議会、社会的企業支援センター、障がい友権益問題研究所、全国失業克服団体連帯、韓国シニアクラブ協会、韓国女性労働者会、韓国女性人材開発センター連合、韓国YMCA全国連盟、大韓YWCA連合会、韓国地域自活センター協会（以上が「社会的企業発展のための市民社会団体連帯会議」のときの会員団体）、韓国医療生活協同組合連帯、韓国代案企業連合会、社会的企業振興会、春川地域雇用フォーラム、聖公会大学社会的企業研究センター、漢陽大学第三セクター研究所、（財）果実分ち合い財団、社会的企業支援全北ネットワーク、社会投資支援財団、韓国都市研究所、トゥレ生協連合会、楽しい組合、iCOOP生協研究所、生協全国連合会、ハンサルリム、韓国女性団体連合。
(14) 忠清北道の清州YMCAが設立した社会的企業「ALL利」の李ヘジョン代表理事へのインタビュー（二〇一〇年七月二六日実施）。

韓国の社会的企業の現況と市民社会のイニシアチブ

李恩愛さん　「ともに働く財団」前事務局長

二〇一〇年七月二四日　聞き手　文京洙

一、社会的企業育成法の歴史的脈絡

1　九〇年代の社会運動

Q：今日は、社会的企業育成法の歴史的脈絡と現状という二つの観点からお聞きしたいと思います。まず、社会的企業の出発点としての九〇年代初めの貧困地域の生産共同体や協同組合などの住民運動や市民運動からうかがいます。

李：社会的企業育成法は、確かにそうした運動を直接の出発点としていますが、もっと遡ると七〇年代・八〇年代の民族民衆運動、すなわち政治的民主化という課題を掲げた学生運動や農民運動、都

李恩愛さん

市貧民運動に発します。八〇年代半ばから後半にかけての時期、九三年に成立した文民政府（金泳三政権一九九三年二月から一九九八年二月）の頃に、民主化運動勢力の一部のグループが貧困層の生活問題に取り組むようになります。彼らが住民と一緒になって小さな変化を、地域社会を基盤に作り上げようと活動を開始すると、学生運動勢力や、労働運動から撤退した人たちもここに合流するようになります。そういうなかから、ハンサルリム[1]や私のように共同託児所、コンブパン運動[2]や貧民女性にかかわる運動が数多く生まれ、さらにこれが分化していく中で、社会的企業に対するニーズ、政策に対する要求が生まれました。つまり、九〇年代の民主化運動の多様な分化を背景に貧困地域の生活運動が生まれ、そのような脈絡で社会的企業の事業の種類や組織類型の多様性につながるような基盤が九〇年代・二〇〇〇年代に形づくられたといえます。

生産協同組合運動は、九〇年代初めに盧泰愚政権（一九八八年二月から一九九三年二月）が住宅二〇〇万戸建設計画を打ち出し、貧民地区の立ち退き問題をめぐる取り組みが活発化するなかで都市貧民運動として出発しました。立ち退きに反対して闘争する一方で、貧民たちは職場も奪われ、永久賃貸アパート[3]を占めた場合も拠点づくりが必要でした。貧民地域で立ち退きの問題に取り組んだ人たちが搾取のない生産現場をつくっていく。そういう物的基盤があってこそ住居が分散しても経済共同体としての連帯感が維持されるだろうという観点から、生産者協同組合をつくる運動が起きました。

しかし、現在から見ると様々な理由で、初期の組織は企業としてはほとんど立ち行きませんでした。

その当時の社会運動を整理すると①都市貧民運動、②労働運動、③学生運動があったといえますが、韓国社会は学生運動が盛んで活動家を輩出する倉庫だったといえます。そうした活動家が生活共同体運動を地域社会のなかでつくっていく一つの軸になり、さらに生活問題としての環境運動や女性による地域住民運動が展開し、ここで託児所やコンブパンも取り組まれ、福祉権の拡大といった運動が形成されていきます。これらがすべて現在では多様な社会的企業として出会うようになりました。

まず、都市貧民運動ですが、すでに述べたように、これは経済的な基盤づくりに関係し、立ち退き問題など共同で対応した結束力を基盤に生産者協同組合をつくるようになります。男性は建築技術を持っていたから建設共同体（トゥレ두레）[4]などがつくられ、女性は、なんといっても韓国の経済発展は縫製のような繊維産業が一つの中心であったので、縫製を中心に改良韓服や縫製の工場などが初期には盛んに実験されました。

そういう取り組みの実績がある程度認められて、金大中（キムデジュン）政権時代には国の制度的な枠組の下で大規模に展開したのが、福祉部による自活共同体[5]で、それが一つの軸になって個別的に自立する場合もありましたが、社会的企業という形をとることになる場合もありました。これが都市貧民運動の流れであり、その基盤形成は他の運動よりもかなり遡ります。

次に労働運動がこの分野に関心を持つようになったのはＩＭＦ事態[6]を契機にしています。九七年・九八年の経済・金融危機によって失業問題が構造化し、二〇〇〇年代には、失業率は七％から三・七％に減りますが、労働市場の両極化や非正規雇用、長期失業者などの問題が生じるようになります。ややこの点に立ち入っていうと、脆弱階層、つまり社会から疎外された階層の労働の問題が顕在化したにもかかわらず、労働運動の主流勢力はこれについての認識を欠いていたので、労働運動に批判の目を向ける人びとが少なくありませんでした。民主労総は社会権の確保について盛んに主張しましたが、宣言だけに終わりがちで、韓国の労働運動の貴族化ということが言われたり、非正規や疎外階層、失業者など、労働市場から脱落した階層に対する連帯活動が弱いといった批判を受けたわけです。[7]

そこで労働運動の非主流の間で、労働市場から脱落したものを改めて既存労働市場に復帰させるのか、あるいはオルタナティブな労働市場を新たに形成するのか、という議論を経て、後者、つまり脆弱階層に適する労働市場として、介護、保育など社会的サービス需要の増大が見込まれることから、そういう分野で社会的企業を開発すれば、問題の解決につながると考えるようになりました。こうして労働運動は、貧民運動よりは遅れてこの分野に取り組み始めたといえます。この点でとても重要な組織が、民主労総が基盤になった失業克服国民運動委員会ですが、それは後ほどまた説明します。

一方、学生運動ですが、一九九〇年代半ば、韓国の学生運動は、ソ連崩壊や、ＩＭＦ事態以後の保守化、さらには、労働運動など当事者運動の成長などに押されて弱体化しつつありました。学生運動出身の三八六世代[8]と呼ばれる人びとは、多様な領域に散らばっていきましたが、一部は様々な生活運動の指導グループになりました（その中には「美しい財団」[9]のような寄付仲介組織もありますが）。そういう生活運動の中で目立っていたのは、都市ビルを基盤とする運動、地域を基盤とする運動、さらに貧困女性・児童問題、福祉権拡大、生活権拡大、それに障がい者運動などで、すでに九〇年代前半には活動が旺盛でした。ただこうした取り組みが理念的に整理されて、韓国社会で目立ち始めたのは九〇

年代末頃で、たとえば生活協同組合運動についていうと、ハンサルリムが徹底的に有機農業生産者を基盤とする協同組合ならば、最近のトゥレ（두레）生協[10]やiCOOP[11]は都市消費者が基盤になっています。環境問題へのコミットなどを強調しながらつくられるのが生活協同組合運動といえますが、それがさらに医療生活協同組合などに分化していきます。そういう多様なグループが再び社会的企業に結集するようになるわけですが、学生運動は一番遅かったといえます。

二〇〇三年から参与政府（盧武鉉（ノムヒョン）政権）が実施した社会的就労事業は、NPOなどを対象に、社会的企業のようなオルタナティブな共同体をつくろうとする機関・人は誰であれ、人件費を支援してくれる最初の事業でした。〝最初〟というのは、以前の事業は自活事業をする人だけが対象で閉鎖的でしたが、参与政府のもとで始まった社会的就労事業は、NPO全体を対象にした開放的な設計になっていて、たくさんの市民団体が社会的企業を理解し、大挙して参入して来るようになりました。

Q：八〇年代末から九〇年代初めには統一運動が盛んでしたね。そういう民族運動の流れが抜けているような気がしますが。

李：統一運動勢力は、全体の運動をカバーする形で広がっています。今日でも社会的企業に加わった人たちの中には、NLやPD[12]出身がいます。生活協同組合一つをとっても理事の中にNLやPD出身が陣取っています。統一運動の大きな流れは個別の運動として存在するというよりも、結局、この運動に加わったいわゆる三八六世代、今は四八六世代ですね、この流れが社会全体に広がっていきます。

政府は社会的企業を失業問題の解決のための手段や形式としてのみ理解しますが、社会的企業家と呼ばれる人々は、九〇年代の敗北感を超えて、住民と共に社会を変える新しいパラダイムと見なしています。そのように政府と市民社会は互いに社会的企業の理解や活用の幅が違います。いずれにしてもそのように民族運動の流れは多くの形態や組織の中に人材として含まれています。

九〇、九一年は激動期でした。組織運動をした人たちが次々と挫折していきました。私は九〇年代初め、女性運動、もしくは地域運動に取り組むために安山（京畿道（キョンギド））の工業団地に入りました。運動は一人で活動するものではなく地域の労働運動として、公式、非公式の連帯フレームや理念に見合った組織路線にもとづいて連携し、私も地域の組織活動を、女性運動の代表的な全国組織であった韓国女性団体連合（女連）[13][※]の活動の一環として取り組み、昼には子供の面倒を見て夕方にはチラシを配ってデモに参加するなどしました。

Q：いわゆる運動圏というか、広いネットワークの中で活動なさったということですね。

李：すべてそのように連携します。いまでもすべてそうです。生活協同組合が大きく成長しましたが、例えば、中産層主体の運動ではないか、食の安全といっても基層階層は関係ないのではないか、といった内部の議論や、外からの批判がありました。そのような批判に応えるためにも生活協同組合も社会的企業と出会うことになります。どうしたら基層階層の積極的な参加をひきだせるのか。

九〇年代前半には、個別に分散して動くのではなく、草創期ということもあって生活協同組合の説明をするために、託児所の工場労働者の両親と一緒になって食の安全や農業を危機から守ることを学習したり、市民運動が何やらそのような空間を開き、労組がそこに来て教育しながら互いに活動したりしました。八〇年代の運動方式は生きていました。それが九〇年代初めでした。

ところが確かに文民政府となってそのような理念フレームや鮮明さは、市民と情緒的に合わない、といったことが言われるようになり、階級運動からすべての階層を網羅した運動へ、というニュアンスに変わっていきました。さらに生活問題も様々な局面に分散し、それだけ運動の多様性の幅は広くなりますが、昔のような理念色は相当に後退します。実際、それまでは、やれ選挙だ、五月だ、撤去問題だ、などといっては、労働者、農民、都市貧民、学生など全運動勢力がその運動に集中する方式でした。

ところが文民政府の時代になるとそれが多様に分化し、状況別に連帯する方式に変化して行く。地域の小さなイシューがある、生活の小さな問題がある、これをめぐる小さな取り組みが連携しあうという方式に、少しずつ変わっていくわけです。

2　IMF事態の衝撃と国民基礎生活保障法

李：先ほどIMF事態のときの失業克服運動が重要だと言いましたが、実際、政府、市民社会がこれに相当な衝撃を受けました。韓国社会があまりにも変わりました。それ以前、九六年までは雇用保険基金[14]が過剰に蓄積されていました。IMF以降は、怠惰による失業ではなく構造的な失業が階層を問わず、全階層に関わる問題になり、すべての運動が失業克服運動に結集しました。

環境運動団体、経実連[15]、韓国労総、民主労総など都市貧民と関わった組織などがすべて集結しましたが、組織的に仕上げの作業をしたのは民主労総でした。民主労総は、失業者、非正規者の問題を解決し克服するのに主な役割を果たせなかったことから、失業克服運動と連携してこれに取り組もうとしました。失業克服運動委員会は全国に一〇〇か所の地域本部を置きましたが、これを民主労総がバックアップしてくれました。組織的に最後まで連携を維持したのはむしろ労働運動だったと申し上げたのは、そういう理由からです。今も失業団体などが民主労総の事務室の中に無償賃貸で入っていたりします。

ＩＭＦ事態以後、こうして労働市場自体が変わり、労働市場の両極化はすべての分野の両極化につながるしかないわけです。その後、短期間のうちに離婚率が急増して、家族の解体、自殺の急増、高齢化、低出産などの問題が同時に起こりました。ＩＭＦ事態によって力を合わせて取り組まなければならない問題が起こり、失業克服運動委員会という合法的な組織が、みんなの集まるきっかけになりました。失業克服運動委員会は一四〇〇億ウォンを一年間で集めました。今から一〇何年前のことで、「共同募金会」[16]も「美しい財団」も何もなかった頃だったので国民みんなが驚きました。この基金は、ホームレスを救済するだけではなく、多様な階層のための、新たなオルタナティブな職場づくりのための事業費として支援されるようになります。オルタナティブな職場となる無料介護事業や環境のための事業、ＮＰＯができるオルタナティブな就労事業が実施されました。これらを基盤に失業克服運動委員会が二〇〇三年には失業克服財団[17]になり、その名称は二〇〇八年「ともに働く財団」になりましたが、そういう歴史もあったので、社会的企業に関連する事業を財団の核心事業として持続的かつ集約的に進めていくことができました。

さらに、ＩＭＦをきっかけに制定されたのが国民基礎生活保障法（国基法）です。失業克服運動が生活問題を解決しながらオルタナティブな職場づくりに取り組んだ運動であるとすれば、国基法は社会安全網自体をどのように設置するのかということでした。

もともと韓国では生活保護法[18]という法がありました。生活保護法上、一四歳以上の一般勤労者は国が保護しなければならない対象には含まれませんでした。児童や高齢者など、勤労能力がない人のみ保護対象でした。先ほど言った通りＩＭＦは、元気な三〜四〇代の人たち、青年たちを労働市場から締め出すきっかけになったので、民主化運動勢力が結集して国基法の制定運動を始めたのです。参与連帯が中心になって運動がすすめられ、国基法が国会で成立して二〇〇〇年度から施行されました。そしてこの法案に自活制度が組み込まれました。自活制度は福祉部が九六年度に試験的に実施していましたが、国基法は、国の法律としてこれを規定し、政府は生活補助対象の受給者に、自活給与、いわば働く機会というものを給与として提供するようになりました。

国基法は、困窮者への生活支援を、まさに保護から保障に変えました。その以前の生活保護法は、福祉の基本は家族が担うものであり、それができない場合に国家が行うという慈善的、恩恵的な残余福祉のモデルをとっていました。これに対して国基法は、基本的に社会権という考え方に立ち、国家や社会の責任を明確にしました。福祉の概念、事業の対象が根本的に変わったのです。

国基法は運動を通じて勝ち取った成果だといえます。九〇年代は相次いで法が制定されます。私たちも署名活動に取り組み、教育法をつくり、コンブパンを作りました。協同組合のようなものも制度的に整備されていきます。[19]

Q：法律がつくられ、そうした取り組みが制度化されてかえって運動が駄目になってしまったという批判的な見方もあるようですが、保健福祉部が自活制度を作った背景には、運動の力とともに行政官僚の意識変化もあったのではないでしょうか。

李：市民運動の要求し続けた自活や社会的企業など、さらに生産者協同組合のような小さな実験などを行政は受け入れました。実は行政官僚が受け入れてくれた、というより、金大中政権の生活の質向上企画団[20]や参与政府（盧武鉉政権）時代の大統領諮問貧富格差緩和差別是正企画団[21]など政府機関に参加した韓国都市研究所の金秀顕（キムスヒョン）[22]博士や聖公会の金弘一（キムホンイル）神父など、継続的な要求や活動に行政が注目して受け入れたのです。

金泳三政権期にも、そのような要求を受け入れ、九六年に五か所の機関を選定し、自活事業を試行します。五か所中四か所が聖公会の「分かち合いの家」など都市貧民活動を基盤にしていました。一つは、私がいた梨花（イファ）女子大学の福祉館が担いました。このように小規模に推移していたのが、実は、金秀顕博士が青瓦台（チョンワデ）で政策の諮問に答える立場になり、国の法律の設計をする際に、自活共同体や生産者協同組合を制度案の中に組み入れたのです。行政より進歩的人士たちが政府に入って設計したもので、社会的企業については労働研究院の黄悳淳（ファンドクスン）博士が大きな役割を果たしました。やっぱり参与政府のとき、青瓦台の秘書官に抜擢され活動した方ですが、そのような方々が私たちの取り組みを基盤にした意見を取り入れながら、制度が設計されるさいに反映させた結果でした。

制度化以後、駄目になったという意見はしばしば聞かれます。社会的企業について行政は私たちの哲学を理解できないとか、NPO間の競争で駄目になるとか、右翼が牽制しつづけているとか。

Q：よく分かりました。九〇年代初めの運動の経験を土台に進歩的人士や学者たちが政府に入り、様々な意見を述べ、制度設計もしたことが理解できました。ただ、官僚は昔と同じだったか。三八六世代の中でも官僚に進出している人々もいるはずですし、官僚の変化はなかったでしょうか。

李：確かにかなり変わったようです。とくに参与政府の時代に、官僚の反腐敗闘争が進展しました。脱権威主義が叫ばれ、大方の評価では、当時、実際、エリート官僚社会の中でも世代交代がすすみました。エリートでありながら、社会の変化や行政の責任について真剣に考える官僚たちに、課長、局長などの核心層が入れ替わりました。しかし、MB（李明博政権）に入ってそっくり変わりました。局長、課長たちが追い出されます。局長、課長たちが命令を聞かないと大統領がマスコミにもらしたり、留学させたり、末端に回したりしました。

しかし、韓国の公務員は一年半から二年で異動になるので参与政府のエリートたちが重要ポストにまた帰って来ています。それとともに最近は行政の雰囲気が、様々な分野で変わりました。官僚も変わって多少話が通じるようになり、ろうそくデモ以後、諮問も委託も受けられなかったNPOに水面下で接触する方法が模索されるようになりました。

たしかにこの一〇年間、かつては「市民運動は代案にはなりえない!」と市民団体を蔑ろにしてきた行政が、そういう経験を通じて、市民団体とパートナーシップをくみ、あれこれをしてみると確かにずっと効率的・効果的で、「こうすれば地域社会が変わる」ということも実感し、市民団体との協調の方法を徐々に模索するようになりました。

3　社会的企業育成法の制定過程

Q:社会的企業や社会的就労などの発想はどこから来たのかという問題ですが、国内的脈絡では今話をたくさんしていただきました。国際的脈絡という面で、二〇〇〇年前後に国際シンポジウムなどが開催され、李さんが主導的な役割を果たされたと聞いていますが。

李: 社会的企業はどこから来たかというと、二〇〇〇年に自活制度(国民基礎生活保障法による)が始まります。二〇〇〇年初めには自活後見機関が二〇余りしかなかったのですが、私も二〇〇〇年から自活の方へ活動の場を移しました。もともと二〇余りで始まったのが、毎年七〇ずつ増やすという政策が、二〇〇〇年以後進みます。それとともに国際シンポジウムを開くようになります。法律(生活協同組合法)が制定されていた(九八年)ので、協同組合方式を増やそうという意見もありましたが、協同組合で果たしてよいのか、という反論が大勢を占めました。なぜなら協同組合というのは出資が必要で、社会的責任意識が高くなければならないが、貧しい脆弱階層にそれを求めることはできなかったのです。自活事業に実際に取り組む中で理念と現実の乖離の問題が見出されました。

そこで国際シンポジウムを開き、黄憲淳博士が文章を書きます。黄博士が社会的就労、社会的企業という観点からヨーロッパの、とりわけフランスやイギリス、イタリアなどの事例を検討した結果、自活という概念は少し狭い。より幅広く社会の公益的就労を増やす政策が必要であり、受給者も、極貧層に限らず女性や青年失業者、引退者など誰でも参加可能な、住民全体が主導する幅広いものでなければならない、ということ、そしてその一つの組織形態が社会的企業だということを紹介し、この提案に人々が共鳴することになりました。自活の協同組合に代わるものはないかといろいろ考えた末に、社会的企業というものがあるという結論に至ったわけです。

こういうアイデアを参与政府の成立時に、盧武鉉大統領が公約を設計するなかで、これらの方たちが大統領公約事項として提起します。社会的就労でいこう、大統領職引継ぎ委員会[23]で盧武鉉政権五年のうちに八〇万人分の社会的就労を八〇万か所つくるということが公約として確認され、それを労働部が引き取ることになりました。自活については福祉部が所轄でしたが、より幅広い階層のための新しい雇用創出の手段としての社会的就労政策が労働部の所轄で〇三年七月一日からスタートします。さらに労働部がTF（タスクフォース）をつくり、黄博士、私、自活機関、社会連帯銀行など、呼びかけのできるところは全部集めました。私たちは、労働部に対して「心配しなくていい。私たちが設計し、ちゃんとつくるから」と言って社会的就労政策の肉付けにあたる作業に取り組みました。

Q：姜乃栄（カンノヨン）さんの論文[24]によるとそのTFが二〇〇五年三月に結成され、一四回ほど法制定のための会議をもったとありますが、これですか。

李：はい、そうです。おもしろいのはTFで私ども（李、黄博士）は性急過ぎると反対したのです。行政官僚はとにかく法案を作ろうというのですが、私たちは法案づくりの前に協同組合や自活の状況についての実態調査をして、必要な支援が何かを見極める必要があると主張しました。しかし、水面下で福祉部と労働部の実績競争があり、とにかく労働部は法案作成を急ぎました。盧民基次官（当時）というTF長がいましたが、この次官がとても型破りで、とにかく今力があるときに進めようということで、法律はちょっと拙速に用意された部分もあります。

TFは二つのチームに分かれていました。TFには、政府の八か所くらいの関連部処の局長または課長のような人びとが参加しました。投資を引き出すために企業の社会貢献担当の役員、NPO、そして研究者たちで構成されましたが、当時としては少し型破りだったのは、次官がTF長になり、黄博士が法案作成のチーム長、私が支援プログラムモデル開発チーム長で[25]、二つのチームに分けられ、NPO出身のチーム長が集まり、チームが運営されました。普通は官僚を任命するわけですが、私の場合、三〇歳末に失業克服財団でもチーム長でしたが、そういう市民活動出身の実務者が官吏をリードし、仕事をすすめることができる異例の時期でした。

Q：企業を引き入れたとは、どなたがそのような発想をしたのでしょうか。

李：失業克服財団では私たちが集めた資金で活動しましたが、もう少し力強く活動を進める必要があると感じていました。その場合、資金を誰が持っているのか。政府でなければ企業ですが、企業の社会貢献（ＣＳＲ）がＩＭＦ以後、急成長し、失業克服財団と教保生命が提携して教保ダソミ財団が(26)二〇〇四年につくられるようになりますが、ＮＰＯが企業と協力するとはいったい何だ、とこれについては大変な議論になりました。

そして政府も社会的就労事業の新しいモデルを模索していたので（二〇〇五年初め）私たちが企業協力型社会的就労を提案しました。類型が一つ新しくできるようになりました。こういう類型を導入し、政府が基礎賃金を出し、ＮＰＯが専門性や組職ノウハウを持って主導し、企業が追加費用、施設設備等を支援して三つのセクターが協力するモデル、これを私たちが提案しました。企業の社会貢献がいつまでも慈善的なものにとどまってよいのか、雇用問題を解決するのにさらにたくさんの企業が参加するようにしよう、と主張したわけです。そしてＴＦについても、当然、社会貢献の中で社会的企業に関心を持つ企業が参加するようにしました。

福祉部が疎外されたのではないかという話も出ましたが、先ほど話したとおり労働部とはライバル関係で、力もあり、金もたくさん引っぱれる部署なので多少自尊心を傷つけられたかもしれないし、私たちが無視した面もありました。二〇〇五年頃の福祉部のホットイシューは自活共同体を国民基礎生活保障法から切り離して独自な法律をつくろうということ、別途の自活支援法を制定することが最大の課題でした。参与政府時代だったこともあってそれが実現しそうな感じで福祉部としてはあの頃、この法案を準備するのに忙しかった。労働部の方は五、六年かけて社会的企業についての法律を別に制定しようということでしたが、大方の見通しでは福祉部の方が力もあり青瓦台の関心も高かった。さらに自活は国民基礎生活保障法の枠に縛られていて、何年か以内に貧困から脱皮しなければならないので勤労インセンティブが少ない。受給権を脱皮すれば医療サポート、教育給与などが得られなくなる、といったことがあるので、法律を改訂するか、別途法律を作り、制限措置をなくして自活共同体を集中支援できないか、というのがホットイシューだったので、実は福祉部や自活グループは就労という問題にそれほど関心を示さなかった。ところが他のＮＰＯは就労に関連する法律はなかったので社会的企業法により関心を示しました。

Ｑ：自活機関に関わってきた人たちの反応は、どうでしたか。

李：だから当初は、冷ややかでした。二〇〇六年に社会的企業法案が国会に上程され、福祉部の試みが失敗してから、自活に関わってきたグループは、社会的企業法がそのままではダメだと言い、自活に関することや協同組合方式など様々な内容を付け加えて別途法案をつくります。草案まではいきませんでしたが、いくつかのグループが別途法案の設計をして、その方たちが社会的事業所に取り組んでいました。いまは正確に思い出せませんが、社会投資財団[27]とか、「社会的企業発展のための市民社会連帯会議」の七〜八つの女性団体、ＮＰＯ、自活機関が集まって別途法案を作成し、公聴会を開きます。

ところが問題は、そのＮＰＯの会員たちが反対をするようになりました。何故ならば、あまりに拙速に労働部の社会的企業に対応しようとしたので法案同士の衝突もあり、協同組合方式をとったので、理事会の構成がＮＰＯの多様な組織形態や構成を包括できない無理な法案づくりとなって、説得力を持てず、ＮＰＯの会員たちは社会的企業育成法の支持に回りました。

Q：金へウォン博士が書いた文章の中に「社会的企業発展のため、市民連帯会議を結成し、別途法案を出した」とありますが。

李：そのあたりの関係を見たらご理解いただけると思いますが、例えば労働部のＴＦの公式名称は「社会的就労ＴＦ」でした。法案の条文を作るチームとモデル支援策を開発するチームがありました。資料が手元にないので年度などはっきりしませんが、青瓦台の首席室の中で市民社会首席が設置され、さらにその中に社会政策首席があって社会政策首席の下に大統領諮問貧富格差是正委員会というのがつくられ、そこで自活、社会的就労、社会的企業など差別についてのたくさんのことが扱われました。後になってこのような機能のうち、雇用に関するものは文国現（ムングクヒョン）氏（元柳韓（ユハン）キンバリー社長）が実施していた四組二交代勤務方式[28]のモデルに参与政府が感動します。そしてヒト立国就労委員会[29]というのが大統領諮問機構として設置されます。ここに黄博士と私が委員に入ります。私は諮問委員、黄博士が行政官として抜擢され、入ります。最後に私たちの後を引き継いで入ったのが私の後輩の金へウォン博士です。

国会で社会的企業法は当時ハンナラ党の陳永（チンヨン）委員、その次にウリ党の禹元植（ウウォンシク）議員が出して、さらに民主労働党が先ほど申し上げた正しい社会的企業をつくる法案を別途につくりますが、法案は公聴会レベルで中断してしまいます。民主労働党も最後には、これは違うかも知れない、と取り下げ、二つの案だけが公式に検討されます。ＴＦ法案は政府法案として出す訳にはいかず、それでウリ党に政府法案を渡しました。その法案を議員室で少し練ってから上呈されたのがウリ党の法案でした。

二、社会的企業育成法の特徴と現況

1　社会的企業育成法と改正法

李：社会的企業育成法の目的は脆弱階層の雇用を生んだり、社会サービスで足りないものを拡充したりすることでしたが、二〇一〇年五月に改正されます。

改正した最大の理由は、その目的をより拡大するためです。それで三番目の目的が新しく作られます。それは、地域社会への貢献という概念です。元来、行政が考える自活制度というのは貧困を脱出させる制度でした。要するに、政府のお金を投入してでも出来る限り、早く自立させることです。

一番目の目的は、脆弱階層に仕事を与えなければいけません。雇用無き成長の時代なので企業は雇用しない。そして中小企業の場合、外国人労働者が下層労働市場を占めているため、入れないのではないか。だから新しい雇用政策が必要です。雇用ということがとても強調されています。社会的企業において社会への一次的な寄与は仕事を与えることです。

二番目の目的は、韓国は一人当たりＧＤＰが二万ドルの時代だと言われますが（正確には約一万八〇〇〇ドルです）、少子化、高齢化などの人口構造や家族の変化が現れ、そして中産層が崩壊したため、共働きをするしかありません。家事労働の社会化がいちじるしく進展して、結局、社会サービスに対する需要の爆発となります。

ところが、韓国社会の社会サービスの領域は儲けが薄いため、企業においては失敗した領域となりました。政府の福祉政策は、それまで基礎的な社会保険のシステムを整えるのに終始し、社会サービスまでは及びませんでした。ですから政策的にこれを活性化させる時期となったわけです。それらのことが重なって、社会的企業育成法の主な目的が雇用と社会サービスの拡充となったのです。合意形成がその線でなされたわけです。

しかし、何かが欠けているのでは、という議論があって、その欠落をより具体的に埋めるべきかどうか、相当な議論をした末に、けっきょく当面は、労働部の長官が認めるものとしてオープンにして置くことにしたので、雇用や社会サービス以外のその他の領域の割合が高まりました。一〇%から二〇%まで高まったのでこれはまずいということになりました。その他の領域の中身をみると、地域開発やコミュニティ・ビジネスなどが含まれるのと、国際開発と言えるフェアトレードや公正旅行という新たな範疇が開発され、さらに親環境事業も内容的に曖昧な部分があるので、その他の分野に入り、ここに社会的にたくさんの需要がありそうな事業が集まることになりました。

それで社会的な目的を明示するべきではないかという議論があったため、地域社会への貢献という形で概念として目的が明示されるようになったわけです。

2　社会的企業の現況

李：社会的企業の現況を見ると、認証された企業は三一九社です。[30]その間、認証が取り消されたり、経営を断念した企業が一一社あります。事実上、これらはなくなったのです。

その次に、予備といえる予備社会的企業の類型はさまざまであり、数字的に見ると、地方自治体の参与が強化されつつあることがみられます。これは法が改正された影響もあります。実際の例として、ソウル型の社会的企業は約一九五社になりますが、今後五年間で一〇〇〇社に増やす見込みです。このように政府（労働部の社会的企業）より数字が多くなっています。まだ始まっていませんが、これからは釜山（プサン）、京畿、全羅北道（チョルラプクト）などの地方自治体が予備社会的企業を選定し、追加で人件費を支援するなど、育成政策を強化する見込みです。

次にＮＰＯがさまざまな方法で参加しています。以前、金ヘウォン博士がＮＰＯに雇われた人を調査しました。その統計を見ると、二〇〇六年末を基準として八三万人ほどがＮＰＯに雇われました。この調査には、生活協同組合は除外されています。生活協同組合など、調査に含まれなかった所も合わせると、およそ一〇〇万人以上がＮＰＯに雇われています。二〇〇一年より相当増えています。アドボガシー組織は減り続け、上記のようなサービス組織は増え続けています。韓国社会の歴史の変化が現況調査により明らかになりました。日本は韓国より現況調査をたくさん実施していると予想されますが、私たちもこれらの調査を何年かに一回程度、行おうと考えています。市民団体の潜在力を社会に示し続ける必要があります。

次に、営利中小企業、或いは零細自営業者などは、社会的企業にとても入りたがっています。しかし、これを吸収するかどうかの問題、法改正の問題においても認証基準を緩和していますが、韓国は零細業者が飽和状態なのです。アメリカやヨーロッパに比べて三倍から六倍以上多いらしいです。ですから零細自営業者は景気が悪くなって内需が沈滞したことから、従来の性格を変え、社会的企業に入り込もうとしています。

日韓の市民活動について学び合う
本書編集委員ら
(2010年7月、韓国忠清北道清州市で)

韓国の「団塊」の世代(※)も日本の団塊の世代のように、大挙引退する階層が出てくる年になりました。(31)二〇一〇年から増え続ける見込みですが、その引退シニアをどうすべきなのか、アカデミーなどを開くと、たくさんのシニアがやって来ます。

次に青年です。ちょっと違う生き方がしたい、という青年たち。韓国の経済成長の枠組みのなかで大企業に勤めたり、公務員試験を受けて公務員になるような人生とは違って、社会の革新をはかり、経済の基盤を建て直したいという青年たち、その人びとが参加する社会的企業をその他に分類し、予備プール(Pool)が大変広く、多様になりました。政府で実施する各種の就労事業、これは日本より韓国のほうが多いと思われます。

福祉部の国基法受給者の自活、老人自活、障がい者自活、買春犠牲女性の自活、脱北者住民の自活など自活プログラムがあり、およそ八つの部署で就労事業を行っています。そこに二〇万人以上が雇われています。先ほどお話しましたが、参与政府は、八〇万の職をつくる計画で、年間二〇万個の職をつくるということで多額の投資を行ないました。二〇〇六年から金秀顕(キムスヒョン)・黄憓淳さんたちが青瓦台に入ったのはその下準備だったといえます。

3　社会的企業の課題

李：今年の最大のイシューは、「日本のコミュニティ・ビジネスを学ぼう」ということです。政府レベルでは福祉部、労働部の競争からコミュニティ・ビジネスでは全省庁の競争モードに入りました。新しい経済、福祉、労働雇用のパラダイムが必要であるため、コミュニティービジネスが台頭したのです。それで企画財政部、行政安全部のような所でも名称は違いますが、コミュニティ・ビジネスをもっているし、最終的には、今年の下半期や来年は省庁が、似たような目的のさまざまな名称で入ってくるようです。そのような政策が集約される地点が地方自治体です。そして、自治体を通して改めてNPOはどのような方法で関わることになるか、そしてそれらのことが大都市から中小都市、そして農山村の特性にあわせて再び何か工夫された形態となる、といった話が出ています。

そして個別の社会的企業ではなく、地域社会を再設計するという方向にNPOも考え始めており、議論もすすんでいます。まだ始まりではありますが。

Q：社会的企業の認証自体は地方自治体に移す方向のようですが。今回の改正では移さなかったのでしょうか。

李：はい、まだです。社会的就労とか財政支援の認証を地方自治体に譲ろうとする話が労働部、青瓦台、総理室の会議で議論されると七〇%から八〇%が大体その立場です。けれども、労働部はこれまで厳格な認証を維持してブランドの管理をして来ました。まだ市民に認知され始めたばかりなので、労働部はいましばらくそのままにしたい、という立場です。現在はそうですが、来年からは変わるかも分りません。労働部内で社会的企業課以外の別のパートもこのシステムに注目していて、結局は地方自治体に譲った方が良いという意見があり、地域の特性化にあった事業へ発展させるため、政策を開発しつつあります。

さらに自分の部署の政策だけではなく、全部署の就労事業についてあらためて伝達体系などを組んでいるため、説得しやすくなり、早く進められると思います。

社会的企業育成法では地方自治体に予備社会的企業を選定する権限を与えました。労働部は未だに認証の権限を持っていますが、予備は幅広く地方自治体が選定できるようにしました。ソウル型のように地方自治体がお金を与えるために選定し、これを予備と呼んでいるところもありますが、他の地方自治体は認証を受けなくても自分たちが社会的企業と名乗れば、全てが予備社会的企業となります。ですから、社会的企業の名称使用についての罰金賦課規定などは死文化しています。労働部は罰則規定を一件も適用していません。

社会的企業の状況についていうと、毎年、翌年の二月までに前年度の経営成果の報告を労働部に提出するようになっていました。それを労働部に提出すると、これまでは釜山（プサン）大の郭（カク）ソナ教授チームに毎年、研究を委託し、そこから分析報告書が出てきます。これを根拠として〇九年末のものは分析中です。以下の数値は〇八年末の数値となります。この年、二一五社が認証されています。一社の平均規模は二八名です。歴史についていうと三〇年から六カ月、最小六カ月です。基本的にはさっきもお話しした社会的就労を基盤にしているところが多いので歴史はそうです。そしてＮＰＯが就労事業を始めたのは二〇〇三年度からであり、そのときに爆発的に増えています。

雇用の面では、二一五個を基準にするとき雇用された方は一万一〇〇〇名ぐらいでした。この中の六四％が法でいうところの脆弱層です。そしてサービスや製品を提供した件数は全体の内、六七％ですが、それらを脆弱層に与えました。ですから脆弱層を余りにも多く雇用しているといえます。法的には、三〇％以上を雇用するようになっているのですが、その倍です。つまり、倍の公益性を示しているわけです。韓国の社会的企業の特徴として、あまりにも公益的だという意見が出るかも知れません。

次に、二〇〇七年末から二〇〇八年までの間でこのくらいでしたが、二〇〇九年初から二〇一〇年までは一〇〇程度しか増えていません。だから、最近の論点は認証が停滞しているということです。それで、その原因をめぐって参入するものが少なくなったのか、プールが枯渇しているのかという論点が一つ浮かび上がっています。[32]

次に、どこから来たのか、というと、先ほど話した社会的就労事業出身が多いのです。事業経験があって、そこから社会的企業へ転換したのが五〇％、自活共同体のような自活が一五％、そして協同組合が七％くらいですが、その割合は増え続けています。このような構成です。また、障がい者作業場からもたくさん参入しています。

地域分布を見ると首都圏、つまりソウル、京畿、仁川（インチョン）で四五％ぐらいですが、最初は六〇％近くでした。そこで、三番目の論点として地方でどのように活性化させれば良いのかという課題が挙げられています。韓国で経営成果の分析をしてみると、社会的企業の売り上げや収益率の低い地域は、全羅南道（チョルラナムド）、大邱（テグ）、江原（カンウォン）などです。これらの地域が売り上げとして下位を示しています。これらの地域は韓国でも内需が典型的に冷え込んだ地域で、結局、そういう地域では社会的企業の成果も低いのです。いくら社会的企業が公益性をもつといっても、地方自治体の財政自立度も相対的に低く、公共市場も作られず、市民市場も出てこないため、このような結果につながるわけです。そして、今後この地方化という課題をどのように解決すれば良いのかが議論されています。

経営収益性の側面からみると、政府が社会的企業の育成資金として使ったお金の二・八倍を二一五社が営業の収益として稼いでいます。だから大したものではないかと私たちは主張しています。ソウル、江原のみに限っていうと、四倍です。ですから、ソウルは確実に社会的企業の規模も大きく、企業の社会貢献とむすびつくモデルも多く、雇用規模、売り上げも高いため、このような結果になります。

しかし、原資材の費用がかかり、社会的企業の人権費支援も三年間おこなうため、二万一〇〇〇人の内、自社雇用は三五%、政府支援金による雇用が六五%です。では、一定の収益があるのに、なぜ政府が資金を提供する必要があるのか。それは積み立てているからです。政府の支援は時限的であるため、人件費支援の期間が過ぎたあとの雇用を維持するため、積立金が多いのです。ですから、再投資の部分で積み立ての割合が非常に高いのです。

ここで若干、浮かび上がる問題は、オルタナティブな労働市場が形成されているのかということですが、この点については現在はそのような面とそうでない面が混在しているといえます。なぜなら、まず二〇〇八年度末の基準で平均賃金は約一〇〇万ウォンだから、低いのです。これは平均であり、少し高い部門の環境、教育、文化で平均一六〇万ウォンです。CEOを見ると、最大二五〇万ウォンです。平均賃金としては低いですが、これらの階層、低所得層、女性、障がい者が働く同種業種の賃金と比べると、基本給は約一一〇%です。そしてこれらの業種は労働基準法をあまり守りません。しかし、社会的企業はよく守ります。

退職金制度や五大保険[33]、有給休暇などのような制度が少しずつ整備され、労働条件を改善し、その市場を変化させる役割を果たしています。その代表的な事例として「タソミ」が挙げられます。実は、大企業を引き入れて、運動的観点が弱いという非難も多かったのです。しかし、介護という労働市場自体は中壮年の女性が多く働いているので、所得の低さの問題もありますが、一二時間、二四時間という長時間労働が問題でした。日本もそうですし、ドイツも介護保険制度が導入されて、労災のなかで筋骨格系疾患が増加しました。

中壮年層の女性が、入院患者などを介護するなかで発生する問題に晒されていたのです。これらのことは医療サービスの領域であるため、少なくとも病院で行う介護については三交代システムを導入することが提案されて、タソミは一日八時間労働です。三交代システムが導入されたことが、今の介護市場を変えました。病院も昔は介護の業者に給料をあげる際、ピンはねしたりしていましたが、それらを全部、返し始めました。

こうした部分が透明化され、患者にも利益となると考えられたため、単価は現実化され、労働条件の改善効果を生み出す肯定的な側面が現れました。その反面、大きな問題として、既存労働市場の悪習が繰り返されていて、非正規の割合が高くなっていることです。政府から人件費の支給を受けているため、一年ごとに雇用契約の手続きをする方式をとっているのでそのような問題があります。そして性差別。女性は同じ労働をしても、賃金がより低く、非正規の割合はより高く、リーダーになる機会もより少ないため、このようなことが繰り返されています。それで、既存の労働市場を変える取り組みと意識教育が課題として残されています。

次に支配構造、つまり意思形成や経営管理の問題ですが、この点は未だに形式的な面がつよい。法律で民主的な支配構造を定めているが、どうでしょうか。日本のように伝統的な協同組合のようなものが多いわけでもないですから。しかし、ＮＰＯの中では協同組合を見習おうという意見も出されています。ただ、政府レベルの認証が停滞していて、いまのままでは社会的企業の勢いもつかないので、支配構造の民主化規定などは緩和しようという意見も出ています。今年の四月に認証基準緩和措置をとりました。五月には法改定整備を行います。そのとき、議論があり、持ち株率の五〇％の制限を無くしました。

また、認証制度のため、社会的企業育成法の特徴づけや評価をめぐってよく言われることが、あまりにも政府主導的、政府依存的だということで、労働部は、認証に関してはＮＰＯが主導権をとった方が望ましい、ということ。それで中期的方向としては登録制を導入することを考えています。

人件費の支援は少しずつ減らしていく方針です。直接的な財政支援は減らすが、財政支援が切られるのは問題があると思われます。なぜなら、公益的な活動は続けなければならないからです。財政支援は続けるが、新しい方式を作るようにしています。それで今年は事業開発費、保険料などをひきつづき開発しています。給料ではなく、違う方式の支援制度を作ること、間接支援を広げようとしています。そのための市場や投資ファンドを作るとか、租税整備などをするためには、省庁間で競争したり、働き口を誰が作るのかということで手柄争いをしていては駄目です。もはや社会的企業は就労事業としての意味だけではなく、環境再整備という次元からみても、省庁間の協力は重要です。

今年の最大のイシューは省庁間の協力です。それで、新しく登場しているのはガバナンスという概念で、これがさらに強調されています。それで省庁間、官民、中央省庁と地方自治体間、などなどの多元的な協力・協調関係を強調する方向で改善のための基本的な骨組みが固まりつつあります。

4　李明博政権下の社会的企業

李：だから、MB（李明博）政権下でも、当初は無視された政策でただ単に失業率を統制する政策としかみなされませんでしたが、社会的企業は二〇〇八年に一〇〇大課題中の一つに選定されました。そのように社会的企業の地位が上がったため、現在の評価は政権交替と関係なく、社会的企業と関連がある部分等は持続し、一つの政策的枠組みとして根付いたと評価しています。もちろん、これは政治的な計算と関連がある。MB政権は雇用に対する対策と民生に対する政策が脆弱であるという批判が多いため、社会的企業を通じ、そういう批判をかわそうとしています。

興味深いのは、現在、ハンナラ党の保守本流は朴槿恵（パククネ）を支持しているのですが、ハンナラ党内でMBの支持基盤は朴槿恵の支持基盤と比べて弱い。政治的な基盤が弱い状況でMBに対する過剰忠誠派などがろうそくデモのときのように、ひきつづき市民運動に対して弾圧的な姿勢をとっていますが、過剰忠誠派に反対する勢力が最近の報道を見ると過剰忠誠派を追い落とす作戦に出ています。このような理由で権力闘争のなかでハンナラ党の改革派等は社会的企業に対して大いに魅力を感じています。

最近まで労働部長官[34]として勤務して、今回大統領室長になった任太熙（イムテヒ）長官や未来委員会[35]の郭承俊（クァクスンジュン）

委員長などの五〇歳代初めの少壮派が社会的企業を単に手段ではなく、本当に韓国社会のパラダイムを変える手段として、それが保守派のためにも良いことであると考えています。なぜならば安定的に資本主義を管理できるからです。それで保守本流と五〇歳代初めの少壮派との論争が起こっています。同時に社会的企業を安定化させ、社会的企業の中でのＮＰＯの多様な構想を受容しようとする動きが最近は見られます。

さらに今回の六・二地方選挙では進歩的な陣営が多数当選しました。[36] このため将来的には社会的企業については地方自治体の時代が開かれたといえます。たとえば恩平区（ソウル）の区庁長などは、四二歳の若い人ですが、全てを、社会的企業を手段に実施するという公約を打ち出しています。そのくらい社会的企業というものが韓国社会の進歩陣営にとって、保守派も説得して参加させうるほどの効率的政策であり、それと同時に、進歩理念を実験することができる手段としての地位を占めているわけです。しかし、地方自治体の社会的企業の準備は十分だとは言えません。というのは、地方自治体が社会的企業を導入しているとはいっても、韓国社会が本当に分権化しているかといえばそうではないからです。社会的企業は本当に地域の特性、地域住民の力量などが基盤となる必要があるわけで、そのためには中央政府の財源が地方に行く方式も変えなければなりませんが、そのようなシステムがありません。

それで私も政策代案として主張しているのは、先ほども言いましたが、内需が乏しい地域、難しい地域の方が社会的企業の需要はさらに高いわけで、就業状況も良くなく、社会サービスも不足しています。そういう地域で社会的企業をつくるのは遥かに困難なので、何か別の方策をとるべきだと提案をしています。中央政府の予算配分方式に関連していうと、例えば、九〇年代のＥＵのファンド運営方式[37]などは、地域を活性化させることを目的に女性雇用を活性化させようという政策目標を掲げて基金を運営しています。基金を投入する地域を選定するさいに、失業率の高い地域、貧困率が高い地域、女性失業率が高い地域に多く与える戦略がとられました。

ところが、韓国政府は全てマッチングファンド方式をとっているため財政能力の高い地域に予算が流れて行く。これに対して私たちは、困難な地方自治体に社会的企業がさらに成長できるように、言い換えれば、結局危機は機会であるため、そのような難しい地方自治体に政策と予算が流れていくように、政策体系を詳細に設計することが必要であると提案しています。

Ｑ：市民社会、市民運動の主導性をどのように確保するかという問題にも関連しますが、社会的企業育成法の制定過程では公聴会などをはじめとして公開的な議論がかなりされたようですが、現政権下ではそのような公開的な討議がきちんとされず、かなり閉鎖的な感じがしますが。

李：私も公聴会の日に野党の証人として参加しました。その公聴会の開催はほとんど知らされませんでした。突然明日参加してほしい、というやり方でした。参加はしたが、確かにそういう部分がありますね。

市民主導性の必要が語られていますが、李明博政権や保守政治勢力、主流社会の研究者などは社会的企業に参加し、つまり、社会的企業を知らなければ、韓国社会で少し遅れた人だとみなされるので参加はするし、さらに失敗した市場と政府がここで挽回できるという風に保守政治の成果を誇示して執権を延長させることが目的なので、市民社会が主導性をもってはならないわけです。成功のすべてのスターは主流社会というわけです。

ある意味では、そのような闘い（主導権争い）を水面下で続けているわけです。それで私の意見では、もちろん社会的企業家が、協議体であれネットワークであれ、地域単位、業種単位、もしくは団体間のネットワークを強化して多様な政策代案もつくったりして闘うことも必要ですが、私たちの戦略は、結局、生活協同組合運動の歴史から学ぼうとするものです。

というのは、協同組合というものが市民参加と市民の草の根的なリーダーシップで大きくなったということが一つ。いま一つはとにかく社会的企業であれ協同組合であれ、オルタナティブな生産者なわけです。オルタナティブな生産者運動は、オルタナティブな消費者、オルタナティブな投資家などからなる市民運動のプールをつくり、そこから養分を吸収して育たなければならないということです。協同組合の場合、一人ずつ見れば農民であり都市消費者である人たちがともに運動を触発しているではないですか。

社会的企業もそもそもそういうもののはずですが、韓国の社会的企業は基盤がないため、すなわちそのような消費者と市民的な投資家、倫理的な消費者のプールが組織化されず、破片化しているので、結局、政府や企業があんなふうに振舞っているのではないか。その意味で結局、めぐりめぐってまた私たちの課題に、立ち戻ってくると思うわけです。

それでシーズ（ＳＥＥＤＳ）も『ハンギョレ新聞』と九月から大規模の長期キャンペーンとして倫

理的消費者運動を触発させるキャンペーンをします。そして青年失業者の意識が保守化して企業が満足するスペックを具備して入口が狭い市場に入る方向に流れている中で、なんとか代案を模索しなければならない。そういう青年層中心にそのような代案運動、倫理的消費運動を始めることにしています。これはとても長期的課題であると考えています。

そしてもう一つ期待しているのは、韓国社会の市民運動陣営が連帯を強めなければならないということです。ろうそくデモ以後、私たち同士で資源をめぐって競争したり、成果競争をしている部分が少なくありません。連帯的な価値を共有する陣営の内部でもう少し連帯の内容を意味あるようにすべきだと思います。そういう意味で社会的企業の市民運動陣営も互いに資源競争をするのではなく、市民運動が共用する地域貨幣のようなものをより拡大させたり、私たちが開発した社会的資本を共有したり、さらに、私たち自身の内部の取引市場を改めて整備すべきではないかと議論しています。

こちらの陣営が互いに消費者であると同時に投資家であるようなものをつくりだしてはどうか。それとともに社会に対して、このようにすれば変わることができるということを示す過程が必要であると考えています。そのように市民基盤をあらためて作ることを通じて、社会的企業に対する主導性を回復する戦略をシーズは試みようとしています。

Q：社会的企業、またはより広く社会的経済としてもいいのですが、そのような方向への市民社会、もしくは社会運動陣営の合意形成についてはどうでしょうか？

李：ある程度そういう方向でまとまりつつあると考えられます。公式的合意の場を持っているわけではありませんが、社会運動陣営のなかで制度化された社会的企業について限界があるとか、これを克服すべきであるとしていた人びとが、社会的企業の目的の幅を広げて地域という概念を取り入れるとか、社会的企業の意思形成の構造に現れる草の根民主主義の定着のための自己寄与とか、そういうイシューに社会運動陣営が実際に反応し始めているといえます。

六・二地方選挙以後は、実際、地方自治体でも、引き継ぎ委員会での政策論議や、TFなどを組織することを通じて市民運動陣営が一緒に参加して地域環境イシュー、雇用、福祉イシューなどを、どのようにともに社会的企業という枠組みで解決するのか、などが議論され始め、そのような契機を互いに活用しています。多分、分っていただけると思いますが、地方の時代であり、少なくとも、民選五期目の四、五年の間にそのような過程を経れば変化が起きると思います。労働界とか大きい勢力も挑戦を受けるので、市民社会陣営がどの程度のレベルで公式的な合意をつくるのか、結局、課題となるのはどのように階級階層間に社会的合意をつくることができるような社会構造をつくるのか、ということで、それによって一セクター（政府）、二セクター（企業）に対するある程度の牽制の機能を果たすための共同の戦線を形成することができるのではないかと思います。

Q：日本ではリーマンショック以後に今さらのように貧民問題が提起されています。日本で貧民問題といえば昔には失業者問題が貧困問題であったのですが、今はワーキングプアの問題が深刻です。しかし、政府担当者はほとんどその問題に関心を示していない。韓国ではずっと貧民問題解決のため

に努力をしてきたようにみえますが？

李：　韓国はＩＭＦ以後、失業問題とワーキングプアの問題がいっきに吹き出しました。しかし、その二つの区分をしなかった。さっき言ったように、伝統的な貧民運動は撤去民とか零細営業者、都市行商、日雇い労働者などを基盤とした概念であったとすれば、現在の貧民問題は、失業者とワーキングプアの問題を合わせた問題であり、伝統的な市民運動組織によってこれに取り組むのではなく、社会的企業とか新しい組織形態で伝統的な市民運動を引き継いだわけです。その中には障がい、女性、貧民など多様な社会問題や色々な主体が動く形態に変わったといえます。

Ｑ：都市貧民運動や自活のような事業はいわゆる進歩派の流れですね。現在、社会的企業に対して保守側はどのような見方をしているのですか？

李：さしあたり言えば、多様であるといえます。保守政権を維持するためには失業率を低く維持しなければならないし、貧民暴動を防ぎ、そして、非常に少ないお金でできる福祉プログラムであるから、といった観点で社会的企業に参入するグループ、そして「失われた一〇年」という言い方を右派組織はするじゃないですか。参与政府の時期、社会的就労事業が始まって、右派の行動的組織、セマウル組織などが、たくさん申請しました。しかしたくさん落ちました（政治的な色分けではなく、内容がよくなくて）。それほど物的基盤自体を作る必要があったので、就労事業に参入して、自らがこれを主導する、うまみがあり、これでいけば今後の地方選挙で政治活動の基盤づくりにもなるだろう、と。そういう必要性や理解で動く人たちがいる一方で、先程言ったように、右派に行った人物の中にも金文洙（キムムンス）のような人がいて。この人は、以前は労働運動の代表だった人です。ある意味では変節ですが、別の見方をすればそのような選択をせざるを得ない冷酷な運動圏の現実の過程があってそうなったわけですが、そういう人たちは、血の中にそのような改革的な気質を残していて社会的企業のような政策をとるわけです。

Q：ニューライト(38)は？

李：ニューライトは目立っていますが、でも「ニュー」ライトじゃないですか。既存のライトの組織は、維新政権時代に土地とか何とかを持つようになっていて、組織を解散したくても資産がとても多いわけです。ニューライトは新参なので物的基盤が弱い。それで、社会的企業に参入したのには現実的な必要があった。ニューライトが進歩陣営を攻撃したのも、なぜ君らが社会資源を独り占めするのか、ということでした。それで企業に行って進歩陣営にお金をやらずに私たちに与えろと言って、ゴミのような社会的企業を提案したりしたわけですが、結局お金が必要だったのです。湧き出る資源を自分の組織の整備拡大に利用しようとしたわけですが、そうするうちにいくつかの組織、例えば民生研（民生政策経済研究所）などは、社会を導くイシューが社会的企業にあると考えて、自分たちがこれをいち早く主導しなければならないと判断したようです。

そして右派が執権し、社会的企業が注目され始めると、彼らが一番初めにしたことは社会的企業といえば社会主義の臭いがする、それで「善良な企業」とか「共同体企業」とかに変えようとしたのですが、それはダメだ、社会的企業は世界的概念だと私たちは闘いました。それで名前も変えられなくて毎年別称の公募をつづけています。ところが選ぶことができない。合意が難しいのです。それで今年、『朝鮮日報』で社会的企業の連載企画があったのですが、「善良な企業シリーズ」とされています。とても『朝鮮日報』らしい企画でした。

さらに政権が変わったために優秀企業として推薦される企業も変わりました。かつては私たちの協同組合、ノリダンなどが推薦されたのですが、いまはニューライトが入って作った粗雑な企業、ソウル型の代表企業などを押し出すのですが、説得力がない。内輪の行事ならいいのですが、言論でも取り上げられていません。

Q：女性問題と関連した質問ですが、先ほどここに統一運動とか民族運動が抜けたという話がありましたが、それと同じように女性解放運動、それがここに抜けているのではないか。実際は脆弱階層といえば女性がたくさんいます。非正規職問題も女性が長い間、貧民層でワーキングプアだったわけですが、最近では男性が入っているためそれが社会化、イシュー化した。本来ワーキングプアといえば女性がたくさんそのような問題に直面していわけで、「元祖ワーキングプア」という表現を使っている。そのような面で女性がどのような方式で社会的企業に参加することになり、そして、どのような方向性を持つようになったのでしょうか。コミュニティ・ビジネスのような場合も実際は女性がと

ても安い給与で仕事をしているケースが多い。もう一つは、日本はbacklashの問題が深刻です。女性問題が社会化し、これに対する批判も多くて保守勢力による弾圧も多い。その点、韓国はどうでしょうか。

李：韓国も似たようなことがある。私も貧しい女性のための運動、地域運動から出発しました。私のような立場の人々は、そのまま女性運動にとどまっている者もいれば、社会的企業に入ってきている人もいますが、両者はいまだに深くつながっています。女性解放運動も先ほど述べたような運動の変化を経てきたのですが、九〇年代には学童保育のような福祉、性暴力、家庭内暴力相談所のようなところで働き、法律を制定したりサービス組織をつくったりして働いた。そういう組織が、あらためてまた社会的企業という形で出会ったりもしているわけです。

そのように社会的企業に直接参加する形と、さらに女性運動の理念をもって社会的企業政策をたゆまず批判する活動が並行してすすんでいると考えていただければと思います。

女性団体連合がこの何年かひきつづき懸案としている主題の一つが、介護問題への取り組みです。つまり社会的就労、社会的企業の拡大が、おっしゃる通り、貧しい女性の労働搾取構造を拡大再生産しているのではないか、と絶えずいろいろな団体が問題提起をしています。それでも現場で多くの研究者が変化している部分もあり、繰り返しの部分もあるわけですが、それらをどのように変えることができるのか、ということを議論していて、敵対的というよりはそれらの運動が並行しそれぞれの立場で取り組んでいるという状況です。

事実、郭教授が社会的企業の実績を分析するとき、ジェンダーの部分についてはこれといった認識がなかった。経済学者ですので。しかし討論を深めていくなかで、女性界で主張するイシューに対して敏感になり、経営分析にこれを活かして政策設計からこのような部分が必要であるとアピールし、そういう評価が社会的企業家にフィードバックし、またそこから自分の課題、つまり差別解消から、女性リーダーシップをどのように育てるのか、といったことまで、発見するようになるわけです。それでも女性運動がとても主導的かといえばそうでもない。その理由は、先ほど、潜在プールの話もしましたが、さまざまなグループが多様に自分の観点を掲げて互いに浸透しあう、そういう状況であり、そこから浮かび上がるイシューを、政府の政策設計に反映させる必要があるということです。

いずれにしても、女性団体もそうですが、歴史もあり、進歩的な財団、例えば、「美しい財団」や「環境財団」などは保守政権のもとで危機に直面しています。こういうときには、進歩陣営の基本インフラを守るための努力が必要です。お金があまり集まらなくて、自己資金を使う場合があっても、「ともに働く財団」のような中間支援組織がそのような進歩的な研究陣営などに、研究プロジェクトを与えて生存できるようにする、そのような資源の中継者になるべきではないか、と考えていたんですが、実際は、役員たちの説得に挫折したのです。それで結局、財団を出ることになるわけですが、そういう中間支援団体は、良い時期（民主政権の時期）には、合法的な課題を遂行するその役割を上手く果たすことが出来ますが、いまのような非常事態にはそれに対応できる物的基盤をつくるための市民運動陣営の中間支援組織について考えなくてはならないと思います。

註

（1）人と自然、都市と農村が一体となって生きるという独自の生命思想に基づいて張壹淳、金芝河らが主導した農民運動（ハンサルリム運動）から成長した韓国最大の生協組織。一九八六年に小さな米屋（ハンサルリム農産）から始まって二〇一〇年八月末現在で全国一九地域で二三万二千世帯の都市消費者会員と二〇〇〇世帯の農村会員が加入し、産直による有機農産物などの供給額は一五〇〇億ウォン（二〇〇九年）に達する。

（2）シングルマザーなど低所得家庭の学童のための放課後保育。

（3）国、地方自治体、韓国国土住宅公社などを事業主体とする低所得者用のアパート。

（4）農繁期に互いに協力するための部落や村（里）単位の農民の伝統的な互助組織。

（5）国の生計保護対象者の中で勤労能力があり、世帯の条件上勤労が可能な者には条件付受給者として指定し、就業を促進したりボランティア等（自活勤労）を通じて社会的に寄与できるように支援する制度で、これをになう機関を自活後見機関（現在の呼称は地域自活センターで、二〇一〇年現在全国に二四二か所）といい、後に述べられるように、九〇年代の貧困地域の住民運動の中で多様に展開した生産協同組合方式の共同体運動がモデルとなっている。自活勤労は一定期間（二、三年）の後には、自活後見機関などの支援を受けて低所得層が共同して設立・運営する自活共同体へ移行することが求められる。〇九年現在の自活事業参加者数は約七、八〇〇〇人。自活共同体数は一一六四、参加者は約九四〇〇人、一人当たりの月平均所得は八〇万ウォン（保健福祉部『保健福祉白書二〇〇九年』）となっている。

（6）九七年にタイにはじまりインドネシア、韓国など東アジア各国を襲った通貨金融危機の韓国での呼称。

（7）全国民主労働組合総連盟。政府寄りの労組のナショナルセンター・韓国労総（韓国労働組合総連盟）に対して一九九五年に創立された、産別労組を志向する民主労働運動の全国組織。複数労組を禁じた労働法によって法外団体とされたが、九九年以後合法化されて現在に至っている。二〇一〇年の組合員数は約六七万人。

（8）六〇年代生まれで光州事件のあった八〇年以降に大学に入学した世代で、価値観や思想の大転換の時代にあって八〇年代以降に台頭した急進的社会運動の中核を担った世代。

（9）二〇〇〇年に寄付文化を韓国社会に根付かせることを目的に設立され，現在では、年に一〇〇億ウォンにのぼる寄付金を集めている。その傘下のリサイクル・ショップ「美しい店」（二〇〇二年に第一号店）は市民からの寄贈物品を販売することを通じて、かつてはあった「分かち合い」の文化を現代に再生することを目指す。二〇〇七年の第一次認証で社会的企業となり、店舗を全国に展開して二〇〇九年一〇〇号店を出店した。

（10）一九九七年に首都圏の生協が連合して結成され、設立当初は「生協首都圏連合会」。二〇〇五年に「地域生命運動」を掲げて名称を「トゥレ生協連合会」に変えた。会員数は二〇一〇年で約六万人。

（11）一九九七年に京畿・仁川地域の七つの地域生協が京仁地域連帯として結集して共同物流を始めたことから出発し、二一世紀生協連帯（九八年）、韓国生協連合会（二〇〇二年）の段階を経て二〇〇八年にｉＣＯＯＰ生協連帯と名称変更、二〇一〇年三月現在、全国に七四の会員生協と八万三五四四人の組合員が加入している。

（12）ＮＬ（National Liberation）、ＰＤ（People's Democracy）は八〇年代の半ばに台頭した青年・学生を中心とする急進的社会運動の二大潮流。前者は反米自主化・統一を掲げて民族的課題を重視し、後者はオーソドックスなマルクス主義の立場に立って階級的課題を重視した。

（13）一九八七年に結成された韓国最大の女性団体。一九八〇年代から民主化や男女平等を訴えてきた女性団体の連合体として結成された。この女連とならぶ韓国を代表する女性団体の全国組織としては、やはり一九八七年に結成され、より生活に密着して生協活動なども展開する女性民友会がある。

（14）韓国の雇用保険は、一九九五年から施行され、雇用部（現在の雇用労働部）傘下の雇用保険管理公団が管理し施行当初の基金の規模は三〇〇〇億ウォンであった。ＩＭＦ事態に伴う大量失業と保険適用範囲の拡大（当初三〇人以上の事業所から九九年一〇月までに全事業所に段階的に拡大）にともなう基金残高の逼迫を保険料の引き上げ（六七％）によってカバーした。現在の保険料水準（被雇用者、雇用者ともに賃金総額の〇・四五％）はこの引き上げによる。その後、雇用保険収支は黒字基調で安定したが、二〇〇〇年代半ば以降の雇用、保険支出の急増によって二〇〇七年以降再び赤字に転じ、二〇一三年には基金が底をつくものとされている。

(15) 経済正義実践市民連合。民主化後の一九八九年に結成された市民団体。九四年に成立した参与連帯と並んで韓国を代表する市民運動団体。両者とも権力・経済システムへの監視や異議申し立て、提案など総合的に取り組んだアドボカシー組織であるが、参与連帯が急進的社会運動の流れをくむ団体であったのに対して、経実連はそうした運動圏とは一線を画した。

(16) 一九九七年に制定された〝社会福祉共同募金法〟に基づいて翌年スタートした民間社会福祉法人。募金活動は九八年一二月より開始。「人の芽（사람의 열매）」という言葉を分ち合いの象徴に、宗教などの背景を持たない、脆弱層の支援のための募金と配分を専門的に実施している機関。二〇〇九年（二〇〇八年一二月一日～二〇〇九年一一月三〇日）の募金額は約三三〇〇億ウォン。

(17) 正式には財団法人失業克服国民財団。

(18) 一九六一年に制定され、八二年に全面改定されている。国基法の制定によって廃止。

(19) 消費者生活協同組合法が一九九八年一二月に制定され、生協が法人格をもつようになったことなどを指す。同法は、二〇一〇年に改訂され、連合組織が生協としての法人格を認定され、二〇一二年度までに単一の全国連合組織が設立される見通しである。

(20) 삶의질향상기획단。金大中政権下の九九年、同政権の「生産的福祉」という考え方に基づく体系的な社会福祉プランづくりのために設置された大統領秘書室直属の機関。

(21) 生活の質向上企画団の活動を継承する機関として盧武鉉政権発足間もない二〇〇三年五月に貧富格差緩和差別是正企画団が設置され、翌年七月には大統領諮問貧富格差是正委員会となり、李恩愛さんはこの委員会の専門委員を務めている。

(22) 九九年からはソウル市政開発研究院都市社会研究部部長。盧武鉉政権下で貧富格差緩和差別是正企画団の企画運営室長に就任している。

(23) 二〇〇三年に制定された「大統領職引継ぎ委員会に関する法律」に基づくもので、大統領当選人が大統領としての職務を円滑に引き継ぐために、政府の組織や機能、予算状況などを把握し、新しい政府の政策基礎づくりのために各界の専門家を招集して構成される組織。

(24) 姜乃榮「韓国の社会的企業と市民運動――社会を変革する市民の力」馬頭忠治・藤原隆信編『NPOと社会的企業の経営学　新たな公共デザインと社会創造』ミネルヴァ書房、二〇〇九年

(25) 李恩愛さんは、労働部次官主催の社会的就労TF のモデル開発チーム長に二〇〇五年三月から一一月までつとめている。

(26) 다솜이재단。韓国最大手の保険会社教保生命（日本でも有名な韓国の大規模書店の教保文庫はその系列企業）がともに働く財団と提携して二〇〇四年に設立したケア・サービス施設で社会的企業第一号として認定されている。

(27) 同財団は、二〇〇七年一一月、社会経済システムの構築や貧困層の経済活動支援、人材開発や調査研究などを目的に社会投資支援財団として正式に設立している。

(28) 一九九八年、柳韓キンバリーが韓国で初めて導入した勤務方式。二四時間稼働の製造業などでグループを四つに編成して一日二組が一二時間勤務をして残り二組は休む方式。四組三交代方式に比べて一日勤務時間が八時間から一二時間に増えるが、休業日は一〇三日から一九〇・五日に増える（年間勤務時間は一九二〇時間で同一）。韓国企業では二組二交代や三組三交代が一般的であるといわれる。

(29) 사람입국일자리위원회、二〇〇四年に大統領政策諮問企画委員会内に設置された「ヒト立国新競争力特別委員会」が二〇〇五年に拡大改変されて設置された大統領諮問委員会。

(30) 二〇一〇年第一次（三月）までの認証数で二〇一〇年一二月での認証企業は五〇三社。

(31) 韓国で「団塊の世代」にあたるのは、朝鮮戦争（一九五〇―一九五三年）以後の一九五五〜六三年に生まれた世代で、七〇年代前半までは出生率四%以上を維持した。だが八三年に二・一人を下回ったのを起点に出生率が急速に下降し、二〇〇九年には一・一五人と世界的にも最低水準となっている。いわゆる高齢化社会となったのは二〇〇〇年で日本より三〇年遅れているが、その後高齢化が急速に進み、高齢社会となるのは日本より一〇年余り遅れて二〇一八年だと予測され、二〇二〇年頃には、韓国版の団塊の世代が大挙してシニア世代となる時代を迎える。

(32) インタビューの後に二〇一〇年度、第二次（六月）三四社、第三次認証（九月）で五七社の、第四次（一二月）九七社の認証があり、認証企業が急増し、五〇〇を超えた。

(33) 国民年金、健康、雇用、長期療養（介護）、産業災害（通常「産災」と略称、日本の労災にあたる）保険の五つ。

(34) 任太熙長官の後任は朴在完氏（一九五五年生まれ）。成均館大学教授から二〇〇四年にハンナラ党の比例代表で初当選している。経実連の政策委員長（二〇〇四年）をつとめた経験もある。

(35) 正式には未来企画委員会、李明博政権の国家政策を企画する委員会で大統領令によって二〇〇八年五月に設置。企画財政部長官など大統領が委嘱した三〇人までの委員からなる。

(36) ハンナラ党一六人中一二人いた市道の広域自治体首長が六人と半減したのに対して民主党は七人の当選、野党統一候補を含めると八人の当選者を出して大躍進した。

(37) 欧州社会基金（European Social Fund：ＥＳＦ）、ＥＵには加盟国の不均衡是正のためのファンドである欧州構造基金があり、その枠内に設置されている。ＥＳＦは、公共機関、雇用や社会統合促進の分野で積極的に協力している社会的企業、ＮＧＯ団体、民間企業、その他利害関係者など、さまざまな事業形態が対象となっている。

(38) 九〇年代に社会主義体制が崩壊し、経済や人権をめぐる北朝鮮の疲弊が明らかになるなかで、主に運動圏勢力から分岐した学者や活動家が、「自由主義連帯」（二〇〇四年結成）や「ニューライト全国連合」（二〇〇六年）などを組織したことに始まる。Old—right（保守右派）とOld—left（保守左派）との双方から自らを峻別し、減税および教育自律化、規制緩和、公企業民営化など経済、行政、教育における自由主義改革と世界化（貿易の自由化）などを主張している。代表的人物としては安秉直・ニューライト財団理事長、自由主義連帯の申志鎬（現在はハンナラ党国会議員）、ソウル大学落星台経済研究所の李栄薫などがあげられる。

韓国の社会的企業と言説の多様性

秋葉武

一．はじめに――日本で〝偏向して〟紹介される韓国の社会的企業像

二〇〇九年の政権交代、民主党政権の登場は、日本における「社会的企業」の認知に追い風となったかもしれない。とはいえ、〝社会的〟という概念は曖昧で、日本の「社会的企業」に関する定義は流動的かつ個別的だ。鳩山内閣の「新しい公共」円卓会議と菅内閣の「新しい公共」推進会議では社会的企業、社会起業家についても触れられている。しかし、会議メンバーの変更に伴い、社会的企業の捉え方にも変化がみられる。

実はこうした「曖昧さ」「流動性」は、日本の社会的企業関係者にとって必ずしも不都合ではない。曖昧さを逆手に取って、実態を正確に理解する以前に〝好きか嫌いかという価値判断で〟社会的企業を論じている事例もみられる。

さて、欧州や米国にばかり関心を寄せていた日本の社会的企業関係者が、現在新たに着目しているのが「韓国」である。二〇〇七年にアジア初の「社会的企業育成法」が施行された韓国では、（日本の旧労働省に相当する）雇用労働部が「社会的企業」を認証するようになった。同法は二〇一〇年五月に改正され、概ね認証基準が緩和されて二〇一〇年末時点で認証数は五〇一と急増した。また、同部傘下に新たに「韓国社会的企業振興院」が設立されて施策の実施が引き継がれ、一一年一月から初代院長・柳時文（ユシムン）の下で今後より専門的な展開が期待される。

こうしたダイナミックに動く韓国の社会的企業政策への関心もあって、一〇年一一月には日本の複数の社会的企業関係者グループが、それぞれ韓国の社会的企業実務家及び研究者を相次いで招聘し、講演会を開催した。同時期に韓国の社会的企業関係者が東京に招聘されたのである。ところが、彼らの語る「韓国の社会的企業論」も各人で大きな〝隔たり〟があり、同じ事象をめぐる評価も真逆の場合もあった。

しかし、招聘した日本の関係者はこうした言説の差異を〝解釈しかねている〟。そして、日本側の関心は雇用労働部認証の社会的企業に集中する傾向にある。が、韓国社会を俯瞰し、韓国語の関連文献に触れてみれば、例えば、（「社会的企業」という用語は法律上、雇用労働部の名称独占だが）同部認証以外の社会的企業が実質的には多く存在し、意図的に認証をとらない団体も少なからず存在する。

日本ではなぜ、韓国の社会的企業が包括的、客観的に論じられることが少なく、事実誤認にもとづいた研究がみられるのか？　その原因を本稿では、冒頭で述べた社会的企業の「概念の曖昧さ」以外の別の要素に求める。すなわち、社会的企業を取り巻く外部環境、つまり韓国固有の市民社会、社会保障制度、福祉政治と関連した言説の多様性である。

二．社会的企業のブランド化？

韓国社会は日本の文脈でいえば「保革」、つまり「保守」と「進歩」の対立が激しい社会で、新聞をはじめとする大手メディアはそれが顕著だ。ところが、李明博（イミョンバク）政権が政策的に推進する社会的企業に関しては現在、保守、進歩を問わずどのメディアも好意的に報道する。保守メディアは「反・市民社会」の立場だが、社会的企業というトピックだけは別扱いとなり、総じて社会的企業は「ブランド化」された。

社会的企業の高評価に気をよくした現政権は、社会的企業政策の予算を拡大させ、社会的企業振興院を設立し、新たに「地域社会貢献型」の社会的企業（地域の脆弱階層の二〇％以上雇用、二〇％以上の地域の脆弱階層へのサービス提供）を設定した。また、社会的企業推進の教育、認証支援等の受託事業拡大も予定されている。他方、現在、地方を中心に社会的企業の予備軍となる「予備社会的企業」の育成の各種プログラム、そして雇用労働部のみならず各省庁による予備社会的企業育成策が施行された。

ところが、市民社会に一歩足を踏み入れると政府及び雇用労働部の実施してきた社会的企業政策に一定の評価をしつつも、根強い批判がある。市民社会の各リーダーが異なる文脈からその課題を指摘している。貧困削減を目的とする社会的企業政策だが、これら社会的企業を運営するリーダーからも「社会的企業そのものでは貧困は減らせない」という冷めた指摘があるのも事実だ。

三．社会的企業の言説の分析——どのように語られてきたか？

そこで、筆者はこうした言説の複雑さを解き明かして韓国の社会的企業を包括的に論じることで市民社会の発展に寄与することを目的として、現地の協力者と共に調査研究を行ってきた。

総称としての「社会的企業」には様々な実践的な系譜があり、それに対応して社会的企業および関連する先行研究や言説にもいくつかのアプローチの系譜が存在する。筆者がこれらアプローチを整理して命名すると五つ以上あるが、本稿では紙幅の都合もあるので、その中からいくつかのアプローチを取り上げ、その外部環境をできる限り時系列的にみてみよう。

（一）金大中政権の「社会改革」——「自活（자활）アプローチ」の模索

まず、「自活（자활）アプローチ」が挙げられる。「社会的企業」を、政府と市民団体が協力して作ってきた就労支援プログラム「自活(자활)」の延長線上に捉えた言説だ。社会的企業育成法制定以前には、実践家によって保健福祉部の自活制度を改善することで社会的企業政策を行おうという主張もなされてきた。

自活事業は市民社会側からみれば、一九七〇年代の軍事独裁政権下における抵抗運動である地域の貧民運動を起源とする生産共同体運動、労働者協同組合運動にルーツを持つ。貧困層の就業形態は非正規労働が標準的だったこともあって運動が展開され（五石、二〇〇七、一三五—一三六頁）、貧民運動家は九〇年代「協同組合方式」による貧困層の共同体運動等に挑戦した。ただし、その多くの事業は失敗した（秋葉、二〇〇九、七四—七五頁参照）。

他方、九七年の「IMF危機（IMF 위기）」の後、初の「進歩政権（진보정권）」として登場した金大中政権（一九九八—二〇〇三）は大胆な社会改革に乗り出していく。「権威主義から参与民主主義への大転換」を掲げて、二〇〇〇年に非営利民間団体支援法を制定し、「市民団体」に対する財政支援を始め、伝統的な市民社会への敵視政策に終止符を打った。他方、軍事政権下で肥大化した「官辺団体」への補助金を削減する（清水、二〇〇五、一五六—一五九頁）。

また市民社会団体と協力して九九年「国民基礎生活保障法」を制定する。同国を「生産的福祉」を標榜する福祉国家として離陸させたのである。「生産的福祉」とは端的にいえば「国家責任」と「Workfare」の両立である（秋葉、二〇一〇a、一六頁）。協力した市民社会団体は宗教団体、地域の貧民運動、民主労総と多岐にわたるが、とりわけ研究者、弁護士などのアドボカシー団体である「参与連帯（참여연대）」が大きな役割を果たした（五石、二〇〇七、一三五—一三七頁）。

軍政時代の「反福祉国家イデオロギー」が後退して福祉予算は拡大し（秋葉、二〇一〇a、一五—一六頁）、保健福祉部は「福祉政治の主役」となった。また政権の親市民社会性向もあって、自活運動は「制度化」へのリスクを認知しつつ、政府の財政支援を受容する。「ソフトなWorkfare」（埋橋、二〇〇七）の制度化が進んだといえる。自活事業は市民団体のアイディアを吸収して拡大し、これら運動団体も自活後見機関に衣替えしていく。

しかし、自活運動の想定する「自活共同体」という生産者協同組合方式、つまり地域で貧困層が積極的に出資、民主的運営をして公的扶助の受給を卒業するというモデルの成功には多くの困難が伴い、「脱出率」に限ってみれば低い。彼らはその成功を模索し続け、看病・家事支援、建設業、リサイクル等でいくつかの成功例が生まれ、今日では外部環境の変化に伴い事業機会が増えたこともあって新たに株式会社を設立して事業化を進めたり、労働部認証の社会的企業となって社会サービスを展開するなど組織形態を多様化させている。

受給者も含む貧困層を対象とする自活アプローチは一般に、雇用労働部に主導されてより幅広い層を支援する社会的企業政策とは当然齟齬がある。また、一般の民間企業との連携よりも協同組合型運営を重視するという点は「新貧困アプローチ」（三一―三二）とも視点が違う。とりわけ最近の社会的企業政策が市場志向を強めることで、貧困層が排除されるのではと危惧している。

（二）市民団体の「包摂」への危機感――「市民事業（시민사업）としてのアプローチ」

金大中政権で軍政時代には想像できなかった「市民団体の春」が訪れ、多くの市民団体が財政支援を歓迎した。ただし、同政権を「批判的に支持」し、参与連帯の事務局長（一九九五～二〇〇二）を務めていた弁護士・朴元淳（パクウォンスン）は政府による市民団体の「包摂」に危惧を抱いた。当時の朴は「中央（政治）志向」の市民社会（秋葉、二〇〇九、七四―七五頁）の象徴ともいえる存在で、政権と関わることで市民社会におけるリーダーシップを発揮した。これにジレンマを感じたかのように、朴は九九年、市民団体への間接的な支援の必要性を強調する一方、直接支援が自立性、道徳性を損なうと警告している（清水、二〇〇四、三二一―三三頁）。

朴元淳は翌二〇〇〇年「落選運動」というアドボカシーで社会的象徴となった（秋葉、二〇〇九参照）ものの、市民社会の「中央志向」を乗り越えようと、海外研修を通じて得た着想を具体化していく。

韓国の市民社会に従来存在しなかった市民財団である「美しい財団」（二〇〇〇年）、英国のオックスファム・ショップにヒントを得たリサイクル・ショップ「美しい店」（二〇〇二年）といった（異議申し立てではない）「代案事業」を相次いで設立する（桔川、二〇〇九）。その活動は脱中央政治的で、貧困層といった特定の階層ではなく全階層を対象とする。朴らは両組織を革新的な仕組みで運営し、経営的自立を果たすことで一般社会、市民社会に一石を投じる。両組織は国家からの「市民社会の自立」という一つの提案でもあった。運動の資源を事業で創出するという「市民事業（시민사업）アプローチ」は、市民社会で受け入れられ、後に社会的企業の一つの実践的・理論的モデルとなり、現在の有力な言説の一つとなった。「美しい店」は〇七年、労働部認証の最初の社会的企業となる。

現在、地方の市民団体ではソウル発の「社会的企業」という用語が、市民事業アプローチの文脈で捉えられて市民団体が事業を展開する事例が見受けられる。これらが今後「予備社会的企業」の候補になろう。なお、社会的な影響力を持つ朴自身は、現在の社会的企業育成法が人件費といった直接支援に傾斜することに危惧を抱いており、そのことに警鐘を発している。

（三）盧武鉉政権と福祉政治――「新貧困（새로운 빈곤）アプローチ」と「社会的企業育成法」

金大中政権の社会改革の影響で上述の二つのアプローチが誕生したとするなら、「進歩政権」を引き継いだ盧武鉉（ノムヒョン）政権（二〇〇三―二〇〇八）は福祉予算が拡大し、「市民団体の春」が続き、市民事業が多分野で展開された。しかし、進歩対保守の対立が激化し、福祉政治は激しく流動化した。こうした流動化がこの時期に生まれる言説や政策にどう影響を与えるかをみておきたい。そして、福祉政治を〝勝ち残って〟二〇〇六年に「社会的企業育成法」が迅速に成立するに至る。

二〇〇三年当時の韓国社会の外部環境に適応して登場してきたのが、「新貧困（새로운 빈곤）アプローチ」といえる。自活アプローチのような貧困層に限定せず、より幅広い脆弱階層の雇用創出を命題とするアプローチといえる。労働部や失業克服国民財団（現在の「ともに働く財団（함께 일하는 재단）」）に主導される形でこのアプローチの言説形成がなされ、現在の社会的企業論の一角を占めるまでになった。ただし、社会的企業のターゲット層をどこまで含めるのかについては、各人によって差異がある。

盧武鉉政権の初期段階で「ＩＭＦ危機」は収束していたものの、自活運動をはじめ市民運動リーダーらも想定していなかった社会が到来していた。家計補助のために働かざるを得ない主婦、高学歴の若者など、非受給の勤労貧困層（근로 빈곤층）といった「新貧困層」が顕在化する、日本の「格差」に相当する「両極化」の社会が出現していた（秋葉、二〇〇九、七五頁参照）。

こうした社会背景の下で福祉政治において労働部の台頭が目立つようになる。二〇〇三年、労働部は「社会的仕事創出事業」を実験的に始め、民間では失業克服国民運動委員会が労働部認可の失業克服国民財団となり、失業者の救済のみならず、女性、障がい者、高齢者、若年層の雇用に着目し、例えば、脆弱階層への起業融資、企業と連携した貧困女性の人材育成事業などを行う。

官民による極貧層のみならず脆弱階層を包含した多様なプロジェクトは、Social Venture を含む自活の就労モデルとは違う就労モデルを提示し始め（秋葉、二〇〇九、七六頁参照）、「市民事業アプローチ」と一定の共通性を有していた。ただし、企業との連携については効率的な資源動員という観点から「市民事業アプローチ」より「新貧困アプローチ」の方が積極的な点が多い。こうした言説の流動化のなかで、自活をはじめとした市民団体も社会的企業の可能性の議論を活発化させる。

他方、政治的にみれば少数与党であった同政権は二〇〇〇年代半ばから世論支持率を低下させて弱体化する。冷遇されてきた保守グループの「反福祉国家イデオロギー」が再燃する。社会保障制度の更なる拡充案は、「分配優先対成長優先」というイデオロギー論争に収斂されて次々と「骨抜き」にされ（同）、保健福祉部も混乱した。

こうしたなか、労働部そして失業克服財団の社会的企業プロジェクトはイデオロギー闘争から比較的無傷といえた。「貧困の罠」に関心の薄い保守イデオロギーからみれば、保健福祉部の自活支援事業の「低い脱出率」は受容しがたい。他方、受給者でない勤労貧困層が「社会的企業」で働き、組織は収益性を持ち、事業の継続性が想定されるとなれば、ハンナラ党内での支持は得やすかった。無論、「雇用創出」を掲げ、積極的に推進する与党も歓迎した。

こうした政局の動向を労働部は見逃さなかった。脆弱階層の雇用創出における「社会的企業」の可能性を強く主張し、政界で積極的な福祉政治を展開する。他方、労働部で社会的仕事タスク・フォースを結成して法律制定を準備した。

そして、タスク・フォースのメンバーとなった李恩愛（イウネ）氏自身が「これほど早く法が成立するとは思っていなかった」というほどのスピードで事態は展開していく（第三章参照）。メディアでは、社会的企業が「新貧困」への処方箋になるというキャンペーンが展開される。二〇〇六年初頭、同政権は「両極化（양극화）」を「最大の国政課題」と表明するなか、同年一二月社会的企業育成法が成立する（秋

葉、二〇〇九）のである。

脱政治的な新貧困アプローチは現在、同法の論拠の一つともなっているが、二〇〇八年に登場した李明博・保守政権は社会的企業政策を大きくかく乱した。同年五月に空前の街頭デモとなった「ろうそくデモ（촛불시위）」をきっかけに、政権は「反・市民社会」を鮮明にし、デモに参加した市民団体そして社会的企業の中間支援団体への強権的な弾圧を始め、市民団体と大手企業の連携を「分断」するなどの混乱が生じた。朴元淳への弾圧はその象徴だった（第二章参照）。

政府の強権的な政治介入は皮肉なことに、同アプローチと齟齬を生じさせ、現在に至るまで社会的企業を展開する市民社会に深い傷を残している。

政権の強権的姿勢は以前より緩和しているようにみえる。また、韓国社会的企業振興院の設立が政権の介入を抑制するという期待もある。他方、弾圧のトラウマを抱えた市民社会では韓国社会的企業振興院による財政支援が、二〇〇〇年代に登場して主たる資金源を持たない新右翼「ニューライト（뉴라이트）」系の団体に傾斜するのではといった危惧がなされている。

四．結びに代えて

以上、代表的な三つのアプローチをみてきた。韓国の各社会的企業関係者が、自ら政府との関わりでどのような体験をし、その体験が自身の社会的企業観にどう影響しているかを汲み取ってもらえれば幸いである。

社会的企業の多様化に伴って、現在これ以外にも「自活アプローチ」の問題意識を継承した欧州の

「社会的企業アプローチ」、さらに社会的企業のパフォーマンスを計るSROI（社会的投資収益率）の視点を加味した研究の登場など興味深いアプローチがある。ただし、これらのアプローチでは解題できないことも少なからずある。本稿3－（三）でみた現政権の「逆市場化」の政策や、韓国の極めて低い社会福祉水準を考慮すると、成熟した民主主義国家で生まれたこれらのアプローチでは説明が難しい。権威主義の残存する同国の固有性を考えればいわゆる「社会的企業政治」そして「政治学アプローチ」からも目を背けられない。これらに関しては稿を改めて論じたい。私たち、特に研究者は複眼的、重層的な視点から韓国の社会的企業をみていく必要があろう。

〈謝辞〉

本稿は①科研費補助金　課題番号二二五三〇六五一（代表：桔川純子大阪経済法科大学・客員研究員／日本希望製作所事務局長）②科研費補助金　課題番号二一七三〇四七六（代表：秋葉武）③Friedrich-Ebert-Stiftung Korea Office からの助成――の研究成果の一部に基づいており、『協同の発見』二二二号（二〇一一年一月号）に掲載した拙稿を加筆・修正したものである。現地調査を含めた研究遂行に当たって韓国の社会的企業及び市民社会リーダーの多くの皆様には長時間に及ぶインタビューに応じていただき、厚く御礼申し上げる。なお、日本側では文京洙氏、桔川純子氏、丸山茂樹氏（参加型システム研究所客員研究員）をはじめとする関係者の皆様にご協力いただき、厚く御礼申し上げる。本稿の見解は筆者個人のそれであるということを明記しておきたい。

〈引用参考文献〉

・秋葉武（二〇〇九）「韓国における市民社会と社会的企業の生成」、『協同組合経営研究誌　にじ』六二七号、六五―七九頁。
・秋葉武（二〇一〇a）「韓国の介護保険制度と市民社会（ＮＰＯ・ＮＧＯ、労働組合）（上）」、『いのちとくらし研究所報』三一号、一五―一九頁。
・秋葉武（二〇一〇b）「地域づくりに参加する韓国の生協――「ソンミサン・マウル」における協同組合民主主義の継承――」、『協同組合経営研究誌　にじ』六三二号、六八―八〇頁。
・Borzaga, C. and Defourny, J. (ed.)（2001）, *The Emergence of Social Enterprise*, London: Routledge（＝内山哲朗ほか（二〇〇四）訳『社会的企業――雇用・福祉のＥＵサードセクター――』日本経済評論社）。
・五石敬路（二〇〇一）「都市、貧困、住民組織」、『大原社会問題研究所雑誌』五〇六号、一―一六頁。
・五石敬路（二〇〇三）「韓国における「生産的福祉」政策の特徴と矛盾」、『東アジアの福祉システム構築』（東京大学社会科学研究所シリーズ一〇）。
・五石敬路（二〇〇七）「経済危機後の就業貧困問題と公的扶助改革」、『経済危機後の韓国――成熟期に向けての社会・経済的課題』（研究双書五五八）。
・五石敬路（二〇〇八）「韓国における経済危機後の新貧困問題」、『アジア経済』四九巻一号（二〇〇八年一月号）、二五―四七頁。
・자활정보센터（二〇〇四）『전국자활후견기관 조직 일반현황』.
・장원봉（二〇〇六）『사회적 경제의 이론과 실제』나눔의집 출판사.
・장원봉（二〇〇八）「한국사회적기업의 현황과 지원제도」사회투자지원재단.
・姜乃栄（二〇〇九）「韓国の社会的企業と市民運動――社会を変革する市民の力――」、馬頭忠治ほか編『ＮＰＯと社会的企業の経営学』ミネルヴァ書房。

・桔川純子（二〇〇九）「市民事業の可能性―「美しい財団」「美しい店」」、川瀬俊治ほか編『ろうそくデモを越えて―韓国社会はどこに行くのか―』（希望叢書一）東方出版。
・김홍일（二〇〇八）「한국 사회적 기업의 전개과정」사회투자지원재단.
・北島健一（二〇〇八）「韓国の労働市場政策と社会的企業」、『松山大学論集』二〇巻四号、三七―五七頁。
・Korea Foundation for Working Together（2008），"The Social Enterprise in Korea"
・McCabe, A. and Hahn, S (2006) "Promoting Social Enterprise in Korea and the UK: Community Economic Development, Alternative Welfare Provision or a Means to Welfare to Work?", Social Policy & Society, vol.5, No.3, pp.三八七―三九八.
・丸山茂樹（二〇〇三）「韓国の社会運動と非営利協同セクター」、『非営利・協同総合研究所　いのちとくらし』五号、一八―二二頁。
・岡安喜三郎（二〇〇七ａ）「韓国の社会的企業法をめぐって」『協同の発見』一七七号。
・岡安喜三郎（二〇〇七ｂ）「アジア発の社会的企業法成立に注目――韓国の事例」『社会運動』三二六号、二八―三九頁。
・박원순（二〇〇七）『프리윌Free Will』중앙books
・신명호・김홍일（二〇〇二）「생산공동체운동의 역사와 자활지원사업」『동향과전망』제五三호、한국사회과학연구소.
・清水敏行（二〇〇四）「民主体制定着期の韓国における政治と市民社会（二）」、『札幌学院法学』二一巻一号、三一―一三四頁。
・清水敏行（二〇〇五）「民主体制定着期の韓国における政治と市民社会（三）」、『札幌学院法学』二二巻一号、一〇九―一七八頁。
・埋橋孝史（二〇〇七）「ワークフェアの国際的席捲――その論理と問題点」、同編『ワークフェア――排除から包摂へ？』法律文化社。
・尹文九（二〇〇四）「韓国のSocial Enterprise――ワークフェアの観点から――」、『海外社会保障研究』一四七号、五六―六七頁。

第４章　コミュニティの再生と市民事業の可能性

広石拓司

危機の時代を乗り越えるために、社会的企業が果たす役割とは

人を中心に経済と社会、コミュニティと仕事を結び付ける

■はじめに

社会的企業を考えることは、仕事とコミュニティを考えることである。

資本主義において「企業」は資本と資源を集め、富を生産する経済活動の装置を意味する。では、企業の存在意義は経済的な側面だけかというと、そうではない。地域に企業があることは、地域資源の活用、働き手や家族の集積とそこから生まれるコミュニティ形成、インフラ整備、企業の製品・サービスによる新しいライフスタイルの実現、地域の企業を通しての地域認知度の向上など様々な社会的側面への影響も大きい。ただ、従来の企業では、経済機能を中心に捉え、企業が生み出す社会的意義は「正の外部性」として捉えられてきた。つまり、「企業の本質はあくまでも経済的成果を生み出すことであり、社会性は配慮したり、結果として生み出されたりするものだ」という考え方だ。ここで

は、「企業は儲からない事業はできない、やる必要はない」という考え方になる。

社会的企業も、企業として資本主義を基盤とする経済活動の装置であることは、これまでの企業と違いはない。ただし、社会的企業は、企業活動において経済のみならず社会的ミッションを包括した事業に取り組むとされている。つまり、事業のマネジメントが「経済的な事業において人間を中心におくこと、社会に対する責任性、営利活動にともなう結果としての「正の外部性」としてではなく、目的自身としての集団の福祉の実現」のために行われる企業体を指している。つまり、企業の経済性、社会性は同等に本質的な意味を持つものであり、どちらかを優先できるものではないという考え方だ。ここでは、「企業は儲かることが社会的課題の解決につながらなければ意味はないし、社会的意義があるものは、儲からなくても維持していけるよう工夫して継続することが重要だ」という考え方になる。

私たちは、企業についてだけでなく、個人やコミュニティについても経済と社会を分けて考えてきた。特に日本においては、国づくり、地域づくりでも、個人生活でも、社会性よりも経済性を優先して考えがちな傾向にあった。例えば、会社員としての仕事が忙しい人は地域社会やコミュニティとのつながりは希薄になる、そういうものだと捉えてきた。企業の採用において「即戦力人材」が重宝される傾向にあるが、この即戦力とは仕事の経済的成果を意味している。企業にとって、働く個人にとって経済的成果は必要だが、その偏重が企業、個人の良い結果につながるのだろうか。

一人ひとりの人間は、経済性だけの存在ではもちろんないし、経済性と社会性が分断している存在でもない。しかし、会社での仕事は経済性を、社会性は地域やコミュニティで、という考え方をついしてしまう。

社会的企業とは企業活動における経済性と社会性の本質的両立を求める取り組みであり、それは即ち、企業で働く個人の仕事において、また企業の存在するコミュニティにおいて、経済性と社会性の本質的両立とは何かを問いかけ、実現を求める取り組みである。ここでは、日本と韓国の社会的企業や新しい市民事業の取り組みを踏まえて、企業活動において、仕事とコミュニティにおいて、経済性と社会性の両立の意義とその実現方法について考察し、そこから日本の社会的課題の克服に向けて、どのような取り組みが必要なのかを考えたい。

■社会的企業の取り組む社会的課題

社会的企業は、事業を通して社会的課題の克服に取り組む。ＯＥＣＤ報告書では、社会的課題の中でも社会的排除の克服や地域の持続可能性を高める役割として、下記の四つの課題に対して効果的な存在であるとしている。

①就労困難層の労働市場への再統合
②様々な困難をかかえる人びとへの生活支援
③地域レベルでの仕事の創出
④人間関係資本や市民参加の促進

①就労困難層の労働市場への再統合

シングルマザー、障がい者、不登校の若者など、高い賃金を得る仕事に就きづらい人びとが、誇りをもち、より高い賃金水準で働ける機会をつくる。

○オーヨリ（韓国：多文化共生レストラン）

東南アジアなど外国出身の既婚女性、出産などでキャリアが断絶された女性、不登校だった若者たちが、外国出身者によるエスニック料理を強みに、それぞれの個性を大切にしながら働く多文化共生レストランを運営。スタッフが安心して働けるよう、多文化保育園も併設。また、若者のトレーニング・プログラムも提供する。

○ともに働く世界（韓国：清掃業務）

シングルマザーなど脆弱層の女性を質の高い清掃員として、公共施設などに派遣。清掃業務を、単なる安い労働ではなく、技能と誇りを持てる仕事とすることで、より水準の高い賃金を得ることも可能にする。

○スワン（日本：知的障がい者によるパン屋とカフェ）

知的障がい者の能力を活かし、できないことを補い合いながら、質の高いパン屋とカフェを運営し、二〇店以上のフランチャイズ展開も行う。クンナルゲ（韓国）はスワンベーカリーをモデルに開発された。また、韓国のウィ・キャンは、知的障がい者によるおいしいクッキーの製造・販売ビジネスを立ち上げ、一億円近い事業として展開している。

○ビッグイシュー（日本、韓国）

ホームレスが、雑誌『ビッグイシュー』を路上販売することを通して、収入を得ると共に、社会との関わりの再構築を進める機会を提供する。

②様々な困難をかかえる人びとへの生活支援

貧困層、障がい者、高齢者などの不利な立場にある人びとへ、いわゆる福祉サービスだけでなく、質の高い支援サービスを提供する。

○幸福ナヌム財団（韓国：お弁当提供事業）

シングルマザーが、欠食児童や貧困者や独居老人などへお弁当を提供する。

○希望の店（韓国：マイクロファイナンス）

シングルマザーが、店舗などの事業を始める際に、資金を支援するマイクロクレジット・プロジェクト。

○文化学習協同ネット（日本：若者支援）

不登校の子どもたちを中心に、既存社会の中で生きづらい若者たちに学びの場を提供する。同時に、若者が働くことを学ぶ研修の場として、コミュニティ・ベーカリー「風のすみか」を運営する。

③地域レベルでの仕事の創出

○ハジャセンター（韓国：若年層の仕事づくり）

若年層の失業に対して、学歴ではなく生きていくために必要な力をつける学びの拠点。自己指導的な学習、自ら問題解決する能力、社会資源とつながる力などを育む。ここを基盤に、約一〇の若者中心の社会的企業が輩出している。

○いろどり（日本：山間部の高齢者の就労）
山間部の小さなまちで、山の葉っぱを料亭料理のツマモノとして出荷し、三億円の事業規模に成長。高齢者一八〇人の働く場となっている。
○ワーカーズコレクティブ（日本・韓国：働き手が自ら出資・経営し、働く場をつくる）
働き手が自ら出資し、地域に開かれた働く場を協同でつくり出す事業。日本、韓国で幅広く取り組まれており、日本では全国に約四五〇団体ある。

④人間関係資本や市民参加の促進
○大地を守る会（日本：有機野菜などの提供）
自然環境と調和した、生命を大切にする社会の実現をめざす。安全性とおいしさにこだわる食材の宅配事業、販売、レストランなどの事業と、キャンドルナイト、フードマイレージなどの社会運動を両輪で展開する。
○えがおつなげて（日本：都市農村交流コーディネート）
限界集落で耕作放棄された畑を、都市住民や若者、企業が参画して活用し、農村の維持と持続可能な社会づくりに向けたネットワークを構築する。
○コトラボ（日本：貧困地域の活性化）
日雇い労働者の街として知られ、半数が六五歳以上、八〇％が生活保護を受ける横浜・寿町において、日雇い労働者のための簡易宿泊所をホステルに改装し、多様な人が関わる機会をつくり、まちを活性化する。NPO法人さなぎ達と共に、地域の衣・医・食・職・住を支援。

■社会的企業の社会的課題克服の特長

このように、社会的企業は、市場の失敗、政府の失敗と言われる領域で、持続可能な新しい事業を生み出している。それには課題克服に向けて、下記のようなアプローチをとっているからである。

一）課題の中にある潜在的な可能性が、社会における付加価値となるような事業モデルを提示する

社会起業家を説明する際に、「湖のそばでお腹を空かせている人がいる」という課題に対して、魚を与えるのではなく、魚の釣り方を教える。さらに、魚を塩漬けなどにして市場に出す方法を教えることによって解決を図るというたとえ話がされる。

課題を抱えている人や状況を見たとき、どうしても「できていない」「足りない」部分に目がいってしまう。しかし、今、仕事がない人でもこれまでの経験をもち、働きたい気持ちをもっている。障がいのある人も、その障がいが得意なことにもなる。このように、社会起業家の多くは、「ない」よりも「ある」部分に注目し、その潜在的な可能性から事業を生み出すことによって、課題解決を図る。

例えば、①のオーヨリでは、東南アジア出身の女性に韓国料理のシェフが教えていたが、おいしく作ることができずにいた。しかし、その女性が作る出身国の料理はおいしい。そこで、その女性の作る出身国料理を韓国人向けにアレンジし、提供することで人気レストランを実現した。

二）様々な人の力を借り、協働することを通して、単に一事業を回すだけでなく、社会課題の克服に向けたネットワークとマーケット（人とお金の集まる場）をつくる

従来の福祉は、課題解決に特定の制度や予算を使うことが多いが、社会的企業は、課題と様々な社会資源とを結びつけることによって、事業の付加価値を高めると共に、特定の分野を超えた人たちの課題への関心を高める。

「えがおつなげて」は、限界集落の課題は、そこに住む高齢化した住民だけでは解決できないと考え、都市農村交流プログラムを開発した。そのプログラムをもとに、都心の不動産会社と提携。限界集落に、不動産会社の所有するビルで働く社員や、販売したマンションの住民が、家族と共に農業体験に訪れたり、ビルのテナントのレストランで、村の野菜を提供するプログラムを推進した。このように、農村と都市の様々な人たちを結び付けるモデルを提示することで、幅広い層から農村の課題への関心を集めている。また、企業などの参画者が増えることで、地域に携わる人や資金のバリエーションが増え、それが結果として団体の事業の付加価値を高めている。

三）課題解決モデルに携わった経験を通して、当事者や周囲の人たちの考え方が変わり、新しい考え方や関わり方が社会に定着し、文化を変える

事業モデルが構築され、参加者が多様に増えることで事業が拡大する。マーケットができていくことによって、モデルを活用する事業体が増える。さらに利用者、参加者が増えることによって、社会に新しい考え方やスタイルが定着していく。そうして、社会を変えることができる。

「大地を守る会」は「農薬の危険性を一〇〇万回叫ぶよりも、一本の無農薬の大根を売ろう」というコンセプトを掲げて始まった。無農薬栽培にしたくても、都市住民への流通ルートがなく、推進することができなかった農家にとって、売り先があることが転換を進める推進力になった。また、その活動は農薬に不安を抱える都市住民にとっても、無農薬という選択肢を増やし、食生活、ライフスタイルを見直すきっかけにもなった。無農薬、減農薬を都市住民に共同購入や宅配で販売する取り組みは、大地を守る会だけでなく、生活クラブ生協をはじめ多様な団体が取り組み、相互作用しながら広がっていった。それはやがて大規模な市場へと成長し、都市住民に無農薬、減農薬を選ぶライフスタイルを定着させることになった。これら一連の取り組みは、「Community Support Agriculture」の世界的な動きにも大きな影響を与えている。

■市民活動を事業化する意義

社会的企業のコンセプトが与えたインパクトで重要なのは、これまで運動もしくは福祉、チャリティ活動を中心としていた団体も注目し、事業としての取り組みを進めている点にある。

では、市民活動を事業化することには、どのような意味があるのだろうか。

①活動の持続性を向上する

市民活動を事業化する大きな理由に、持続的な活動資金を確保することがあげられる。ただし、事業化すれば、すぐに収入が拡大するというものでもなく、その途上には様々な苦労が伴う。その苦労に向き合ってでも取り組む価値があるのは、事業を進めていくことによって、収入とコストを積極的にマネジメントする文化が、組織に定着するためである。

市民活動は、社会への問題意識から始まる。しかし課題克服にはゴールを設定し、その実現のための人や資金を集め、もっとも効果的に活用する方法を考え、そのための仕組みをつくり、運営するというマネジメントを導入し、定着させる必要がある。事業化は、下記にあげるような特徴を通して、マネジメントの組織への導入を加速する。それが組織の自律の力を高め、その結果として資金確保による自立が実現される。

②「顧客」の設定によって、利用者・支援者から見た活動の価値を具体化する

活動は問題意識や思いから始まる。そのため、活動者から外部に問題や思いを伝えるという発信中心になりやすい。

しかし、事業化には「顧客」が必要となる。事業化には「組織の外部にいる利用者にとって、自分たちの提供したい価値は何なのか」を考える必要があり、その価値を利用できるようにサービスや製品をつくる必要が出てくる。また、顧客を設定することで、自分たちが本当に活動を届けたい対象は誰なのか、誰を優先すべきなのかを具体的に落とし込んで考えることになる。さらに、顧客に届けるためのプロモーションや流通のあり方を考えることによって、自分たちの価値をどのように伝えたら効果的なのかを考える機会が増える。

また、社会的企業の場合、サービス・製品の利用者が低所得者層の場合も多い。例えば、ホームレ

スに対するサービス提供の場合、顧客から事業運営をカヴァーする金銭的対価を得ることは難しい。そこで必要となる寄付や資金的支援を提供する人は、社会的企業にとって「第二の顧客」として捉えられる。つまり、こちらの思いを伝えることで寄付を得るのではく、寄付や資金提供者からみた価値がいかに伝わるかを重視するようになる。

③「資源」として捉えることで、困難な状況の人、関わる多様な人・組織の潜在的な可能性に注目する

事業のサービス・製品をつくり、提供するには「資源」が必要となる。サービス・製品の付加価値を高めるための「資源」を幅広く探すことによって、日ごろは一見関係ないと思われていた人・組織のもつ可能性を見出すことができるようになる。例えば、脆弱層の外国人女性の課題克服に、地元の一流シェフの経験と技術が活きる可能性がある。同様に、障がい者の賃金向上のために全国チェーンのパン屋の技術が活きる、限界集落の農作業の不足に都市の高級マンションの住民たちの力が活きるといった新しい可能性が発見できるようになる。

また、社会的企業の多くが、脆弱層の女性・若者や、障がい者などを雇用している。働き手として雇用すると、その人のできないことに注目するよりも、できることを活かそうという発想が生まれる。それによって、福祉サービスの利用のときには潜在化していた能力を発揮する機会を提供できるようになる。

④収益・顧客数など「成果の見える化」によって、成果志向を導入・共有・定着させる

収益や顧客数など事業の結果が見え、関係者と明確に共有できるようになることで、活動が成果志向になっていく。社会的な活動を評価することは難しいが、自分たちが届けたい価値をサービスや製品化し、その利用数を明確にする。それは、活動が必要性に応えているか、共感を得ているか、適切に届けられているかの指標となる。事業の数値目標を設定する過程を通して、活動として短期的に成し遂げることを明確にすることができ、人や資金の活用の戦略を具体化することができる。また、成果数値が明確になることで、寄付や支援資金を得るにあたっても信頼の獲得を得やすくなる。

⑤事業を通して地域に取り組むべき論点を明確にし、新しい関係性をつくり、コミュニティを充実させる

複雑化した現代社会では、地域社会に暮らす人が、必ずしも地域の課題を明確に把握している訳ではない。課題や困難な状況の人の存在に気づかない、また気づいても何もできないからと見過ごしてしまうことも少なくない。

特に、課題を抱えている人は、自らの課題を外部にアピールすることを望まないことが多い。またアピールしても無視される場合も少なくない。そのような経験から、内向きになりがちである。

社会的企業は現場のニーズに基づいて始まる。そこから事業を展開していくためには、資源提供として、利用者や顧客、支援者などの外部に対してアピールをしていかなければならない。そのため、社会的企業が地域社会で事業を行うことによって、地域の人たちに現場ニーズや克服すべき課題を伝

え、共有する機能を果たす。

スワンは、ヤマト運輸の小倉元会長が福祉作業所を訪問し、作業所で働く障がい者が、毎日働いても月に数千円しかもらえないことに問題意識を持ったことから始まった。作業所の中では、そういうものだと思われていたが、一般社会の労働との比較により、障がい者の作業の賃金はどうあるべきかという論点が社会に問いかけられた。

文化学習協同ネットは、不登校の若者の保護者のニーズから、塾や職業訓練の場として始まり、実績をあげていた。若者たちが働く場としてパン屋をひらいたことによって、地域の人たちは自分たちのごく身近に、生きづらさを抱える若者が多くいることに初めて気づいた。そして、パン屋の存在を通して課題に気づいた商工会議所や他分野のＮＰＯが、文化学習協同ネットとの連携やコラボレーションを進めていくようになった。

このように市民活動を事業化することにより、社会的課題をめぐるコミュニティが拡充し、より多様な解決策の実現の基盤となるよう育むことができる。

■社会的企業が求められる背景――正解のない時代の挑戦とセフティ・ネットとなるコミュニティ

このような特徴を持つ社会的企業が、社会課題の克服の重要な担い手として期待されている背景には、環境が大きく変化する中で、これまでの政府や大企業が正解を提示することが難しくなってきたことと、かつての地域社会がもっていた地縁のつながりの中で、課題を受け止める力が弱まってきたことがある。

二〇世紀のわが国では、中央の政治や省庁が国の全体計画を立て、地方自治体が地域計画をつくり、全国的な大企業が雇用を生み、流通を整備してきた。その動きに対して、地域社会も個人も受動的に対応してきた。中央の機関（政府、大企業など）が意思決定権限や資源を集め、中央が効果的に運営できるように管理する。地域や地方はその計画の下で動き、また中央に支援を依頼するという構造が定着していた。

しかし、ここ一〇年の間に、このような二〇世紀の構造は崩れてしまった。グローバル化の一層の進展、人々の価値観の多様化、インターネットによる情報化や流通の変化、大企業の国内雇用の不安定化、財政不安など、かつての前提とされていた環境は失われてしまった。もはや過去の構造が「正解」となる環境が失われてしまった以上、社会づくりのあり方も、これまでの前提や常識を捨て、新しい時代の新しいやり方を生み出さなければならない。

これからの「正解」がない時代において、自分たちの生活と社会を守るためには、自分たちで考え、自分たちで企画し、試行錯誤していく「自律」が不可欠となる。試行錯誤には、当然リスクも伴う。だからこそ、自らの未来を拓くためには、目標を分かち合い、新しい人の参画を促し、新しい取り組みを支え、相互に助け合うことが必要となる。その挑戦を支え、リスクに対するセフティ・ネットとなる基盤が必要とされる。その最大のものが人と人のつながりからなる「コミュニティ」である。

コミュニティは、属する人が「居場所」と「出番」を自然に感じることができる場所だといえる。「居場所」とは「ここでなら暮らしていける」という安心感だ。自分のことを知っている人がいる。お互いに気にかけ合っていて、困ったときに「助けて」と言える人がいる。そして、そのような関係を、これまでももってきたし、これからももっていける。だから、ここに暮らすことは、他の場所にない安心感がある。

また、「出番」とは「ここでなら自分を活かせる」というやりがいや生きがいである。自分の意見を述べたら、受け止めてくれる人がいる。お互いに困っていることも、できることも話し合っているから、自分が周りの人に役立つには、何をすればいいかがわかる。自分一人では十分なことができずとも、力を合わせれば効果を出すことができる。そのような協力関係があるからこそ、ここで仕事を頑張ったり、地域活動に参画したり、新しい仕事や活動を始めることができる。

このような居場所と出番の環境があってこそ、必要な役割を主体的に引き受け、リスクがあっても新しい活動や仕事を生み出すことに挑戦できる。

このようなコミュニティの機能は、かつては地域のつながりの中にあった。例えば、かつての農山村では、伝統的なムラ文化があった。個々人だけでは山や田畑の管理をし、農林業を営むことはできないため、お互いに助け合い、支え合った。仕事や生活に必要な水路や林道の開発などの地域のインフラ整備、人手不足の解消のための手伝い、子どもや青年の育成、高齢者のサポートなども、相互扶助をベースに運営されていた。そして、日々の仕事に加えて、祭りや冠婚葬祭などのイベントを通じて親密さを強め、共同体の仕事の技術、地域の文化なども伝える仕組みが整えられていた。

しかし、現在はこのような地縁の共同体は、都市でも農村でも失われている。中央集権が進むことによって、政府の再配分機能やインフラ整備が強化され、企業で地域生活とは切り離された仕事につき、かつ大資本による全国的な流通網が整備されたことによって、仕事も生活も個別に管理し、収益も事業リスクも、個々の家庭で担うようになってきた。その中で、かつての地縁共同体にあった、共同体の利益を個人の自由よりも重視する、良いも悪いも分ち合う文化が、個人のメリットを抑圧していると捉えられ、共同体文化は積極的に捨てられるようになってきた。その結果、お金で問題を解決する文化が定着し、都市における格差、地方都市の疲弊が深刻になってきたといえる。

では、これからの社会において、かつてのムラ社会のような仕組みや文化、体制をつくる、つまり「昔に戻る」ことが有効かというと、そうではない。個が主体として確立し、個々が自由に選ぶ権利を尊ぶ社会では、かつての共同体の文化には強い抵抗感がある。

つまり、これからの社会における「コミュニティ」は、確立された個を前提として、地域社会に暮らす人たちが共に課題を共有し、その克服のために力を持ち寄り、活動を生み出し、未来を拓く基盤となるような場を、新しくデザインする必要がある。

そのような新しいつながりをつくり、人の暮らしの新しい安心感、新しい活躍の舞台をつくる装置として、先にあげたような特徴をもつ社会的企業や市民事業が必要とされている。

■暮らしの中からつながりと課題解決の事業をつくるコミュニティ――ソンミサン・マウル

現在の個を前提とした社会において、かつてのムラのコミュニティの良いところを活かして、地域に暮らす住民が自ら事業を生み出しながらコミュニティを形成しているモデル事例が、韓国ソウル市のソンミサン・マウルだ。

ソンミサン・マウルは、ソウル市麻浦(マポ)区の標高六〇メートルの小山をとりまく地域の総称で、正式な地名ではない。一九九四年、画一的な幼稚園の姿に疑問を感じた三〇代の共稼ぎ夫婦二五世帯が、「お金を出しあえば、自分たちの求める幼稚園を、自分たちで作れるのでは?」と考え、近所に移住し、共同育児施設「ウリ・オリニチップ(私たちの子どもの家)」を設立した。ソンミサンを取り巻く地域では、その取り組みを発端として人のつながりが徐々にでき始め、共同育児の活動は、子どもの成長や発達につれて、学童保育や代案学校など新たな「必要」を生んだ。そして子育て世代と地域社会の幅広い参画の受け皿として、共通の関心事である食の安全をテーマに麻浦トゥレ生協の設立(二〇〇〇年)につながった。

二〇〇一年、ソンミサンに配水施設を建設しようとするソウル市の計画に対して住民運動が昂揚し、二年後にその撤回を勝ち取る。その運動の中で、世代間のコミュニケーションが広がったことで、コミュニティも拡充した。カフェ、リサイクル・ショップ、市民劇場、ミニFM放送局など、新しい文化や開かれたコミュニケーションを支える多彩な七〇を超える活動や事業体(マウル企業)が活発に展開された。現在、麻浦トゥレ生協には、約五七〇〇世帯が加盟するにいたっている。また市民劇場「ソンミサン劇場」は、韓国政府労働部の雇用から社会的企業として認証されている。

このコミュニティの特徴は、先ず個の生活ニーズがあることだ。住民の間の共通の課題に対して、解決策の知恵や資金を持ち寄ることで事業を立ち上げ、その事業を利用することで解決を図っている。

このような事業体は、現地ではソンミサン・マウルの「マウル」をとってマウル企業と呼ばれている。マウルには「ムラ」という意味がある。ソンミサン・マウルでは、かつてのムラのように、個々人の仕事や生活を支えるために必要なものを共につくり、運営し、住民たちはその文化を共有している。人々が楽しみ、絆を確かめ合うための祭りや運動会なども行われている。しかし、ソンミサン・マウルは、人々が「匿名」であるという背景のもとに、関係を互いに結んでいる人たちの大きなサークル（コミュニティ）である。そのために様々な施設やスペースよりも、人々の「関係」を重視している。マウルとは、場所や施設のことではなく、関係のネットワークそのものを指すとしている。

住民たちは、個々の自分自身のために生活に必要なものを自分たちでつくった。「私たちは教育界と国家に、子どもの教育の問題を解決してくれと押し付けなかった。私たちは、きわめて独立志向である。干渉を受けるのがいやで、つまらなくて退屈なことに我慢できない。誰もが面白くて意味のある人生を生きたいだろう。できるなら、そのように生きてみようではないか」と自分たちのことを表現している。

ソンミサン・マウルでは、事業が人と人のつながる基盤としての機能も果たしている。個と事業とコミュニティの新しい関係性がここにはある。

■社会的企業によって地域に仕事をつくる

社会的企業の重要な役割は、従来の方法では解決しづらい課題を抱える領域や地域において、事業を継続・発展させることによって雇用を生みだすことにある。逆に、地域社会において社会的企業が生まれ、成長することは、単なる一企業の誕生というだけではなく、地域社会が課題を共有し、つながり、ソーシャルキャピタルを豊かにしていく装置を持つことをも意味する。

これまで、事業を生み出す起業は「いい起業家がいれば……」という考え方に陥りがちであった。

「いい人材、やる気のある人がいないから、このまちでは事業が生まれない」とあきらめてさえもいた。しかし、これからの変化の激しい時代に地域社会を維持し、発展させていくためには、人と人との関係性を紡ぎ、コミュニティづくりと雇用創出を推進する担い手として、社会的企業をどれだけ輩出できるかという、地域力が深く関わってくる。

どの地域にも、課題への問題意識、克服のための思いやアイデアを持つ人、それを実現するために必要な経験やノウハウを持つ人、活動を始めたい人、小さく始めている人は、顕在化しておらずとも少なからずいる。そのような起業の種や小さな芽が、根付き、成長し花を咲かせ、実になるためには、種や芽を培う豊かな土壌と、水や日光が必要である。いくら可能性のある種であっても土が枯れ、周りからの水や日光がなければ芽吹くことはないだろう。

その意味で、地域の社会的企業の誕生や成長には、事業を起こす社会起業家の資質以上に地域社会の力が大きな影響を与える。社会起業を育むコミュニティには、次の六つの要素が含まれる。

①地域にある「社会資源」の可能性を共に考え、動いてくれる「協力者」
②事業が始まったとき、顧客としてサービスや製品を利用し、利用した感想、良い点、悪い点を起業家にフィードバックしてくれる最初の「顧客」
③立ち上がったばかりの事業というリスクがある中で、思いやビジョンに共感し、一緒に働いてくれる「仲間」
④事業の立ち上げや先行投資に協力してくれる「資金協力者」
⑤起業家が悩みを相談でき、壁にぶつかったときに励ましてくれる「メンター」

⑥地域の行政、既存企業、地域外の似た事業体を紹介し、つないでくれる「コーディネーター」
このようなサポートを地域が担保できれば、種や芽の人も積極的に事業への挑戦に手を挙げることができる。また、活動を始めたい人が、その地域に集まってくるようになる。

例えば、ソンミサン・マウルは「何かをやりたいと口にしたら、実現してしまうまち」と言われている。つまり、地域ニーズを感じて何かを始めたい人が「やりたい」と口にできるのは、地域コミュニティで行われる対話を通して、住民の求めていることを共有できているからである。つまり、地域の人たちが共に事業計画を考え、資源や働き手の確保に協力し、住民が共同で出資して事業が立ち上がるからである。自分たちが必要としている事業だから、住民たちは顧客として積極的に利用し、つぶれないよう励まし続ける。こうして社会起業家は起業初期の苦しい時期を乗り越えることができる。これこそが地域に六〇を超える新しい事業が生み出されている理由なのである。

また、日本の長野県下諏訪市の御田町商店街「匠の町しもすわ・あきないプロジェクト」では、空き店舗の多い商店街を職人が集う工房街にするというビジョンを掲げ、二〇〇三年から二〇一〇年までの七年間で、延べ二一件の開業を実現した。これは、商店街のおかみさん会が中心となり、出店者の支援者、最初の顧客、近所の人への広報の担い手となり、メンバーが口コミ、訪問や交流を積極的に繰り返すことによって、店を出したい人が商店街に集まってきたからだ。

このように、「まちの企業がどんどん生まれるコミュニティ」をつくることは、単なる事業や雇用創出という経済的効果のためだけでなく、人のつながりによる地域力やソーシャルキャピタルを培うためにも大切な取り組みとなってくる。

このような取り組みは特に、脆弱層の多い地域、高齢化が進む地方都市、震災後の被災地の復興など、経済と社会の両面の危機を乗り越えるために不可欠なものである。

■改めて「仕事」を考える

地域での役割に加え、地域の人々にとっての社会的企業の意味は「仕事」について改めて考える機会を提供する。

企業が経済活動の装置として考えられ、経済的機能から語られることが多いように、「仕事」も個人が労力や技術、時間を企業に提供し、その報酬として企業から賃金をもらうという経済的側面が重視されてきた。

実際、個人にとっても、仕事をするのは食うため、つまり生きるためのお金を得ることが大きな意味を持っている。しかし、人が経済的側面だけで生きていないように、仕事は経済的な意味だけではない。仕事には、何かをつくり出したり、成し遂げたり、人と協力をしたり、他人から認められたりすることで喜びややりがいを得ること、それを通して成長への意欲と喜びを感じる機会、人や社会との接点をつくる機会という社会的な側面もある。

社会的企業が「経済的な事業において人を中心におく」ことを軸にしているのは、単に仕事を経済的な側面からみるだけでなく、人を全人的に捉え、仕事の多面的な意義を経営者と働き手と利用者とが、共に実現することに重きを置くからである。

「いろどり」で働く八〇歳の高齢者に取材したときに「いろどりがあるから、私は私でいることができる」という言葉を聞いた。もし、いろどりがなければ、急な坂道の多い山村の高齢者は、外出することもないだろう。年金を与えられ、子どもから与えられる受け身の人生であるかもしれない。仕事があることで目標ができる。収入があることで、子どもの世話になるどころか、子どもに自分の稼ぎからものを買ってあげることもできる。そして、何よりも嬉しかった体験は、ある日、体調が悪いと無断で仕事を休んで寝ていた朝に、電話が三本かかってきたことだという。山村の一人暮らしの高齢者が体調が悪いと起き上がらずに寝ていても、誰も気づかないのが普通だろう。それが「いつも出荷しているのに、どうしたの？　何かあったの？」とまちの人が心配して連絡をしてくれる。そのときに、このまちで暮らす深い安心と喜びを感じたという。これは、「いろどり」の仕事をしているからこそだとも話してくれた。

阪神・淡路大震災の後、仮設住宅では被災者たちが、タオルで象のぬいぐるみをつくる「がんばる象」というコミュニティ・ビジネスが行われた。売り上げや収入自体は大きな額にはならなかったが、震災後の継続的な調査によると、このようなコミュニティ・ビジネスに参加した人と参加しなかった人では、精神的なダメージからの回復や、社会復帰などに明確な差が表れたという。震災で家や家族、友人・知人を失うという辛い体験をした後、仮設住宅でコミュニティから切り離されて独りで暮らすことは、精神的に大きな負担がかかる。コミュニティ・ビジネスの定期的な会合に参加し、仲間になる。一緒に何かをつくり、それが少額でも売り上げの結果の対価としてもらえる。それが仮設住宅でのコミュニティ形成であり、前向きに生きる希望となっている。

東日本大震災後、宮城県で、津波で家族を失った女性たちが働く場として、お弁当屋の事業が立ち上がった。その参加者は「深い悲しみの中、この仕事がなければ、気がおかしくなってしまうかもしれなかった」という。

景気対策においては、雇用対策、失業保険、生活保護などの資金提供を中心とした施策がとられる。しかし、経済状況が悪いとき、被災地のように辛い環境の中にいるとき、お金は確かに必要だが、それだけでは十分とは言えないだろう。

人と人とのつながりを紡ぐ機会を増やすような取り組み、経済と社会生活の両面から、個人を全人的に力づける（エンパワーする）取り組みが、これからの時代において不可欠である。その人間中心の経済活動を行う意義を、社会的企業の担い手自身も、地域社会も、行政も理解し、実践していくことが求められている。

それは経済的な豊かさを実現しながらも、幸せを実感できず、希望を持つことができない人を増やしている私たちの社会において、緊急に求められていることではないだろうか。

桔川純子

韓国のコミュニティづくりの実践

ソンミサン・マウルの新たな挑戦

はじめに

「朴元淳(パクウォンスン)〝第二のソンミサン〟一五か所つくる」

二〇一一年一一月三日の『ハンギョレ新聞』の記事には、このような見出しの記事が掲載された。去る一〇月二六日のソウル市長選挙(1)で当選した朴元淳(パクウォンスン)弁護士が、市長に就任して間もない頃、「まちの共同体の再生」という公約を実現すべく、これを次年度の事業計画に盛り込み、ソウル市の職員たちにこのような方針を指示したというものである。記事はその構想を次のように紹介している。

「まちの共同体復元事業の基本原則は〝住民主導〟と〝公共支援〟である。住民たちが共同体の再生に必要なことを自発的に探り、まちの生態系をつくっていくようにし、ソウル市がこれを後押しする

ソンミサン・マウルのコミュニティ劇場

というものだ。具体的には、まちの生活協同組合、惣菜店、リサイクルセンター、コミュニティカフェ、保育施設などのコミュニティ型の企業を育成し、コミュニティの商業圏を再生する。地域住民の子供達の世話をするコミュニティ・トルボムセンター[2]のような基盤施設を拡充していくことも支援する。このように地域の雇用を創り出し、保育・憩いの場のような基盤施設を用意し、住民のコミュニティが形成されるようにするというものだ。

住民が先頭に立ち、ソウル市・自治区、企業体、社会的企業、市民団体などがガバナンスするという方法を適用するという構想である。[3]」

市長からこのような方針が示された後、ソンミサン・マウル[4]はにわかに忙しくなった。それまでも住民の自律的な取り組みが注目され、まちづくりのメッカとして有名になっていたソンミサンには訪れる人も多くなったが、今度は、公務員の人々がこれだけヒアリングに訪れるというのは初めてだそうだ。そして、ソンミサン・マウルの「コミュニティ劇場」（以下マウル劇場）のユ・チャンボク代表は、朴元淳市長に、「メンター（指導者）となり、ソウル市のほかの地域のまちづくりに積極的に参加して欲しい」と言われたという。

市長選挙の最中、政党とはまったく関係なく、ソンミサン・マウルの住民たちは朴元淳市長を支持し、マウル劇場で住民等と対話を重ねるなど、選挙運動にも協力していた。朴元淳市長の意向を尊重し、ソンミサンの住民たちはソウル市でまちづくりに関わる人々と会議を開き、自分たちが描く「ソウル市」について議論し、今後ソウル市に提案していくつもりだという。

では、注目を集めるようになったソンミサン・マウルとはどのようなところなのだろうか。訪れるならば、そこに観光客が訪れるような、立派な建物や、風情のある街並みが見られるわけではないことが一目で分かるだろう。すべて住民の日々の暮らしのなかから誕生したが形のない営みなのだ。本稿では、その営みについて、まちの歴史をたどっていくことによって、何がまちや人を繋げているのかについて考察し、新たな動向について紹介したい。

一、日々の活動の積み重ねがマウルの成長に

韓国ではよく「共同体」ということばが用いられる。朴元淳市長が、「共同体の再生」を主張しているように、「共同体」をどうつくっていくのかは、韓国社会でも大きな課題になっている。それは、日本でコミュニティの再生について語られるときと同じ文脈だ。本書の広石論文もふれているように、ソンミサン・マウルは行政区の名前でもなく、ソンミサン（サンは山の意）という六〇メートルほどの小山を囲む、大都市ソウルのごく小さな一角にすぎない。ソンミサンのある麻浦（マポ）区は、人口三九万三二四一人、(5)ソウルの代表的な川である漢江（ハンガン）の北側に位置し、東側には丘陵地帯が広がるなど、区全体の四二％は緑地が占めている。

ワールドカップ競技場が建設されたり、カトリック大学校、西江（ソガン）大学校、弘益（ホンイク）大学校などの大学があったり、最近では高層マンションが立ち並んだりと、まちは多様な姿を見せている。とくに美術学

部が有名な弘益大学校の辺りは、クラブやおしゃれなカフェなどが集まっているまちとして、若者や観光客が訪れるところになっている。

そして、市民活動という点に注目してみると、市民団体や社会的企業の数が最も多いのがこの麻浦区だ。それはソンミサンの取り組みが活発化していることと連動している。

ソンミサンのアーカイブサイト[6]によると、ソンミサンの活動は二〇一一年二月一五日現在で、教育（一一個）、経済（一一個）、文化・サークル（一三個）、環境（四個）、福祉（一個）、メディア（一個）、その他（三個）、ともに活動する隣の団体（一二個）というカテゴリーに分かれて紹介されている。これらの分野を軸に、さまざまな活動が展開しているのだ。そして、ソンミサンでの活動やまちの人の営みをネットワークしてとりまとめていくのが（社）「人とまち」という団体である。

ソンミサンではこのようないろいろな活動がまちで広がっていきながら、まちの歴史が積み上げられてきた。まちの成り立ちを年代順に見ると次のような流れになっている。

① 一九九四年〜

韓国初の共同育児協同組合「ウリオリニチップ」設立を始めとして、「ナルヌンオリニチップ」、「どんぐり放課後オリニチップ」、「プルイプセ放課後オリニチップ」などを設立した。さらに、民主化運動の闘士だった三八六世代が育児という非常に現実的な壁に直面しながら、公立小学校に上がる子どもたちのための放課後保育施設を設立し、共同育児を通じて、関係性を築いていく。

② 二〇〇〇年〜二〇〇三年[7]

育児を通して、広く地域社会を認識するようになった保護者や教師たちが、地域社会との接点を探りながら、「安全な食」を媒介にして活動の輪を広げていくために生協を設立した。二〇〇一年二月、一五〇名の組合員と、出資額約九百万ウォンで麻浦トゥレ生活協同組合が誕生した。二〇〇三年二月には生協法によって法人格を取得し、同年九月に最初の店舗をオープンした。また、共働きの夫婦の家事の負担を解消するために、八名の生協組合員の出資を土台に、生協の素材で総菜をつくる「まちの台所」を設立した。

生協は、まちの祭りなどを年一回開催し、安全な食の供給だけでなく、生協の活動を広め、地域社会の人々との接点をつくることを模索する。

また、二〇〇一年からは、ソウル市がソンミサンに排水地を建設することを決定し、その反対運動を繰り広げていく。運動を展開し、勝利を獲得した経験は、新住民と昔からの地域社会が一体となる機会をつくる。

③　二〇〇三年〜二〇〇六年

韓国初の協同組合型自動車整備所である「ソンミサン車病院」(カーセンター)、住民自治団体である「参与と自治のための麻浦連帯」、非認可の代案学校である「ソンミサン学校」、コミュニティ・カフェ「小さい木」、ネットワーク型の教育プログラムである「ソンミサン・マウル学びの場」、コミュニティラジオ放送「麻浦ＦＭ」などが設立された。

共同育児、生協活動などを通じて地域の関係性を築き、地域社会にもその関係性を広げようという試みから、さらに住民自治を発展させたり、子どもの成長に伴い代案学校をつくるなど、多様な活動が始まっていく。

④ 二〇〇七年〜現在

まちの事業をとりまとめていく（社）「人とまち」、そして生活のなかに文化活動や芸術活動を享受できる機会を提供する「ソンミサン劇場」を設立した。そして、一〇三名の個人とまちの団体が出資してつくったコミュニティ・レストラン「ソンミサン・パプサン」が誕生する。また、地域の声を政治に反映させていく必要性を感じ、「麻浦・草の根良い政治ネットワーク」を設立するなど、「毎日の生活に必要」という観点から、生活の質の向上をはかるために、自分たちの地域を基盤として、ほかの地域にまで広がっていく。

ソンミサンの住民は、まちに暮らし、生活に必要な活動を生みだす過程を通して、ソンミサン・マウルを成長させてきた。それぞれの団体は自分の役割を果たし、意図してではないのだろうが、結果的に、生活に必要なもの、育児、教育、食と生活、住宅、環境保護、住民サークル、文化活動、まちづくり、福祉などをつくりだしていった。

二、マウルを繋ぐ「事業」と「文化・遊び」と「学び」

ソンミサン・マウルでは、時間の流れのなかで、住民たちが自分たちの問題解決のために知恵を出し、壁にぶつかりながら解決方法を探ってきた。その解決方法が学校であり、サークルであり、市民事業だった。その結果が、自律的なまちづくりの代表格として、韓国内で非常に有名になり、視察で

ソンミサン・マウルの村の守護神チャンスン前で撮ったマウル住民―(社)「人とまち」提供

全国から人が訪れるようになった。

しかし一方で、ソンミサン・マウルは、三八六世代の人たちが集団で移住してきたという特殊性、また運動圏の人々がもっている独特な文化などから、学歴のある中産階級が多く住んでいるからこそ成立する特別な事例であるとよく指摘される。

二〇一〇年一月二〇日にソンミサン劇場で開かれた「人間都市フォーラム・人間都市づくり　ソンミサンコミュニティに学ぶ」というフォーラムでは、その限界を充分に認識することが重要であり、その限界を知りながら、そこから何を学び、何を普遍化していくのかが重要であるということを数人のパネリストが発言している(8)。

ソンミサンでは、人と人を繋ぐ媒介がさまざまな形で存在している。共同育児、代案学校などの教育——その活動を通じて、保護者、教師、地域住民と輪が広がっている。そして、マウル劇場、演劇、写真、合唱などを始めとしたサークル、つまり文化的な体験。ユ・チャンボク氏は「まちを遊ぶ」ということばをよく使うが、高級文化を享受するというよりは、自らが参加し、それを楽しむ（遊ぶ）ことを暮らしているまちで出来るということが重要なのだと主張する。

また、ソンミサンで特に顕著なのが、小さな木、ソンミサン・パプサンなどの市民事業である。共同育児を協同組合方式で運営したことに始まり、生協、コミュニティカフェ、コミュニティ・レストランなど、共同出資でつくっていく経験を積み重ね、協同組合、共同出資を通じて、相互扶助、分かち合い、といった文化が形成されていく。

そして、一人の人間が複数の事業やサークル、会合に参加して重層的な関係性を構築し、それが基盤となって、地域の繋がりが強まっていく。

さらに、代案学校が中心になることによって、地域住民が教師になり、個々人の経験が子どもたちに伝えられる。教えることは学ぶことでもある。子どもも教師も「学ぶ」「教える」ということを通じて一般の学校とは異なる学びの場が形成されている。

ソンミサン・マウル・ニュースレター「二〇一一年にしなくてはならない我がまちの事業はどんなことがあるのだろうか？」には、下記のような目標が設定されている。

①まちの企業活性化事業
②まちの教育センター
③まちづくり支援事業
④「人とまち」体系の安定化(9)

一九九四年に共同育児がはじまってから二〇年近い歳月が経っている。ソンミサンの住民は、その経験を体系化し、アーカイブや教育事業をしっかりしたものにしていくことによって、外部から人が移住して住民が多くなり、以前のような「顔の見える関係」が希薄になってきているまちの状況に対応しようとしている。

三、ソンミサンの新たなミッション

冒頭にも書いたように、朴元淳市長の要請に応えて、いまソンミサンではソウル市のまちづくりに積極的に協力している。昨年次のようなお知らせが掲示板に出た。

ソンミサン・マウル二〇一一年度下半期マウル会議を開催します。
＊日　時：二〇一一年一一月二五日夕方七時三〇分
＊場　所：ソンミサン学校多目的室
＊参加者：まちの出来事に関心のある者全員
＊趣　旨：
一．ソンミサン・マウルがまた再び重要な転換期を迎えました。二〇〇三年第一次のソンミサンの闘いの勝利以後、二〇〇七年の国土海洋部の「暮らしたいまちづくり」事業選定を契機にした「人とまち」の設立を経て、二〇一二年ソウル市「都市共同体のまちづくり」事業進行

予定など、約五年周期でまちに大きな変化が訪れると予想されます。

二．朴元淳ソウル市長就任以後、ソンミサン・マウルをはじめとして、ソウル市レベルでのまちづくり事業が、かなり速い速度で進行しています。これは私たちのまちの生活速度とは違いますが、それでも無視することはできません。

三．加えて過去何週間かで進渉した状況を報告し、これに対するまちレベルでの対策を議論できたらと思います。

＊進行順序（司会：ウィ・ソンナム）
一．開始：挨拶（一〇分）
二．状況報告：朴元淳市長就任以後　チョ・ギョンミン（一〇分）
三．まちづくり事業の意味についての解説と提案　ユ・チャンボク（一五分）
四．イギリス訪問報告：ムン・チウン―ロンドンとトトゥネス（一〇分）
五．自由討論および発言：五〇分
六．まとめ：一〇分[10]

ソンミサンの人々は、「睦まじい隣人、ともに暮らすまち、暮らしたいソウル」というマスタープランをつくり、ソウル市に提案するという作業を現在進めている。そして、その作業は、ソンミサンの住民だけでなく、ソウル市のまちづくり関係者が力を合わせて進められている。

そのマスタープランは、次のような内容で構成されている。

「睦まじい隣人　ともに暮らすマウル　暮らしたいソウル」

一．問題意識――都市のパラダイムの根本的な転換の必要

①広域生活圏と地域生活圏の均衡発展の必要

②マスタープランからアクションプランへ

③官主導から民間主導に政策方向を転換

二．概念――互恵的なネットワークを復元する生活コミュニティ

①二一世紀の小さな政府―マウル

②もう少し小さな単位でもう少し簡単に

三．ビジョン――二〇世紀のメトロポリタンから二一世紀のマウルネットワークへ

①都市再生プロジェクトーまちづくり

②共同体の復元を通じた生活の質の向上

四．核心的な課題――核心的な五代の課題設定

①マウル共同体復元の総合計画

②ガバナンスの基盤課題と遂行

五．人材――マウルの活動家の養成―草の根リーダーシッププログラム

①市民／公務員の同伴者的な関係の設定

②公開公募制＋内部の公募制
③萌芽の発掘 Two Track の戦略

六．財政——財政運営のシステムーコミュニティバンク

①自治体—政策資金の支援
②企業・地域団体—寄付
③専門家—監査

七．インフラ——双方向のインフラの構築システム：コミュニティマッピング

①政策銀行システム
②海外の事例——ニューヨーク市コミュニティマッピング
③国内の事例——人の図書館（リビング・ライブラリ）

八．研究

マウルのアーカイブ／公共政策の研究—マウルの政策研究団
①マウルのアーカイブ
②公共政策の研究・開発
③韓国型都市のマウルモデルの発掘
④教育プログラムの開発

九．制度——制度改善・行政支援のシステム

①法・制度の改善

②マニュアル作成
③ガバナンスの協定
④中間支援組織——マウルのコーディネータ

一〇．推進戦略

①より小さくー Small Community. Small Business
②Pushing から Pulling へ
③類型別、段階別に合わせた事業計画の樹立
④マウルの共同体の復元のための協力体系—ガバナンス

一一．プロセス——市民の自発的な参与、自治体による案件に合わせた支援

①海外の事例——ロチェスター　セクター委員会
②マウルの活動家の養成プログラム
③葛藤の調節プログラムとマウル指数の開発

一二．期待効果——市民がつくっていくソウル

①市民参加の政治の拡散—市民が市長だ
②社会的経済モデルの定着化
③寄付文化の活性化
④ケアーとコミュニケーションがある社会
⑤子どもたちが安全な社会

⑥路地裏文化の復元

一四．組織――ソウル市希望マウル（案）事業本部

①マウル局

②都市再生局

③支援局

④コミュニティ事業団

⑤マウル政策研究団

一五．推進日程

二〇一一年＝一一月～一二月　事業計画

二〇一二年＝三月～一〇月　テスト事業の実施、一一月～一二月　組織体系の構築、一一月～一二月　評価

二〇一三年一月～三月　総合計画の樹立、四月～　本事業実施

一六．希望マウル構築推進本部　ＴＦチームの構成案

マウル共同体、学界、マウル専門家、公務員などにより構成

（ソンミサンの人々が中心となって作成したマスタープランから、筆者が抜粋・翻訳）

「共同体の再生」に向けて、自分達の経験をほかの地域に伝えて実践していくことはそれほど簡単なことではないだろう。二〇一〇年のフォーラムで口ぐちに語っていた「ソンミサンの限界」をどう

認識し、自分たちの経験の「分かち合い」をどう進めていくのか、ソンミサンの住民たちの新しい挑戦がまた始まっている。

註

（1）ソウル市長選については本書の「付記　朴元淳さん、ソウル市長になる」を参照。
（2）「トルボム」は韓国語で「世話をする」という意味。
（3）『ハンギョレ新聞』二〇一一年一一月三日付
（4）「マウル」は韓国語で「まち、村」の意味。
（5）二〇〇八年の麻浦区の統計による。
（6）「ソンミサンまちのアーカイブ」http://cafe.daum.net/archpe
（7）ユ・チャンボク氏は、ソンミサンに移り住んだコミュニティと区別して、もともと地域に住んでいた人のコミュニティを「地域社会」と呼んでいる。
（8）エンパブリック・日本希望製作所編『まちの企業がどんどん生まれるコミュニティ』五一～五二頁、二〇一一年八月一日、日本希望製作所
（9）ソンミサン・マウル・ニュースレター『まちから』二〇一〇年冬号、三六頁。
（10）人とまちのホームページより　http://cafe.daum.net/sungmisanpeople/

【参考文献】

ユ・チャンボク『私たちのまちで遊ぶ』もう一つの文化、二〇一〇年。
ユ・ミンソン「マウル共同体の形成・発展の過程に表れた集団学習に関する研究」ソウル大学大学院教育学修士論文、二〇一一年八月。

座談会「危機の時代の市民活動」

出席者　菊地謙、秋葉武、広石拓司、桔川純子、文京洙

司会　川瀬俊治

二〇一一年九月一二日

一、市民「運動」から「活動」へ

危機の正体をどうみるか

――「危機の時代の市民運動」というテーマで話合いたいと思います。日韓の市民社会に横たわる危機的状況をどうみるか、その打開に社会的企業に期待される課題とは何かについて問題点を鮮明化したい。東日本大震災の三・一一以降の日本社会の状況も含めて話していただくことになりますが、まずは労働者協同組合の現場におられる菊地さんから口火を切っていただくとどうなるでしょうか。

菊地　私は一九九二年から労働者協同組合の運動に参加しています。当時はそのピークを過ぎたとはいえ、「バブル」という超消費社会の余韻が強く残り、私たちの主な事業現場であるいわゆる「三K」の清掃や倉庫内作業の仕事では人手が集まりにくい状況が続いていました。

同時期、私たちは今後進むであろう高齢化社会を前に高齢者の協同組合づくりにも取り組み始めたのですが、今でも覚えている印象的なエピソードがあります。九五年前後だったと思いますが、東京大学のさる高名な政治学者に協力をお願いしに伺った私たちに対し、正確な言い回しは忘れましたが大意として「あなたたちの〝労働者〜〟という名前がよくない。これからは〝市民〟の時代だ」とおっしゃられたのです。その時のお願いの結果は忘れましたが「時代の空気」を強く感じたものです。

むろん、もはやその当時は六〇年代、七〇年代のような労働運動や学生運動の力は衰退しており（と言い切ると語弊はありますが）、東西冷戦の終結を受けて「イデオロギー」や「要求」を掲げてたたかう「運動」から、自立した多様な市民によるネットワーク型の「活動」へと転換は大きく進んでいるように思えましたし、九八年のＮＰＯ法施行を受けてその流れは加速していきます。確かに「労働者」という言葉には古色蒼然とした過去の遺物のようなイメージすら漂っていたように思います。実際に、市民活動の代名詞となったＮＰＯ団体は二〇〇〇年代以降増加の一途をたどり、現在は四万団体を超えています。

労働者協同組合の運動自身も、戦後の失業者闘争から始まったかつてのような運動スタイルはなく、むしろ要求型でない「協同労働」の新しい働き方というオルタナティブ（対案）をつくることをめざして日々の仕事に取り組んできました。

しかし、時を経て新世紀に入るころから、私は何か違和感やモヤモヤしたものを感じるようになります。九・一一を経てイラク反戦などのデモに参加し始めていた私が「労働」の問題に関心を持つきっかけとなったドキュメンタリーがあります。二〇〇五年二月に放映されたＮＨＫスペシャル「フリーター漂流〜モノ作りの現場で〜」です。

いわゆる構内請負という働き方で、将来的な展望のない時給払いの短期雇用を続けざるをえない若者たちの実態に強い衝撃を受けました。そしてすでに製造業の現場では一〇〇万人を越える人が短期間の派遣や請負といった働き方になっているという事実に慄然としました。その後、二〇〇六年に私がフリーター全般労組に加入し、会社との交渉や争議、時にはストライキやデモを行ったりするようになるのは、自分たちが「新しい働き方」をすることだけでは解決できない、労働社会の歪みが見過ごすことのできないほど大きく広がっていると感じたからです。

後に知ったところですが、労働者派遣法の施行は一九八六年で、当初は「専門的」な一三業種に限って認められたものが、段階的に規制を緩和し一九九九年に港湾、建設、製造などの危険な業種を除くすべての業種で解禁されるという大きな転換が起こります。二〇〇四年には製造業への派遣も解禁となり、それ以降、間接雇用、短期契約といった「すぐに辞めさせやすい働き方」＝不安定雇用を社会全体で肯定する時代に入ります。NPOなどにより市民活動が拡大する一方で、労働の分野では産業界からの要請を受け、より「多様な働き方」を旗印に、実態としては非正規労働者の労働条件の限りない切り下げが進んでいくこととなります。

二〇〇九年正月の「年越し派遣村」を取り巻く状況は、前年のリーマンショックに始まる急激な景気後退から、前述の製造業派遣で働く労働者が全国で一斉に解雇（法的には期間満了による雇用契約の終了）され、派遣会社の寮から追い出されるという事態でした。一〇年、二〇年と働いてきた人でも何の保証も無く、一部の人たちは路上に出ざるを得ませんでした。本書のインタビューでも少し触れられていますが、湯浅誠さんや一部の労働組合関係者が、都心の日比谷公園に「村」を出現させ、自分たちのすぐ隣に潜んでいた「貧困」の可視化に成功したため、多くの人がこの状況に驚き、憤り、支援の手を差し伸べました。

二、変革につながる回路は

足元の労働環境の変容

――しかし、労働者の立場がここまで厳しく追いつめられていたことに、市民社会は本当に気付いていなかったのでしょうか？

菊地　もちろん、このような状況を招いた批判は、第一義的には労働の規制緩和を主導した産業界、そしてそれを追認してきた立法府や行政に向けられるべきですが、組合員数、組織率とも低下を続ける労働組合の弱体化にも原因はあると思われます。一方で、九〇年代以降の「脱労働化」した市民活動は、国内の労働者の貧困や格差の問題については、一部の野宿者支援や女性支援の運動を除いては、ほぼ関心を持ってこなかったように思います。労働の問題を「企業での人間的でない働き方VS（休日やリタイア後の豊かな）地域での市民活動」といった個々の人々のライフスタイル（それ自身が重要でないとは思いませんが）として語っているうちに、気がつくと足もとの労働環境はどんどん掘り崩されていたという印象すらあります。

日本の社会運動については、かつての党派主導の運動への批判や反省が語られることがあります。私もかつての運動の「負の遺産」を感じることもあります。しかしそれ以上に、社会問題を「可視化」させ、自治体や政府に対して変革するよう直接的に訴えていくという運動の「文化」はこの二〇年ほどで（いやもっと前からか）ほぼ廃れてしまっているのではないかと思います。福島第一原発の事故を受け、この間国内でも多くの反原発デモが行われています。ドイツの二五万人には比べることができませんが、二〇一一年六月一一日のデモでは東京だけで近年まれにみる三万人が集まったと言われます。しかもその多くが、収束しない放射能汚染に危機感をもつ一般の人々、特に若い人たちで、近年にない盛り上がりを見せています（しかし相も変わらず警察は「デモ隊は通行中の車に迷惑をかけている」とデモ隊以上の大音量で悪宣伝を繰り返し、いやがらせ目的の逮捕が頻繁にやられています）。ただ、これだけ多くの人に被害を与えた原発災害が起こっても、この東京で三万人「しか」声を上げないのは、社会の危機に対して「最後はだれかが何とかしてくれる」という、飼い慣らされてしまった無気力・依存主義ではないかとも感じます。

問題を感じた時「おかしい！」と声を上げることができず、実際に変革につながっていく回路を持たない社会は閉塞しています。社会を変えていこうとする時に「社会的企業」が一つのツールとして何らかの役割を果たせるか、と自問していま す。

秋葉　菊地さんが出された社会的閉塞を変えるツールという点から補足しますと、九〇年代当時、日本の市民社会には「労働者」「終身雇用制度」「一億総中流」といったものを批判的に捉える人々が少なくありませんでした。日本の雇用は「就職より就社」でそれが日本人の多様な生き方を阻んでいるとみて、閉塞的な日本社会を打破して、もっとアメリカのように雇用流動性を高めるべきで、自分たちのように「ＮＰＯで食う」ことが、新しい時代の象徴といえるのでは、という空気感がありました。二〇〇一年に「既成勢力の打破」を唱える小泉純一郎氏が首相になったとき、彼にシンパシーを感じる運動関係者は少なくなかったのです。

現在、彼らの多くは自身の小泉政権時の支持の過去を〝封印〟して、「小泉政権が格差を拡大させた」と批判しています。当時、「小さな政府」

と親和的な主張をしていた人が、現在「政府、政治の責任」を訴えています。彼らの誤算は、「社会的な流動性を高めれば、希望を持てる社会になる」と想定していたことにあり、私たちはそれを反省しなければなりません。しかし、「流動性イコール希望」というパラダイムは二〇〇〇年代、社会に相当定着したのではないか。

三・一一の震災復興に関連していえば、宮城県では漁業再興のために「水産業復興特区」を構想して企業の参入を促し、漁協中心の漁業を流動化させようとしています。しかし、日本で漁業を漁協中心で行ってきたのは充分な合理的な理由があるのです。あまり知られていませんが、これまで漁業には企業の参入、撤退という失敗の歴史があり、漁村の希望を失わせてきたのです。「復興」という錦の御旗を掲げて、強引な政策を行うことは地域社会の崩壊を加速させかねないでしょう。そういう危惧感をもっています。

広石　三・一一震災後の日本の危機の一つは信用のカタチが見えづらくなっていることではないかと思います。震災後の政府の混迷、原発の問題と対応、それに関する東京電力の対応など、これまでも「大丈夫かな?」と思いながらも、なんとかなるだろうと漠然と思ってしまっていた社会システムへの信用があちらこちらで崩れているように思います。今、政府関係者が「国がやると言ってるのだから信頼してほしい」と言っても、被災地でも、東京でも政府や制度に対する信頼ができずにいる。じゃあ、民間か、市民社会か、コミュニティ化と言っても、信頼しきることは難しい。経済的な復興も大切なのだが、その前提となるのは国や制度と市民の間との信用だと思います。その信用をどう再構築していくのか、もっと真剣に取り組むべきではないかと思いますね。

三、消費社会のインパクト
「希望」を持ちづらい社会

桔川　先日のことですが、今年（二〇一一年）の五月の自殺者が、昨年の五月に比べて五四七人、一九・七パーセント増えているという警察庁の発表が報道されました。内閣府は「東日本大震災による生活環境や経済状況の変化が影響している可能性がある」とコメントし、今後詳しく分析をするそうですが、ほかの年に比べて、今年の五月の数字は異常だとも言えるそうです。しかし、そもそも年間の自殺者数が三万二〇〇〇人近いというのが日本社会です。自殺にはさまざまな要因があるのでしょうが、今年はさらに「震災」という悲劇が追い打ちをかけているのではないかということです。福島県の酪農家が「原発さえなければ」ということばを書き残して自殺したということなどは、どこにも救いを求めることすらできない今の状況を如実に物語っているように思います。

広石　三人の方が出された共通のキーワードは「希望」ということになるでしょうか。これを軸に考えますと、私は現代直面しているものが、希望を持ちづらい社会ということが日本の大きな危機ではないかと思います。希望は「こうありたい」という姿を持ち、それを実現できる可能性への信頼があるときに持つことができます。

では、なぜ、ここまで希望を持つことが難しくなっているのか。かつては、国民が成功モデルを共有できていました。学校にまじめに通い、いい大学に行き、いい会社で働く。会社でまじめに働いて、給料が増え、役職があがっていく。それが全て真実ではなくても、強力なロールモデルとして存在していました。このような共通の前提条件が社会にあったから、雇用や教育、住宅などの政策を国をあげて取り組むことができたし、社会的弱者が誰なのかも比較的定義しやすく対策を打つこともできたのでしょう。

一九七〇年ごろまでは、国や中央に答があった時代だと言えます。それは「生産」が国を支えている時代でもありました。一九七〇年代の後半から八〇年代にかけて「消費」が産業面でも、文化・社会においても大きなウェイトを占めるようになる。ダイエーを始めとする流通は、メーカーよりも消費者に「近い」のだから、消費者ニーズをよく知っている。そこで流通が設定する価格・仕様こそが消費者のニーズなのだから、生産はそれに対応すべきだという考えが広がる。同時に、モノと情報の過剰なまでの流通は、国民の住民、市民の側面よりも「消費者」としての側面を強調することになります。雑誌はスタイルを買う、生活で足りないものはお互いに工面しあうより個人で買う、地域のつながりからの束縛よりも自分の収入を増やし、マイホームを建てる個人の自由さを選ぶ。日本の産業・社会における成功のモデルが固まってきた中で、そのモデルを支えるシステムづくりよりも、個人がシステムにのって自由に自分の成功を追い求めることが希望でもあった。以前の滅私奉公よりも、「滅公奉私」にこそ答があるということになったと思います。と同時に、日本の地域社会から集団中心の「ムラ社会」的な文化が消え、個中心の自己責任を中心とする文化が広がる。こうして消費文化が広がる中で、地域社会の地縁や生活の中でのコミュニティをわずらわしさから避けるようになってしまった。

――今回の座談会の大きなテーマである「コミュニティ」ということでは、とりわけ仕事の場で育ってきたのでしょうか。

広石　仕事の場のコミュニティがあるかというと、育たなかった。消費文化の先達であるアメリカ型経営はとりわけ九〇年代のバブル崩壊後、積極的に取り入れたのですが、アメリカ型経営のバックにあるコミュニティの土壌は日本の仕事場では育たず、孤立だけが残ったのだと思います。

個の自己責任を中心とするアメリカ型の企業経営は、コミュニティを重視する社会に裏打ちがあってこそ成り立つわけです。例えば、最先端の起業家が輩出されるシリコンバレーでは、資金が飛び交い、生き馬の目を抜く激しい競争が自己責任で行われています。しかし、同時に、起業家や研究者、学生たちは様々な勉強会やフォーラム、ホームパーティなどでつながっている。そこで創発しあい、仲間を見つけ、たとえ失敗してもやり直す機会を探しやすい環境にある。以前、ボストンのボランティア・センターで「ボストンのビジネスマンはボランティアに熱心な人が多いと聞きましたが、なぜ?」と質問したことがあります。ボランティア・コーディネーターのベテランの女性は「このビジネスのまちボストンのビジネスマンに敬虔な信者が多いとは、とてもじゃないけど思えないわね。ボストンは仕事のまちよ。ボストン育ちの人よりも外部から仕事のために来た人の方が多い。しかも、ビジネスでの競争は激しい。そんな中で、気が合う友達、価値観のあう友達を、どうやって見つけたらいいと思う? それにはボランティアやフォーラムに出かけて、パーティで声をかけるしかないんじゃない」。

アメリカは、個の自己責任で仕事をするがゆえに、仕事以外の時間では勉強会、ボランティア、NPO、フォーラム、ホームパーティ、バーベキューなどを基盤とする様々なコミュニティを多層的に張り巡らせています。それが人を支え、仕事を支えている。日本の経営を支えるコミュニティを同時に持ち込む必要があったと思います。

四、韓国社会の危機について
ーIMF事態からの変化

――四人の方から現代日本社会が抱える問題を

三・一一の東日本大震災以降の状況もふまえて概括的に述べてもらいましたが、共通して指摘されたのは個の孤立とコミュニティの崩壊ということではないでしょうか。このことはこれまでも様々な市民活動でも指摘されてきましたね。そして「共助」「協働」ということが言われるようになりました。ここで韓国社会にもふれていただくとどうなるでしょうか。

文　共同体の解体と孤立化、もしくは最近流行りの言い方でいうと「弧絶化」という問題は、韓国でも九七年の金融通貨危機（ＩＭＦ事態）以降、顕著に現れています。よく言われるように、韓国では儒教的な価値観をベースに地縁、血縁、もしくは家族を中心とした共同体的な紐帯のつよい社会だとされてきましたし、社会保障制度がいちじるしく立ち遅れているなかで、そういう共同体、とりわけ家族のきずなが非公式のセフティ・ネットとしての役割を果たしてきたといえます。いまでも家族、とくに親子関係の結びつきの強さは、テレビの韓流ドラマにもよく描かれるので、日本社会でも印象深く受け止められているような気がします。ところが、一九九七年のＩＭＦ事態直後にソウル駅構内に一群のホームレスが忽然と現れるようになって、韓国でも共同体的な結びつきが弱まっていることが、衝撃的な仕方で示されたといえます。

　最近発表された、二〇一〇年の人口センサス（人口住宅総調査）からも人びとの孤立が深まっている姿が浮き彫りにされています。これを端的に示しているのは、単独世帯がこの間、急増していることです。これは日本の人口センサスの結果でも一人世帯が全世帯の三〇％を上回ったことから相当に衝撃的な事態として受け止められていますが、韓国では二〇〇〇年代に入ってその変化がきわめて急激なことと（九五年一二・七％、二〇〇〇年一五・五％、二〇〇五年二〇％、二〇一〇年二三・三％）、二〇〇五年の人口センサスまでは最も支配的であった四人世帯が減り、二人世帯が最多、一人世帯もほぼ同じ水準となったことから衝撃が大きかったといえます。韓国の場合、全羅南道（二八・二％）、慶尚北道（二八・四％）、江原道（二七・二％）など過疎化や高齢化の進んだ地域で高い数値を示していて、地方の地域社会の疲弊ぶりがうかがえます。全羅北道なども含めて、これらの地域は国民基礎生活保障の受給率も高い地域（二〇〇八年の数値でソウル二・〇％、京畿道一・八％に対して全羅南道六・〇％、全羅北道六・二、慶尚北道四・七％、江原道四・三％）でグローバル化のなかで農漁村地域の貧困化の度合いが著しい。極端にいうと、けっきょく、いま、韓国の農民の多くは、農業にこだわってこれを子孫に伝えようとするよりも、大企業の誘致とか、核廃棄物処理場とか、ゴルフ場やホテルなどの観光施設とか、挙げ句の果てには軍事基地さえも、とにかく地元に誘致して、これに伴う多額の補償や助成を受け取って都市に移り住んだ子どもたちに送金したり、子どもの教育につぎ込んだりする方を選択していて、農業はほとんど放棄されているといった状況です。そういう危機的な状況を今回の人口センサスの数値はよく示しているといえます。地域主義の打破をうたって政権の座についた盧武鉉政権は地域の均衡発展を掲げその施策を推進しましたが、これが逆にそういう誘致型の開発ブームを触発した面があり、農村コミュニティの解体や疲弊をいっそう進めました。今回の「希望叢書」のテーマである社会的企業の課題は、こういう農村社会の状況に対応する生活再建や地域創造のスキームとしても期待されているといえます。

五、貧困問題をどうとらえるか

新しい貧困の顕現

桔川　東日本大震災での深刻な状況を加えて日本社会の自殺者の驚くべき多さを先に話しましたが、自殺ということでは、韓国でも深刻な社会問題になっています。二〇〇九年の発表によると、ＯＥＣＤ国家のなかで自殺率一位は韓国（三一・〇％）、二位が日本（二四・四％）です。特に韓国では一〇歳代から三〇歳代の若い世代での死亡原因のトップが自殺になっています。学歴社会、熾烈な競争社会という点では、日本より韓国の方が激しいのかもしれませんが、先ほどから話が出ている希望を見出しづらい社会ということ、そういう社会の局面があらわれている点が、日韓の共通のことなのかもしれません。

文　一九九七年ＩＭＦ事態以後の特徴を一言でいえば、新しい貧困、つまり、高齢者、児童、障がい者などのいわば伝統的脆弱層に加えて、ホームレス、青年失業、性的マイノリティ、ジェンダー、シングルマザー、移住労働者や多文化家庭、心の病や自殺などの諸現象が顕在化し、単なる格差とは区別される社会の「両極化」がひどく進展していることでしょう。こうした問題が顕在化するにあたっては、そもそも内在していた問題が拡大したり深刻化したという側面と、民主化や開放化の進展による価値観の多様化や女性・マイノリティなどの自己主張のつよまりによる側面も否めないわけです。いずれにしても危機の底流には、家族やコミュニティのレベルでの、社会的、文化的、道徳的きずなの弛緩や崩壊があり、これへの対処のあり方も価値観やライフスタイルそのものの変化をともなうようなものとならざるを得ません。このことは日韓ともいえることでしょう。

こうした変化は、グローバル化と脱産業化による「雇用なき成長」時代の到来を背景としている点で、ヨーロッパや日本などの先進諸国とも共通した現象であるといえます。もちろん、韓国の場合、冷戦・反共体制のもとで後発の圧縮された経済発展を経てきたという点で、他の先進国にはない特徴（遅れ）も少なくない。ですから、問題解決をめぐる取り組みの共有が「危機の時代」を乗り切るパラダイムの模索にそれなりに寄与しうるものなんだろうと思います。

「雇用なき成長」時代の打開は

――「雇用なき成長」時代というのは日韓だけではなく先進諸国の共通したものだと指摘されたのですが、「雇用なき成長」時代の深刻さでは先に菊地さんが話された労働問題の現状を出さねばならないでしょう。労働者の貧困という問題に突きあたるのですが。

菊地　日本企業の特徴とされる「終身雇用・年功序列・企業内労組」をベースにした日本型雇用モデルが転換していくきっかけが、日経連（現・日本経団連）の『新時代の「日本的経営」』（一九九五年）という報告書だと言われています。労働者を「長期蓄積能力型」「高度専門能力活用型」「雇用柔軟型」の三つに階層化することを提案し、大雑把に言うと、従来のような長期雇用の人材を前提とした経営から労働者をコストとして捉え使い捨てにしていく時代に入ったわけです。このような時代の流れに乗ってビジネスチャンスを見出したのがグッドウィルなどの人材ベンチャー企業でした。これらのベンチャーは「日雇い派遣」という、かつて山谷や釜ヶ崎などの寄せ場で行われていた日雇い労働の仕組みを携帯電話などのツールで代替し、必要な時に必要な量だけ企業に労働力を提供し、企業は社会保障の負担や雇用責任を負わなくて済むという仕組みを開発して一躍成長を遂げました。同じ頃、バブル崩壊後の業績悪化に伴い企業が求人抑制を進めたため「就職氷河期」となり、社会に出てもまともな職に就けない若者が多数生まれていきます。正社員を中心に組織されてきた主流労働組合の多くは、このような企業や労働のあり方の大きな変化に対応できず、直接雇用ですらない日雇い派遣のような働き方の問題性についてきは、長らく見過ごしてきました。

日雇い派遣労働者から「データ装備費」という根拠のない天引きまでして利益を追求してきたグッドウィルに対し、労働組合（グッドウィル・ユニオン）を結成して反撃に出たのはようやく二〇〇七年のことです。労働組合による数々の違法な事業実態の告発、違法天引きについての集団訴訟などにより日雇い派遣の実態が明るみになり社会問題化しました（グッドウィルは二〇〇八年に廃業）。労働の非正規化、不安定化は当然のように労働者の貧困化に直結し、それが顕著な形で現れたのが二〇〇九年の派遣切りの問題でした。

桔川　貧困の問題は、たしかに派遣切りなどで男性の貧困が表面化したのですが、それより前から女性の貧困という問題はずっとあった。とくに、母子家庭の貧困率は五〇パーセントを超えていますから、子どもの貧困にも関わってきます。もともと女性は非正規雇用者が多く低賃金でしたから、シングルマザーのおかれている状況は深刻です。昼も夜も仕事をして、それでも生活をするのに十分な収入が得られないばかりか、過酷な生活をして身体を壊してしまう人も少なくないといいます。ワーク・ライフ・バランスということがよく言われていますが、雇用者の三分の一が非正規であるにもかかわらず、大抵は正規雇用者を対象とした議論が中心のように思います。

非正規労働者の割合は男女ともに国際的に一九九〇年に比べると増加していますが、女性の比率の方が圧倒的に高くなってきています。日本では、女性労働者の非正規の割合は、一九九〇年には三八％だったのが、二〇〇八年には五六・四％まで上昇しています。正規労働者と非正規労働者にはかなりの処遇や賃金格差があるうえに、男女間の賃金格差は、マレーシア、韓国と並んで大きくなっています。

社会全体が疲弊してきているのを反映してか、女性への暴力も増えています。配偶者間における暴行で検挙されている数値は、二〇〇六年の場合、前年度より倍ぐらいになっています（六七一件）。しかし、これは配偶者間で警察に検挙されている数値ですから、表面化していない部分も考えると、女性たちにいかにしわ寄せがいっているのかが分かるのではないでしょうか。

広石　僕が気になっているデータがあります。それは、求職者が職探しをあきらめると非労働力扱いで失業率に含まれませんが、就業希望者であるが就職活動を諦めた「求職意欲喪失者」と分類されることがあります。その先進七か国（米・英・独・日・仏・伊・加）の求職意欲喪失者比率（二〇〇〇年代平均）を比べると、わが国は二％程度であり、イタリアと並んで非常に高い。特に日本は女性が三％を超えているのです。日本で病気や出産などで離職した女性が、仕事に復帰しづらい環境は依然として厳しいのではないかと懸念されます。

研究者の例ですが、日本の女性の研究者数は最近の調べで一二万一一〇〇人で、研究者全体の一三・六％で過去最高なのです。しかし、女性が研究職で働き続け、活躍できる環境は未だ十分に整えられていない。雇用過剰感において、製造業は過剰感は強いのですが、医療福祉や生活サービスの分野では不足感が強い状態が続いているのです。このような状況をみると、日本の産業や社会は、女性の力や可能性をもっと本気で活かす取り組みが必要なのではないかと思います。

貧困問題の解決をどう進めるか

——貧困問題の解決ということでは韓国では軍事独裁時代から「貧民運動」といわれる民衆運

動が先陣を切って営々と積み重ねられてきました。それが文民政権に入ると法制度上整備されていく。その結果が金大中政権下での国民基礎生活保障法ですね。

文　金大中政権は、ＩＭＦ事態による失業やホームレスの急増に対して、大々的なワークフェアや臨時生活保護制度の適用など応急措置を講じる一方で、先進国との対比はもとより、韓国の経済規模に比べても著しく立ち遅れていた社会保障制度（セフティ・ネット）の改革に乗り出しました。金大中政権下で年金、雇用、産災（労災）、医療の四大社会保険の適用が全国民、全事業所に拡大し、国民生活のナショナルミニマムを国の責任で保障することを明確にした国民基礎生活保障法（国基法）が制定された。九六年から二〇〇一年までに社会福祉予算は平均一七・六％に拡大（全体の政府予算は九・九％）し、政府予算に占める比率も大幅に拡大した（五・六％→八・一％）。国基法の施行によって生計費受給対象者は、三七万人から一五五万人へと一挙に拡大した。国基法は、参与連帯を初めとする市民運動との連携によって、政治圏（政界）の保守的な空気を打ち破って実現したという点でも画期的でした。しかし、こうした制度改革も「新しい貧困」や「両極化」に歯止めをかけるには至っていない。強いていうと、そうした「新しい貧困」に対応して二〇〇〇年代に提起されるのが「社会的就労」や「社会的企業」ということになるかもしれません。

広石　日本の状況から考えますと、今後、もともと懸念されていた高齢化に加え、震災復興などで政府の財政が厳しくなる中で、従来のような生活保護などの福祉的予算は減額されていくでしょう。その意味で、韓国が失業克服、雇用開発をテーマに社会的企業育成法に取り組み、国をあげて推進していることは、これから今まで以上に日本でも関心が高まっていくのではないかと思います。

また、韓国では若者の就労競争が厳しくなっている。米英の大学院を出ないと財閥系には入れないような状況になっている中で、幅広い若者のための仕事づくりについて学ぶべき点は多くあると思います。ハジャセンターのような若者が社会で生きる力を育む社会教育の拠点をどうつくるかは、日本の重要なテーマだと思います。

また、韓国はこれから急速に高齢化が進み、やがて日本を抜くとも言われています。しかも韓国の定年は五五歳が標準で日本よりも低い。高齢者の生活や収入をどのように守っていくのか、どのように仕事やまちをつくっていくのか、日韓が連携して取り組むべきテーマではないでしょうか。

桔川　財務省の給与所得統計を見ると、女性労働者の四割以上は年収二〇〇万円以下です。「年収三〇〇万円時代」ということが言われましたが、それよりはるかに下回るものです。今年、厚生労働省が公表した「国民生活基礎調査」では、「相対的貧困率」(所得の低い人がどのぐらいいるかを示す)が過去最悪となり、国民の六人から七人に一人が年間所得一一二万円以下の「貧困」であることが分かったそうです。「貧困の女性化」という問題が指摘されて久しく、今後、社会保障の問題とあいまって、高齢女性の貧困という問題もさらに深刻化していくでしょう。政策を考えるうえでも、東北の復興にしても、ジェンダーの視点が不可欠ではないでしょうか。

六、「雇用なき成長時代」について
なぜ「雇用なき景気回復」なのか

――ここで「雇用なき成長」について論じていただきたいのですが、日本の場合は「雇用なき景気回復」という言葉も使われますが、この点はどう考えたらいいのでしょうか。

広石　日本でこの問題が本格化したのは

二〇一〇年あたりからだとも言えます。バブル景気後、日本において非正規職社員化は進みましたが、企業の雇用過剰感と有効求人倍率は連動していました。〇四年から〇七年は人手不足で有効求人倍率も一倍を超えていた。それがリーマンショック後の〇九年からの景気回復においては、雇用過剰感は緩和しているのに、有効求人倍率が上昇しない。それに関連するのが、長期失業者比率（失業者のうち一年以上の失業状態にある人の比率）が二〇〇〇年代を通して高止まりした後、一〇年に大幅に上昇していることです（内閣府『年次経済財政報告』平成二三年度）。つまり、今の企業業績の回復が雇用回復に結びついていない。現在の日本企業の景気回復が新興国市場への本格参入による利益向上のためであり、日本においても、景気回復や企業の業績回復が雇用との乖離が本格化し始めていると懸念されます。

これからについても、日本の製造業は新興国市場での市場開拓を進めるでしょう。特に、国内で生産して輸出するのではなく、サプライチェーン（複数の企業間が連動した物流システム）のコストを下げるため、新興国近くで生産し、販売する動きが加速しています。パナソニックが新卒採用の八割を留学生にしていくことを発表したことを始め、人材確保のグローバル化が進む一方で、国内の雇用調整は厳しくなるかもしれません。

国内の空洞化というとき、生産拠点の海外移転が言われてきましたが、今後、研究開発拠点が移っていく可能性もあります。実際、グローバル企業は研究開発拠点を日本におかなくなっています。例えばGEのグローバル研究四拠点はニューヨーク、インド、上海、ミュンヘンです。日本は高付加価値型商品の開発に優れていると言われていましたが、もはや技術力は韓国に並ばれ、中国に追いつかれる位置にある。インドは優秀で人件費が安い。そうなると日本は高付加価値型産業の拠点となっていけるのか。日本の研究者数は八四万人と人口一万人あたりの数でいうと世界一なのです。なのに、それが経済競争力に結びつけることができていない。「雇用なき景気回復」と言われるいま、教育、産業、企業、起業、雇用などを改めてトータルデザインする必要があります。

文　「雇用なき成長」という問題を韓国に引き寄せて考えますと、そもそも一九九七年のＩＭＦ事態は、韓国の国民にとって朝鮮戦争以来、最悪ともいえる危機と屈辱の経験だったかも知れません。それは、最近の二つの大震災を経験した日本社会と、一九九七年のＩＭＦ事態に対応した韓国政府の産業・雇用政策のまずさを指摘する必要があります。衝撃的な崩壊の感覚を物語っているともいえます。先進諸国での「危機の時代」への移行は、賃金をめぐる〝調整〟を介して大量生産・大量消費が国民経済の枠内で均衡する「完全雇用」社会（いわゆるフォーディズム）からの移行として論じられますが、実をいうと、ＩＭＦ事態以前の韓国も、これに近い体制を実現しつつありました。八七年の民主化は、生産点での組織労働者の地位を向上させ、八五年から九五年までの製造業部門の賃金は四・二倍にも増大しています。韓国経済は、それまでの借款や低賃金に依拠する輸出頼みの経済から脱して、輸出の増大が自動車や電機・電子などの国内の耐久消費財消費を大規模に誘発し、この内需が輸出と並んで経済成長をけん引するような構造が定着していました。株式市場や証券市場が成長して、大財閥は国家主導の金融システムから脱却しつつあり、この自立した企業の高利潤・高投資が高レベルの雇用を生み、社会全体の中流化を推し進めていました。社会的にも、男子家長の安定した職場と高収入を基盤に、女性は家事・育児に専念するという近代的家父長制のイメージが「中流家庭」のあるべき姿としてひろく受容されつつあったといえます。

韓国における「雇用なき成長」の到来

――指摘された「完全雇用」社会は九〇年代後半には過去のものになりつつあったわけですね。日本では終身雇用の時代は終りを迎えていた。

文　正確に言うなら、九〇年代初めの世界では、こうしたフォーディズムが存立しうる段階はとうに過ぎ去っていました。OECD加盟をすめる韓国政府に対して、市場自由化や金融開放への国際金融資本の圧力がつよまっていました。賃金上昇や国際的競争の激化という逆境のなかで攻撃的に投資を続ける国内企業は、海外の短期資本借入に頼るようになり、これをめぐる規制緩和を政府につよく迫りました。こうして市場・金融の無分別な開放措置が「世界化」を掲げる金泳三（キムヨンサム）政権（一九九三〜九八）下で急激にすすんだわけです。そのことは短期債務の累積とも合わせて、韓国経済の体質を外部からの衝撃にきわめて脆いものにし、結果的に九七年末の破局を導いたといえます。企業の大規模な連鎖倒産によって、大量の労働者が職を失い、これに伴う家庭やコミュニティの崩壊が引き起こされました。

IMF事態は、破局の原因が国家の過剰介入（国家主導経済）にあったとして、企業、金融、労働の徹底した自由化を求め、金大中（キムデジュン）政権もこれに従順に対応しました。しかし、この頃は大財閥は国家の規制から脱却しつつあったし、マクロ経済面で実施された定番の高金利や財政緊縮政策も、財政やインフレの面では比較的良好であった韓国経済にとって見当違いの政策でした。その後の韓国経済は、いわゆるV字型の回復を達成しますが、IMF管理下の金大中改革によって社会の深部では危機は一層深まったといえます。

IMF以後、金大中改革によって足腰をつよくした大財閥を中心に輸出は年平均一〇％以上の高い伸びを示しましたが、内需は停滞します。高い輸出の伸びが国内の付加価値生産や内需を伸ばし、雇用増大をもたらすというそれまでの循環はもはや機能しなくなっていたわけです（輸出が一〇億ウォン増加したときに誘発される就業者数を示す雇用誘発係数は九五年二五・八人→二〇〇〇年一五・七人）。

雇用誘発係数の低下は全産業にわたり、かつて雇用づくりの大黒柱であった製造業部門は、相対的にも絶対的にも雇用をつくる力を失い、「雇用なき成長」が明らかとなります。ここに失業や非正規雇用の比率が高い水準で持続し、とりわけ、青年の失業が一〇％近い水準となったわけです。就労をめぐるこうした困難が青年層はもとより壮年層をも直撃し、民主化にともなう権利意識の向上ともあいまって、離婚率の上昇、家庭崩壊、自殺、精神疾患、ホームレスの急増、婚姻年齢の遅れや未婚者の増加、出生率の低下など、社会全般の病理と両極化が深まったといえます。

韓国の社会福祉をめぐる状況は

文　韓国でも社会保険は枠組みの近代化は果たしたものの、その内実を高める財政投入は極めて不十分です（国民年金の適用除外や雇用保険の臨時職や日雇への適用の問題）。高齢者、障がい者、女性、児童、結婚移民や移住労働者への社会福祉サービスも、「死角地帯」（社会的排除）として取り残されたままです。いま桔川さんが指摘されたジェンダーの視点の重要性はいうまでもないでしょう。

社会福祉予算の拡大は、盧武鉉政権期にもつづきましたが、状況の抜本的改善に至っていません。二〇一二年の政治の季節（四月の国会議員選挙と一二月の大統領選挙）を控えて、「社会福祉」が改めて最大の政治的争点の一つとして浮上しているのも、韓国の社会福祉をめぐる寒々とした状況を物語っているわけです。全体としての社会福祉の拡充に加えて、脆弱層（社会的弱者）の労働統合や社会的包摂のための制度的枠組づくりが不可欠です。国基法は、「自活事業」を盛り込み、九〇年代から貧困運動に取り組んできた市民団体を基盤に自活支援機関が全国に展開しました。しかし、自活事業による自立支援や労働統合の対象はほぼ基礎生活受給者に限られ、いわゆる「自活成功率」も初年度（二〇〇一年度）には九・五％を達成しましたが、その後は五％から六％台のレベルで停滞しています。

そもそも国基法は、なんといっても参与連帯を中心に九〇年代後半に成長した異議申し立て・監視・提案のアドボカシー運動の文脈で制定された法制度でした。そういうアドボカシー運動とは別に、生産共同体や、ひろくオルタナティブな経済への多様な試みが九〇年代初め以来、蓄積されてきたわけですが、残念ながら国基法の制定過程ではそうした経験が十分に活かされませんでした。九〇年代に経験を積んだ自活関係団体が国基法の自活支援事業に参加することになりますが、それはむしろ、九〇年代の生産共同体＝自活運動の潮流を国基法の狭い枠組みに押し込めることになりました。

けっきょく、ひろく脆弱層の自立支援や労働統合の問題は、ＩＭＦ事態という「雇用衝撃」を通じて市民運動や行政の間で芽生えた「社会的就労」をめぐる課題意識を前提に、国基法とは別の文脈で追求されることになります。やがて、「社会的企業」が、「危機の時代」に対処する新しいパラダイムの一つとして提起されることになるわけです。

七、日韓の社会的企業

社会的企業は新たなパラダイムになりうるか

——文先生と広石さんお二人から社会的企業について少し話しが出ましたが、桔川さんは日本希望製作所事務局長を担われて韓国との交流

を進められてきた。韓国の社会的企業の現状はどうでしょうか。

桔川　韓国の社会的企業を簡単に述べますと、社会の課題にビジネスの手法で取り組む事業体として注目を集めてきていますし、国の施策としても支援していこうという兆しも見えてきています。頑張っている社会的企業もありますし、社会企業家を目指す若者も増えています。ただ、社会的企業は社会問題も雇用も解決するような打ち出の小槌ではありませんし、社会起業家に過度な期待をもつことは違うのではないかと思います。社会企業家を支える「繋がり」があり、たくさんの人がコミットしてこそ社会的企業も社会にインパクトを与える事業ができるのだと思います。そんなに何でもできるスーパーマン、スーパーウーマンはたくさんいるものではありませんから。韓国の人はもともと「連帯」することが得意な人たちです。社会起業家のネットワークもあり、お互いに支え合おうという風潮もあります。例えば「We Can」のクッキーは「バリの夢」のチョングクジャン（ミソの一種）を使っていたり、「美しい店」のオープニングのときには「ノリダン」(※)がパフォーマンスをしたりと。地方都市でも清州（チョンジュ）のように地域ぐるみで社会的企業のネットワークをつくり事業的にも支え合う取り組みをしているところもあります。韓国から学べるのは、制度からの経験だけではなく、そんな関係性のつくり方かもしれません。

秋葉　桔川さんがいうように、関係性づくりという点で韓国の市民社会に学ぶ点が多い気がします。韓国の市民団体は日本より遥かに厳しい条件下で活動してきました。軍政時代も長かったし、活動をする資源も日本よりずっと少ない。それ故にコミュニティでネットワークをむすび、連帯して支え合って活動を行ってきたのだと思います。韓国の貧民運動の経験、それを受け継ぐ自活は、一人の弱者を重層的に支える仕組みづくりをしてきました。あまり論じられませんが、一部の社会的企業による当事者支援には、実践の中から生み出された興味深いケースがたくさんある。

就労支援でいえば、当事者がある組織でうまくいかなくても、同じコミュニティの別の組織がその当事者のエンパワーメントを支援する、というようなネットワークがあります。それと、これは菊地さんが詳しいでしょうが、韓国の就労支援は当事者がグループを作って支え合います。日本の行政の就労支援が、当事者を単独でいきなり一般労働市場に送り出す「自己責任」の世界しか、想定してこなかったのと違います。

二〇〇〇年代半ば以降、日韓の社会は「希望探し」に明け暮れてきました。韓国の市民社会では、その動向を自ら体現してきた朴元淳（パクウォンス）さんが二〇〇六年、新たに「希望製作所」を設立し、社会的企業支援に取り組みます。〇七年、若者らは社会的企業「希望庁」を開設します。他方、〇七年の一二月、保守ハンナラ党の李明博（イミョンバク）さんが大統領選で大勝しました。そこで韓国民は彼の掲げる「経済成長」に希望を託してみたわけです。〇八年の「ろうそくデモ」は八七年の六月民主抗争以降最大の市民による抗議行動となったのですが、その背景には、中高生も含む国民の未来への切実な希求があったともいえます。

日本でも学界で「希望格差」、「希望学」という用語が登場し、〇七年、『朝日新聞』の論壇誌に掲載された三一歳のフリーター、赤木智弘さんの「希望は戦争」は、社会的反響を呼びました。また、〇七年に希望製作所の支部として東京に「日本希望製作所」が設立されました。最近、「希望難民」という用語も登場しています。

社会的企業育成法の意義

——ということは、労働市場で「希望」を見出そ

うとしているのが「社会的企業」だということでしょうか。

秋葉　そうですね。韓国では〇七年に政府主導で社会的企業育成法が施行され、他方日本でも民主党・鳩山政権の「新しい公共」円卓会議の議論を受けて、公的資金を投入した社会起業家養成が現在手がけられています。

ただし、社会的企業、社会起業家が日韓ではようやく定着し始めた段階であるために、毀誉褒貶が激しい気がします。社会的企業の対象とする市場は「半市場」が多い。社会的企業は「ビジネス」という手法は用いますが、それで採算がとれるかどうかは別問題です。社会的企業が定着するには、やはり需要サイドの支援、つまり自らの商品、サービスを安定的に購入してくれる、生協や行政といった大口の顧客の確保も重要です。

文　社会的企業の市場との関連では、最近、韓国の生協のｉＣＯＯＰ(※)とハンギョレ経済研究所、それから李恩愛（イウネ）さんのところのSeedsが協力して倫理的消費のキャンペーンを展開しているのが注目されます。単に「安い」から物を買うというのではなくて、分かち合いや社会的連帯、環境というものを考えた消費をしましょう、ということで、現実的にどれだけの社会的意味を持ちうるかは、見極めにくいところがあるけれども、社会的企業や広く社会的経済の成長が全体としての市民社会や公共性の成熟というものを、伴う、もしくは伴わなければならない、ということを物語っているような気がします。

秋葉　社会的企業育成法制定の意義というのは、第一に、社会的企業ブームを通して人々が初めて若者の貧困といった（従来可視化されてこなかった）「新しい貧困」に関心を持つ人が出てきたという点にあると思います。第二に、逆説的ですが、社会的企業だけでは貧困を解決できず、社会福祉の重要性を改めて示したことではないでしょうか。

最近の与党の「左傾化」、党内の「福祉重視」の朴槿恵（パククネ）氏の台頭はそのことと無関係ではないと思います。

社会的企業の考え方は福祉拡大を主張する進歩派にとっても、福祉抑制の保守派にとっても魅力的な存在であり、だからこそ多くの政治家が社会的企業政策の推進を支持してきました。ＩＭＦ金融危機の「トラウマ」が残る韓国では財政赤字にナーバスですから、進歩派政治家からすれば、保守派から非難されにくい新しい政策を探していた。その点、社会的企業は財政的自立を目指しながら弱者を救済するという「目新しさ」がありました。

他方、教条的な反福祉国家イデオロギーがなお残存する保守派からすれば、進歩派の掲げる既存の福祉との差別化をはかりたいという意図があります。「就労」を通して弱者の自立を支援するという、社会的企業政策は彼らの主張にも合ったといえるでしょう。

八、コミュニティ再生の課題は
多様性を尊重する営みを

——次にコミュニティの再生をテーマにしたいのですが、先にアメリカ社会と比較して日本の現状を象徴的な事例を出して語っていただいたのですが、東日本大震災後の状況もふまえて語っていただくとどうなるでしょうか。

広石　セフティ・ネットが地域社会にも仕事の場にもない現在、自己責任（自助）だけでは対応できない課題に、行政サービス（公助）も限界があるなか、「共助」をどう紡ぎ直し、コミュニティを再構築するのか。それは、都市部だけでなく、郊外の住宅地や農山漁村など全国的な緊急の課題だと思います。そこに今回の東日本大震災が起きました。そこで大きなテーマとなっているのが、コミュニティの再生です。ただコミュニティの再生というと、かつてのムラ社会のような体制をつくる、つまり「昔の姿に戻る」というイメージが持たれがちです。しかし、現代社会において、コミュニティが必要とされているのは、新しいつながりをつくり、これまでになかった関係性を構築して、人の暮らしの新しい安心感、新しい活躍の場をつくっていくためです。つまり、未来を拓くために人々の関係を紡ぎ直し、コミュニティを再構築する必要があります。

秋葉　広石さんの主張に賛成です。ただし、「多様性の尊重」という言葉は、「自己責任論」と相性のいい言葉です。政策サイドは二〇〇〇年代に、「一つになろう」と「多様性の尊重」という相反するスローガンを巧みに使い分けてきたのではないでしょうか。

それと、「コミュニティの再生」という言葉も誰も反対できないゆえに危うさを孕んでいます。現在、東京を中心としたNGOが東北の被災地にたくさん入り、地元のグループと連携して地域の再生に取り組んでいます。しかし、東京と地元の団体で、圧倒的な「格差」があるんですよね。例えば、アメリカで修士号を取得した高学歴の東京のNGOスタッフは、官庁、国連機関、大手企業とネットワークを持ち、どういう活動をし、どういう活動報告をしたら、資金が得やすいかを熟知している。「子ども」を対象とした支援が一番お金が集まるので、それに合わせた「コミュニティ再生」プログラムが次々と出てきています。地元のNGOスタッフはそれに違和感を感じつつも、引きずられてしまう。

桔川　被災地におけるNGO活動での問題点が出されましたが、震災後、「きずな」「繋がり」ということの必要性が盛んに言われるようになりましたね。活動のベースにもある「きずな」「繋がり」とは何かを問うた発言として、俳優の小沢昭一さんが新聞のインタビューのなかで戦争中のことにふれながらこんなことを言っています。『一致協力』とか『きずな』なんてことが強調されるのが実はちょっと心配なんであります。いつかまた、あの忌まわしい『一億一心』への逆戻りの道になりゃしないかと、そんな気がするんですね。だから私たちの世代には『絆』ってのはちょっと怖い言葉なんです。耳にタコで、こりごりしてる。でも若い人たちには初めての新鮮な言葉なんでしょう。いつの間にか意味がすり替わらないように、気をつけなくちゃいけませんよ」（『朝日新聞』二〇一一年四月二四日朝刊）。「繋がり」は大切だと思いますが、私たちは長屋住まいの「向こう三軒両隣」のような時代に戻ることはもはやできません。また、「絆」といった場合、「家族の絆」のことが必ず出てきます。厚労省が発表する人口動態の統計をみても、婚姻件数は減り、離婚件数は増えています。そして少子高齢化が進んでいるという状況です。国立社会保障・人口問題研究所では、一九七〇年から二〇三〇年までの六〇年間には、「夫婦と子」世帯が減り、「単独」世帯と「ひとり親と子」世帯が増えていくと推定しています。家族をもつことが「標準」でなくなったいま、復古主義的な「絆」を安易に考えることはできないでしょう。「一つになろう」を強調するあまり、「多様性」を排除するようになってはいけないと思いますし、「繋がり」を大切にする今の時代に合った新しいコミュニティを創造していくことが課題なのだと思います。

文　そうですね。地域のコミュニティの再生を考えるときに、なによりも、誰にも分かりやすくて、それでいて普遍的なスキームが設定されることが大事だと思います。韓国は九〇年代から地方自治から復活し、日本に学んで「まちづくり」をしようという機運が高まりました。けれども、「まちづくり」といっても、地域の状況によって取り組み方が違うし、漠然としていて、捉えどころというか、どの地域にでも適用できるようなツボを見出すのがなかなか難しくて、韓国のいくつかの地域でヒアリングした限りでは、あまりうまくいった事例がない。そういうなかで、社会的企業育成法が提起されているわけです。

たしかに、この法律については制定当時、自活関係の市民団体などから批判や疑問視する声が少なくなかったようです。法制定を巡る議論のあった二〇〇六年当時、自活団体や保健福祉部は、自活事業を国民基礎生活法から切り離して、その対象を国基法の給与対象者からより幅広い脆弱層に広げようとする法案（自活給与法）を準備していました。しかし、具体的ないきさつは分りませんが、いわば横から割り込むような形で労働部や「ともに働く財団」が中心になって社会的企業育成法の成立となった。だから、当初は、これを批判したり、冷めた視線で眺める市民団体も少なくなかったと思います。だが、その後、この政策はどんどん進化し、地域によって個別に活動していた市民団体がこの法律を通じて出会い、社会的経済のネットワークづくりや行政や企業を巻き込んだ地域づくりのきっかけとなったところも少なくない。自活企業団体もいまではこの流れに合流し、市民社会の合意形成や社会的認知という面でも社会的企業が、さっき言ったような、地域再生や地域創造の普遍的スキームとして根付きつつあるといえます。もっというと、韓国だけではなく、日本、さらには中国、ＡＳＥＡＮといった東アジアレベルで、社会的企業というのが地域再生・創造のスキームとして共有される可能性もあるわけで、そうなれば、この地域の市民社会同士の和解や連携、ひいては「東アジア共同体」づくりの基盤形成に大いに役立つだろうと思います。

「共助」の営み――韓国の貧困運動に学びながら

――コミュニティの再生ということでは、菊地さんが活動しておられる地域合同組合について最後にご紹介いただけるでしょうか。

菊地　私は二〇〇六年から東京のフリーター全般労働組合という地域の個人加盟労組の運動に加わり、アルバイトや派遣労働者の相談や企業との交渉を行ってきました。そこで感じたのは、本当にひどい働き方が蔓延していることへの憤りと、同時にそのことが「本人の努力不足」の結果だと捉えられていることへの危機感でした。非正規労働者は、日雇い派遣のように企業の中にコミュニティを作ることは難しいし、かといって特に単身者などは地域の中でのつながりも希薄です。その意味では、個人で加盟することができ、もともと相互扶助を目的としている労働組合（とりわけ地域合同労組）という存在には、もっと光を当てるべきだと思います。実際、非正規労働者の権利を守る取り組みを行っているのは、地域の合同労組だといっていいでしょう。

一方で、労働組合ですべての問題を解決できないのも自明のことです。組合には、当然のように失業による貧困や生活の問題の相談も寄せられます。特に二〇〇八年後半からの派遣切りの際には、失業と同時に住まいを失う「ハウジングプア」の問題が顕在化していました。そこで、私たちは組合の有志で「自由と生存の家実行委員会」という組織を作り、自分たち自身で古いアパートを確保し、改修して格安の家賃で不安定な人たちが住むという事業を二〇〇九年に開始しました。今から考えると、これも社会的企業と言えるのかも知れませんが、当時は後先を考えず取り組み、多くの失敗もしながら何とか新宿区の四谷三丁目駅近くに一五部屋のアパートを運営するに至っています。

その取り組みの過程では、多くの人に協力を求め、半年間にのべ五五〇人ほどの人がボランティアで改修作業等に参加してくれました。また、資金についても一〇〇人以上の方がカンパを寄せてくれたり、中央労金の助成金に採択されたり、ついには自治労など大手労働組合からもカンパをいただけるなど、不安定な立場に置かれている人たちの問題に社会の側としても関心を持っていることを感じました。その後の震災時の寄付やボランティアの状況を見ても、困っている人に対して多くの支援が集まるのは当然のことかもしれません。しかし、そこから立ち直り、再度自分らしく生きていくためには、やはりその人自身が力を発揮する場を作っていかなければなりません。「自由と生存の家」では、失業者や生活保護受給者が中心となって「自由と生存の野菜市」を立ち上げ、月一回、アパートの前庭で野菜の販売を続けていますが、継続していくだけで精一杯です。アパートの住人同士も精神的・経済的余裕がない中で、コミュニティづくりまでなかなか手が回らないのが実情です。しかし、「共助」の実践はまさにこのような地道な取り組みから積み上げていくしかないと考え、韓国の実践からも学びながらやっていきたいと思っています。

――長時間にわたり日韓の市民が直面している課題を総合的に抽出して論じいただいたと思います。新自由主義経済の突風は、実は非正規労働者の増大を生み、競争社会を激化してきた。「雇用なき景気回復」「雇用なき成長」の局面は動かざる社会的底流になり、一方、セフティ・ネットのもろさを露呈してきました。今回、議論されなかった情報化社会だから焦点化している課題、つまり管理される個人情報の問題は日韓共通の課題であり、管理する側は求心力を求めるゆえに、ナショナリズムを鼓舞したり、社会の画一化を志向する状況を鮮明化しています。こうした時代状況から、今回の座談会では「危機の中の市民活動」という共通認識から議論し、これからの市民活動、社会的企業はどうあるべきかについて様々なヒントを出していただいたと思います。ありがとうございました。

事例　韓国の社会的企業／日本の社会的企業

①(株)ともに働く世界（京畿道水原市）함께　일하는　세상

親環境「清掃」ビジネスを通して疎外された人々に働く場を提供

代表者：イ・チョルジョン

設立年：2003年　　**認証時期**：2007年10月

H　P：http://www.wtco.kr/main.php

事業内容：建物衛生管理サービス・特殊清掃サービス・トータル・ホームケアサービス・物流・教育およびコンサルティング事業・人材派遣管理

自活後見機関で働いていたイ・チョルジョンは、2002年２月に京畿道にある10の清掃業種自活共同体に協力を求め「清掃事業ネットワーク」を作った。そして彼自身も同年10月４人の国民基礎生活受給者とともに清掃サービス共同体を設立し、そのネットワークの一員となった。ネットワーク参加者たちは自活共同体が市場で独自に生存するのは難しいと判断した。それで、その翌年９月に環境に優しい清掃専門法人企業「(株) ともに働く世界」へと転換しながら「社会的企業」を標榜した。当時、従業員の経営参加と疎外された人々のために働き口を作り出す社会的企業の未来像を提示したと社会的に関心を集めた。

この企業は社会的所有、参加経営、共同労働を原則にする社会的企業として新環境清掃事業を通した働き口づくりと働く人々の福利増進、さらには社会貢献を目的としている。事業は一般の清掃サービス業者のように公共機関、企業、個人を対象に良質の親環境クリーニングサービスを提供して清掃サービス業界で着実に地歩を築いている。従業員４人の掃除事業から始まったが、現在は教育・コンサルタント・トータル・ホームサービス業にまで広がって従業員も200人を超えている。2007年には新設された社会的企業育成法によって社会的企業として認証された。

社会的協同組合としての多様な業種の「協同組合複合体」を指向しつつ労働から疎外された人々とともに健康な働き口をつくり出して、社会的経済活性化のために志を同じくする共同体と協力するために持続可能な地域社会経済構築のため責任を全うするために努めている。また、清掃業界の専門性によって競争力を確保するための教育プログラムを強化して、サービス品質の向上と管理に力を尽くしている。（梁京姫）

②美しい店（全国）아름다운 가게

「もの」を循環し、分かち合いの文化形成を目指す

代表者：キム・ムンファン

設立年：2002年　**認証時期**：2007年10月

Ｈ　Ｐ：http://www.beautifulstore.org/

事業内容：リサイクル品、フェアトレード

主な所在地：ソウル市鍾路区

リサイクルと循環を通じて韓国社会のエコロジカルな、環境に優しい変化を追求し、分ち合いを通して助けの必要な隣人たちと団体の公益活動を支援する市民団体。2002年10月鍾路区、安国洞に１号店の安国店オープンを皮切りに現在の全国各地域に展開している。美しい店の売り場は単純に物を売り買いする所でなく、収益配分を通した分ち合い、地域住民の寄贈を通した物品の循環を実践する地域共同体の中心としてその役割を果たそうと努力している。

リサイクル品を使用することが文化現象になるように、「人のための寄付」といった概念を拡散させることで、リサイクルに対する一般市民の認識を転換させたのも高く評価されている。地域住民の自発な分かち合い文化への参加と地域文化向上、中古品およびエコ商品の寄贈を受けて加工、製造し美しい店を通じて寄付金に変える。そして、売り場収益金で国内外の疎外階層および草の根公益団体支援やフェアトレードを通した第三世界農民の経済的自立支援、発展途上国住民の持続可能な生活基盤づくりの支援などを行っている。

美しい店は、2011年現在、全国に137か所のリサイクル慈善店舗を運営し、ボランティア活動、分かち合い教育文化の創出および拡散に力を入れている。こうしたリサイクル文化運動を通じて、81か月の「文化運動報告書」を出しているが、そこでは①524億ウォンの税金の節約②592億ウォンの社会的費用の節減③１万トンのゴミの減量④24万トンのCO_2排出抑制⑤8400万本の松の木を植える効果などがアピールされている。

リサイクル文化運動は、リサイクル・デザイン事業、リサイクル・キャンペーンと教育はもちろん、リサイクル関連の制度の改善及び法律の改正まで視野に入れている。（李琉妻）

③本当に楽しい服（ソウル特別市鍾路区昌信洞）참신나는옷

技術を身につけ安定した就労へ

代表者：全順玉

設立年：2008年　**認証時期：**2008年12月

Ｈ　Ｐ：http://www.soodastory.com/

事業内容：衣類製造業（団体服&ユニフォーム）

全順玉は会社設立の理由を次のようにいう。“技術力のある人が認められる社会を作りたくてこの会社を始めました。我が会は働く人を中心に運営しています”。

韓国の有名な労働運動家である故全泰壹の妹としてよく知られている彼女は、イギリス留学から戻って、依然として韓国社会の二重差別下にある女性労働者の現状を目にした。彼女は労働者であり、女性であるという理由で二重に差別を受け続けている女性労働者の権益の向上をはかることに取り組んだ。最初は清渓川周辺で長時間・低賃金で働く縫製工場労働者の子供のために放課後地域児童センター「本当に楽しい学校」を作った。2006年には縫製労働者の長時間・低賃金の環境を変えるために「(社) 真の女性労働福祉センター」傘下に縫製アカデミー「スダ（おしゃべり）工房」を設立した。「スダ工房」は長時間・低賃金で強いられる女性の縫製労働者に高級技術化の訓練を提供することが目的である。

ここで教育を受け高級技術力を身につけた受講生が優れた技術力を発揮できる安定した雇用と、良質の商品生産、そして消費者の賢い消費という好循環構造を目指して2008年１月に「(株) 本当に楽しい服」を設立した。彼女はあるインタビューで「兄が『模範業体設立の構想』に書いている企業を目指していますが、兄が夢見た企業を社会的企業から見つけました」と語った。同年12月、社会的企業として認証された。

この会社は環境と社会的価値を考える企業で、団体服&ユニフォーム事業を通じて良質の縫製の就労創出、製造過程での環境汚染削減、衣類消費者の健康増進、社会的余剰の合理的分配を目指している。具体的には、①高級技術力と差別化されたデザインの団体服、ユニフォーム、②100%国内生産による良質の働き口創出、③不必要な流通段階を減らした合理的な価格、④親環境原布資材の使用（リサイクル反物、天然素材反物）である。

この会社の利潤の半分は労働者の賃金、残り半分は同種業界従事者の福祉に再投資される。従業員が技術者としての高いプライドと経営参加によるオーナーシップをもって働く環境づくりを優先課題として取り組んでいる。

（梁京姫）

④希望の店（全国）희망가게

シングルマザー支援のためのマイクロクレジット・プロジェクト

代表者：キム・ムンファン

設立年：2004年

H　P：https://www.beautifulfund.org / http://bfhopestore.tistory.com

主な所在地：ソウル市鍾路区

事業内容：マイクロクレジット、コンサルティング

希望の店は（株）アモーレパシフィックの創業者であるソ･ソンファン会長の遺産50億ウォンで造成された「美しい世界基金」を基盤として「美しい財団」で運営している「マイクロクレジット」事業である。その対象は死別や離婚で一人きりで子どもを扶養する「シングルマザー」で、創業のための4000万ウォンまでの創業資金を無保証信用貸出し、さらにコンサルティング及び創業後の管理サービスまで支援する。

2004年に事業を始めたが、「マイクロクレジット」（文末※印参照）ということからで周辺での心配もあったが、今は首都圏をはじめ釜山、大田、大邱、光州など地域でも拡がっている。2011年末全国に113個の事業場が門を開き、100号店のオープンの時には有名写真作家チョ・ソンヒさんが希望の店のシングルマザーの職場を写真で残し彼女たちに希望をメッセージを伝えるなどのイベントなども行った。

オープンした希望の店には飲食店、美容室、個人タクシー、自動車修理屋、天然せっけん製造など多様な分野がある。希望の店の特徴の一つは貸し出しを受けた創業資金を5年間分割返還すれば良いし、利子は分かち合いを実践する象徴的な意味の２%以内であり、このお金が分かち合いの先の実践として他のシングルマザー創業支援に使われている。

現在、希望の店の創業後生存率は80%であり、2010年12月には98.8%の償還率を記録、2010年平均償還率は84%に達する。

(*マイクロクレジットは失業者や十分な資金のない起業家、または貧困状態にあり融資可能でない（商業銀行からの融資を受けられない）人々を対象とする非常に小額の融資（ローン、クレジット）である。)

主な事業

創業資金支援、１：１専担創業コンサルティング支援

創業関連技術教育費支援、創業株連帯及び家族情緒プログラム支援

（鄭眞愛）

⑤W－ｉｎｇ（ソウル）

買春犠牲者など女性脆弱層の就労支援のための社会福祉法人

代表者：チェ・ジョンウン

設立年：（母体1953年）2010年　名称変更

Ｈ　Ｐ：http://www.w-ing.or.kr/

主な所在地：ソウル永登浦区

事業内容：創業及び就業支援、教育サービス提供、賃貸住宅提供など

社会福祉法人W-ingは1953年、朝鮮戦争直後残された子ども達とお母さんたちのための「デレサ母子院」で始まった。66年には「ウンソン院」という名前を変え、以後70~80年代の産業化時代にはソウルにお金を稼ぎにきた貧困女性に宿泊を提供、職業専門教育を実施した。90年代は未婚母と家出青少年の面倒を見、2004年「売春防止法」が制定された以後買春被害女性たちの自活を助けている。このようにW-ingは時代によって変わってきた女性問題に関わりながらW-ingならではの特別な関心を持ちながら多様な活動をして来ている。

W-ingと言う名前は「Women Initiative Networking Growing」の略字で女性各自が思う「成功的な生」を主導的に生きて行くようにネットワークを通じて励まして応援するという意味である。買春被害女性たちの自活センターと憩い場という限界を越えて女性自ら成功を定義しその生を堂々にまた主導的に生きて行くようにしようという主旨が名前に現れている。

他の社会福祉施設とは違い、「人文学アカデミー」を始め多様なワークショップなどを通じて女性の内面の力を育てるようにサポートしているし、また経済的な独立やキャリアの開発ができる木工作業場、カフェ、映像メティアーセンター、ハンドメード作業場などの事業場を作って女性たちを支援している。内面の問題と経済的な問題両方を支援することで窮極的な女性たちの成功をサポートすることができる。W-ingのこういう事業の結果、買春被害女性が創業したり、社会に進出したり例が出で来ている。今までこういう例があまりなかったため韓国でもW-ingの事例が注目されている。

主な事業

基礎支援事業：個別コーチング、学歴支援、専門教育、ビジョンワークショップ、自己経営ワークショップなど

教育支援事業：人文アカデミー、共同体キャンプ、セックシュオルリティワークショップ、アニメーションワークショップなど

職業支援事業：木工作業場「とんとん」、ハンドメード職業場「一針目一針目」、ハンドメード専門shop「1953」、代案文化空間1号店「シンギルドン」、代案霧化空間2号店「サンスドン」

就業及び創業支援：自己紹介書書き取り、イメージメイキングなど　（鄭眞愛）

⑥社会福祉法人ウィ・キャンセンター（京畿道高陽市）위캔센터

知的障がい者を主人公にしたクッキー製造と販売

代表者：チョ・ジンウォン

設立年：2001年２月　**認証時期：**2007年10月

Ｈ　Ｐ：http://www.wecan.or.kr

事業内容：麦クッキー製造、障がい者職業リハビリ

ウィ・キャンクッキーは、社会的企業である社会福祉法人ウィ・キャンセンターで就業が難しい重度の知的障がい者に職業リハビリサービスを提供する目的で作られているクッキーである。2011年現在、知的障がい者39人と健常者19人が協力して有機農クッキーを生産・販売している。クッキーはすべて手作りで、材料は100％国産の麦、ピーナッツ、黒ゴマなど選別した最高の材料を使用し安心・安全な品質の高い商品を消費者に提供している。

ここでは知的障がい者に単純な生産技術だけ訓練するのではなく高い技能の職務も実習し専門化した人材育成を目指している。また治療共同体など多様なプログラムもともに実施して障がい者も社会構成の一員として責任感ある役割が遂行できるよう指導している。

ウィ・キャンセンターはシャルトゥル聖パウロ修道女会が出資する知的障がいの職業リハビリ施設である。2001年２月設立され、知的障がい者を対象に職業リハビリサービスを提供して彼らの経済的自立と障がい者に対する社会認識改善を目指し、消費者の健康と環境を考える製品を生産しながら、単純な消費でなく生産的消費の実現を目標にしている。

企業が知的障がい者に社会構成の一員として安心・安定した雇用を提供するためには経営のバランスシートを考えなければならない。2001年ウィ・キャンクッキーが販売を始めたとき障がい者が作ったという偏見で販売先から次々と断られた。社会的偏見を克服するために品質と安全性を高めて競争力を付けた。そしてマーケティング・チームも新設した。障がい者の業務効率度を考慮すると売上高の損益分岐点は10億ウォンとなる。2008年に初めて純利益を出した。その後、売上高は2009年に12億ウォン、2010年に12億6000万ウォンに上った。

2007年に社会的企業として認証され、2008年には食品安全経営システムISO22000の認証、社会的企業の大統領賞を受賞することで健康なクッキー作り以上の社会的目標を実現した。利潤追求の企業ではなく障がい者の就労を考える企業、安心・安全な商品を作って生産者と消費者を保護する模範的な社会的企業として位置づけられた。ウィ・キャンセンター障がい者の就労提供という公益実現と受益創出という企業目標を成し遂げ、障がい者に安定した雇用を提供できるロールモデル企業になっている。（梁京姫）

⑦テアン・イルト・クンナルゲ（ソウル市龍山区）대안일터　큰날개

障がい者の日常活動補助サービスとベーカリー生産・販売を通して障がい者の就労提供

代表者：パク・チョンジャ

設立年：2004年　**認証時期**：2008年７月

Ｈ Ｐ：http://www.greatwing.org/

事業内容：ベーカリー、出版、活動補助サービス、特別移動サービス

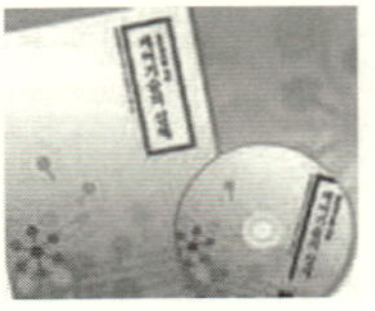

“慈善ではなく労働できる機会をください”というのが障がい者分野の社会的企業であるテアン・イルト・クンナルゲ（以下、「クンナルゲ」）の運営哲学である。障がい者および社会的弱者の社会統合活動のために所得が保障される安定した働き口を提供し、地域社会を基盤に多様な支援体系を構築する社会的企業型のオルタナティブな仕事場を指向する。そして障がい者や社会的弱者が地域住民として生きることができる地域共同体づくりを目指す。

「クンナルゲ」は障がい者に希望の翼を付けるという目的で2004年に設立された。名前は日本にある障がい者組織「Go Fly Wheelchair」からヒントを得た。“韓国の国境を越える”“車いすに翼を付ける”“大きな翼でどこでも飛べる”という意味である。以下の事業のすべては「クンナルゲ」の主要事業として行われている。

パク代表は2001年に「フレンドケアー」自立生活センターを設立し、障がい者の自立生活技術訓練や障がい者認識改善事業などを行ってきた。「クンナルゲ」設立後は、日本障がい者自立支援センター大阪と定例的に交流し先進国研修を実施する国際連帯事業にも取り組んだ。また、「企画出版クンナルゲ」を設立し、社会分野の各種企画・出版事業にも着手し、障がい者分野の社会的企業アカデミーも主管している。

パク代表は障がい者の多くが大部分の時間を家でＴＶ視聴だけで過ごしているのをみた。経済活動をしない障がい者は外部との接続も断絶され社会性の発達が阻害されていた。彼女は障がい者を雇用してパンを作っている東京のスワンベーカリーをヒントに障がい者に就労を提供する目的で2006年、「ナルゲ（翼）ベーカリー」を設立した。障がい者の職業リハビリを実現するための作業場である。ドイツ人技術者の諮問と製パン専門家２人を招聘し技術を身につけた。生産はオーダーメード注文生産方式を導入している。４つの店に単独・固定的に納品しているが、パンの味が口コミで広がり売上高が増加趨勢にある。ここでは、2011年現在10人が働いているが、そのうち４人が障がい者である。障がい者がパンを作ることは金銭的な所得の問題だけではなく、社会構成の一員として自らの職業を持つ地域住民として地域共同体に統合することであるだろう。（梁京姫）

⑧フクサルリム（忠清北道槐山郡）흙살림

研究と技術開発で土と農業と環境を生かす

代表者：イ・テグン

設立年：2000年　**認証時期：**2008年７月

Ｈ　Ｐ：http://www.heuk.or.kr/

事業内容：親環境農業資材や親環境農産物の生産・認証・加工・流通

フクサルリムは安全な農産物を生産して農民と消費者の健康を守り、自然を保護する循環型農業を支援・育成することを目指している。20年余りの間、環境に優しい農業の科学化に先駆的に取り組んできた経験を土台に地域の低所得農家、就職脆弱階層と共に親環境農産物生産および流通、残飯などを活用した都市有機農菜園の普及を通じて親環境農業の底辺を広げる事業を推進している。

フクサルリムは有機農業の活性化のための微生物研究所として出発したが、その後、社団法人を経て株式会社へ、そして今は韓国を代表する社会的企業としての変貌をみせている。イ代表はソウル大学校卒業後、1984年に帰農し農民運動に関わってきたが、1991年６月に有機農業に従事する農民に必要な有機農の技術を提供する目的で親環境有機農業研究所である槐山微生物研究所を設立した。1994年には有機農業に必要な微生物のすべてが日本から輸入されているのをみて、農民たちと共同で出資し、微生物の国産化のためのフクサルリム研究所を設立した。そして本格的に微生物の研究に取り組み、土壌改良用微生物、光合成微生物、食べ物カス発酵物などを次々と開発し農家に普及させた。

2000年には有機農資材を生産する事業部門を株式会社とし、研究所から分離・独立させた。この会社は約100人の農民が出資し設立したが、親環境農業資材の生産・販売や親環境農産物の販売、農産物加工などの事業をしている。2002年１月には政府が「親環境農産物認証」に対する権限を民間に委譲したが、民間機構の第１号となった。約60人（2010年）の従業員が年間100億ウォンの売上高を上げる社会的企業となっている。

2010年度のフクサルリムの事業戦略は農業現場の強化と都市に公益的な技能を拡大することであった。「都市におけるフクサルリム運動を」というキャンペーンのもと、都市に住む人々が直接菜園を作って育てる経験を通して農民の気持ちを味わい、有機農の食べ物に対する関心を引き起こす戦略であった。

フクサルリムは有機農の研究機関、農民の教育機関、親環境農産物認証期間として農民の中にしっかりと根をおろしている。さらに、農民運動と株式会社を結合した成功モデルとして、また農村型社会的企業のロールモデルとして注目されている。（梁京姫）

⑨ノリダン（ソウル）노리단

廃棄物を楽器に変えた、フリースクール出身者のパフォーマンス

代表者：アン・ソクヒ

設立年：2004年　**認証時期：**2007年11月

Ｈ　Ｐ：http://www.noridan.org/html/introduce/

事業内容：公演、デザイン、創意教育コンテンツ

所在地：ソウル市永登浦区

「捨てられたものを生き返らせよう！　したいことで世の中を変えよう！」というコンセプトでＨＡＪＡセンターのインキュベーションによって設立。ノリダンは、自分のからだ、自然、文明のリサイクルを土台に社会的活力と持続可能な楽しいデザインを指向する公共的文化芸術企業。産業資材と生活用品をリサイクルして、誰でも楽しめる文化芸術商品を創造する。ノリダンは現在、毎年200回余りの国内外での招請公演、100回余りのワークショップ、20か所余りのコミュニティデザイン事業と音遊びの場の設置をすすめ、2010年からは教育とメディアを結びつけた新事業団‘dalog’でオリジナルコンテンツおよびデザイン開発事業も展開している。

2004年、エコ・パフォーマンス（公演事業）グループで始まったノリダンは、現在は、小学生から60代まで年齢も専門分野も多様な80名の団員とともに、教育事業、デザイン事業まで行っている。

公演事業の代表作品はエコ・ミュージカル‘ピンペンポン’で、廃材などを活用し製作したエコ楽器オブジェと音楽と歌、体の動きで構成された融合型劇場公演である。この公演は、2008年５月、マカオ・アートフェスティバルへの招請公演で有料客席の占有率が90％に達するなど、世界各地で熱い反応を得てきた。教育事業は、企業研修、教師、子供、外国人、年配の方など対象に応じた事業で、自分のからだと日常の音を探して話を作る音のドラマ、関係を結ぶことと自己主導学習のための音遊びワークショップ、想像で始めるリサイクル創作楽器製作ワークショップなどで構成される。また、デザイン事業は、地域、村、都市のコミュニティ空間の造成および音遊びの場の設置、さらに創作楽器オブジェの製作、造形物の開発・設置、遊び場、公園、複合文化空間などの設置およびリノベーションなどである。

2007年社会的企業として認定され、代表的な青年社会的企業として活躍している。

（李玧妾）

⑩まちの劇場（ソウル）사람과마을　성미산마을극장사업단
ソンミサン・マウルのコミュニティ劇場

代表者：パク・フンソプ
設立年：2009年　**認証時期：**2010年12月
H　P：http://cafe.naver.com/sungmisantheater
事業内容：公演、地域住民文化芸術サークル活動支援
所在地：ソウル市麻浦区

ソンミサン・マウル（マウルは、まちや村の意）とは、麻浦区城山洞に位置する標高60m余りの小山を取り巻く城山洞・望遠洞などのいくつかの洞（日本のまちに相当する行政区画）をあわせたコミュニティを示す呼称である。ここでのユニークな町づくりの試みは、94年、この地に集団移住した386世代の共稼ぎの夫婦25世帯が共同育児のために、ウリ・オリニの家（私たちの子どもの家）を設立したことに始まった。共同育児は、子どもの成長や発達につれ、学童保育や「代案学校」（フリースクール）など、新たな”必要”を生み、さらに食の安全のための生協（麻浦ドゥレ生協）が設立（2000年）された。2001年には、ソンミサンに配水施設を建設しようとするソウル市の計画に対して住民運動が昂揚し、その撤回を勝ち取った。この住民運動のなかで生まれた世代間のコミュニケーションなどを通じて、コミュニティの拡大に拍車がかかった。2009年現在、麻浦ドゥレ生協には3500世帯が加盟し、カフェ・リサイクルショップ・劇場・ミニＦＭ放送局など、新しい文化や開かれたコミュニケーションを支える多彩な施設や社会的企業（マウル企業）がコミュニティを豊かに形づくっている。

「まちの劇場」もそうした社会的企業のひとつ。複合的な空間で劇場として必要な各種装備を除いては何もない空間にすぎない。各種公演はもとより、各種会議も開催される。展示や講義もして、訪問客のためパワーポイントによるプレゼンもし、さらにパーティーもして午前から夕方までフル稼働することが多い。幅8.3m、高さ5.5m。四角形の箱型の空間。一見、何もない空間のように見えるが、これはむしろ自由な客席配置と舞台演出が可能な変幻自在な空間である。80席くらいの座席配置が可能で、48回路のディマーと照明システム、音響は最新デジタル・コンソール及び各種機資材と豊かな音量のスピーカー・システムを保有し、演劇、音楽、舞踊公演は勿論、展示会まで可能な空間である。収益事業としては、主に施設の貸し出し事業で、 市民たちのために無料または自由寄付の催しである定期の映画上映が毎月曜日に実施されており、このほか、演劇、音楽の教室などが運営されている。

（李玧妾）

⑪タソミ財団（ソウル市麻浦区）다솜이재단

企業とコラボレーション、介護を雇用の場として

代表者：アン・ジェウン

設立年：2007年　**認証時期：**2007年10月

H　P：http://www.dasomi.org/　www.dasomnuri.org

事業内容：病院看病、療養サービス

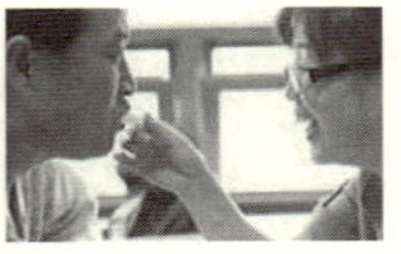

タソミ財団は教保生命保険（株）が後援する社会的企業である。教保生命は低所得階層の女性世帯主に安定的な就労を提供する一方、低所得階層の患者に無料介護サービスを提供するという女性に優しい働き口の創出と社会サービス拡充を社会的目的として実現するために2003年３月社内に低所得階層の女性世帯主20人をヘルパーとして採用し「教保タソミ看病奉仕団」を結成した。2004年にはさらに女性世帯主70人を雇用し事業地域をソウルから全国５地域へと拡大した。2006年下半期には一般患者向けの有料共同介護サービス事業を導入して財団の自立基盤を用意した。共同介護サービスとは１～２人のヘルパーが６人病室の患者すべてを介護するシステムである。共同看病は一対一の看病より低価でありながら良質なサービスを受けることができる。各病院にはヘルパーを管理するチーム長を配置し、問題が起きたとき即時解決を目指した。これは財団自立のための収益向上を狙った看病差別化戦略であった。

2007年財団として独立・分離した後、保健福祉部のヘルパー雇用事業である「付き添いの必要ない病院（完全看護の病院）」事業に参加し安定的な売上を上げる一方、社会的企業としても認証された。2009年には65歳以上の老人性疾患高齢者に看護と療養サービスを提供する療養センターを開所した。また、社会的企業として初めて持続可能経営報告書を発刊している。

2011年現在ヘルパー 260人が働いているが、週平均52時間３交代勤務、４大保険加入、退職金保障など正規職並みの待遇である。2007年、有料サービスの導入で財団の自立を目指したときは自立率が67％であったが、2011年現在完全な自立可能の財団となった。自立できた理由としては、社会的要求が高い介護分野であることと共同看病という新しいシステムの開発で市場の競争力を備えたことが挙げられる。有料介護による収益のすべては地域社会サービスインフラ構築に再投資している。

「タソミ財団」は公益の目的を遂行しながら収益も創出し、営利企業連携型の社会的就労創出の代表的モデルとして紹介された。営利企業における社会貢献の活動の新しいロールモデルの地平を開いたといえる。

（梁京姫）

⑫ヒューマンケア（忠清北道）휴먼케어

地域（清州）のネットワークを活かした介護事業

代表者：ソン・ユジョン

設立年：2008年5月　　認証時期：2008年7月

Ｈ　Ｐ：http://www.ehumancare.com

事業内容：訪問療養および訪問入浴サービス（日常生活および介護サービス）、障がい者活動補助サービス

ヒューマンケアは老人と障がい者の利害と要求をまず配慮しながらも職員の勤務条件改善のために努力する調停者の役割を遂行して地域社会内で正直で質が良い社会サービスを提供する「介護企業」になることを目指している。2001年、自活センター在宅看病事業団で始めたヒューマンケアは、2006年に水資源公社から事務室を提供され、2008年、自活共同体を経って株式会社として登録し、その後社会的企業として認められ現在に至った。また、現場職員120名余りと事務職員５人はほとんど40代を中心に構成されているが、より健全な社会的企業になるため、職員を会社運営に参加させる、つまり株主として参加させることを推進している。

ヒューマンケアの主な事業は、老人長期療養保険制度に加入した人に対する訪問療養および訪問入浴サービス、老人介護バウチャー事業・障がい者活動補助支援事業・家事看病訪問サービス事業、医療機器販売賃貸事業、障がい児童医療機器のレンタルサービスなどがある。

数年前は珍しかったこうした介護企業の社会的企業は、現在、社会的企業の多数を占めている。そこでヒューマンケアは、先駆者のように堂々とロール・モデルになっている。社会的企業として地域社会への寄与が認められ、2011年６月には国民健康保険公団によって訪問療養・入浴サービス部門で最優秀機関として選ばれた。（李玧妻）

⑬安山医療消費者生活協同組合（京畿道安山市）

代表者：イ・チャンス

設立年：2000年　**認証時期：**2008年７月

Ｈ　Ｐ：http://www.asmedcoop.org/

事業内容：疎外階層医療事業、組合員および地域住民保健予防活動、保健医療福祉統合サービス

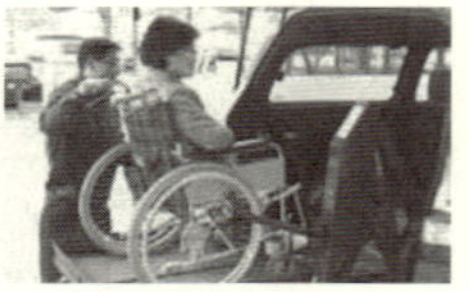

地域住民が参加して2000年にスタート、新しい医院と漢方医院を開院して地域住民と低所得層、障がい者、移住労働者など脆弱階層に医療サービスを着実に提供してきた。2004年から病気の脆弱階層の家庭に訪ねて行く看病サービスを提供している。2005年からは健康を保ち病気を予防するための検診センターを運営している。2008年７月の社会的企業認証を通じてその間の地域社会寄与事業を制度的に実現する契機が整った。2009年11月開院した‘ウリ生協歯科’は安山地域内の４つの協同組合が共に力を合わせてつくった点大きい意味を持つ。

・疎外階層および地域住民医療事業（新しい医院／漢方医院、ウリ生協歯科）・健康診断センター

・老人・脆弱階層保健医療One-Stopサービス事業（訪問看護、訪問療養／入浴、健康診断、同伴移動サービス、健康増進予防学校）

・健康な地域社会づくり（健康マウルの集い、小サークル活動）・社会的責任報告書発刊

（雇用労働部『社会的企業概要集』）

⑭有難い手（京畿道富川）고마운손

열매나눔재단（芽分ち合い財団）が後援する脱北者などの就労支援

代表者：オ・ヒョンミン

設立年：2009年　**認証時期：**2010年５月

Ｈ　Ｐ：http://www.ghands.co.kr/main.php

事業内容：ハンドバッグ、財布、カバンの開発と製造

所在地：京畿道富川市

保健福祉部、ＳＫエネルギー、「芽分かち合い財団」の３つ機関が出資してセトミン（脱北者）、障がい者、高齢者など脆弱階層に働き口を提供するために設立された社会的企業で国内最大規模の人材、設備、施設を整えてハンドバッグ、財布の有名ブランド製品を生産、輸出する。収益金の50％を新たに社会に還元することで良い循環を実践するのが目標。

とくに、ＳＫは、設立資金支援だけではなく、経営参加と諮問、大企業の力量を活用した販売支援など、企業運営に実質的に手助けになる多様な活動をしている。

最初セトミン（脱北者）５人で始まった「有難い手」は、57人くらいの雇用を確保している（2011年現在）。こうした脆弱階層の素人たちは、20～30年の経験者に技術を学びながら生産補助活動に参加する。そして、仕事をちょうど学び始めた疎外階層の職員は、業務経験が20年以上の経験者と一緒に働いて技術と業務を学び、自立の希望を育んでいる。つまり、究極的にマイクロクレジットなどの創業資金を紹介するとともに創業から独立までを目標に設定し、業務効率を高める。

設立当時は、中堅ファッション雑貨業社（株）ツァムジとのパートナーシップを通じて、下請けを引き受けるとともにテクニカルサポートを受けて仕事をしたが、現在は、その品質を認められ、韓国の有名なブランドであるＭＣＭ、クロコダイル、ミソペ、マティンシッボングなどのファッション会社からの注文を受けて生産するようになった。また、賃加工構造の製造会社を脱皮してプロモーション会社からブランド会社へ、ひいては流通販売会社へのビジョンを設定している。ブランドターゲットは若者から中年層までの、すべての階層が顧客である流通販売会社への跳躍を夢見ている。現在、第２工場のオープンと販売法人を準備している。

（李玧妻）

⑮バリの夢（ソウル）바리의꿈

沿海州高麗人のつくるエコ食材の生産・流通・販売

代表者：キム・ヒョンドン（ロシア、沿海州）―ファン・グァンソク（韓国）

設立年：2005年　　**認証時期：**2007年12月

Ｈ　Ｐ：http://www.baridream.com

事業内容：チャガボソッチョングクチャン、東北アジア（青少年）旅行Edu-tourism

主な所在地：ソウル永登浦区

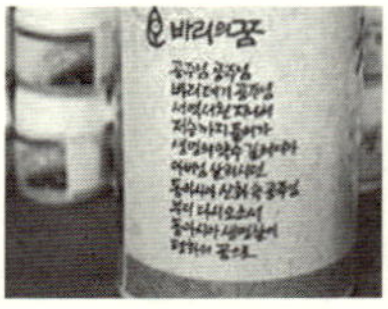

10年あまりの間、沿海州で積み重ねたＮＧＯとしての経験を土台に沿海州と朝鮮半島を主な舞台として、高麗人同胞と共に、南北露中日米に散らばっている7500万コリアンネットワークを連結する‘渤海大祚栄（テジョヨン）プロジェクト’（沿海州大規模農場経営事業、沿海州親環境食品製造加工流通事業、東北アジア教育文化旅行業、沿海州コンサルティング事業）を推進する。

バリの夢は沿海州地域の高麗人同胞の経済安定と定着支援を目的とする社会的企業である。バリの夢は、説話に出てくるバリ王女が自分を捨てた病んだ父のためにあの世に行って生命の水を汲んできたことに因んで、沿海州地域で生命の水の役目をするために作られた企業である。北朝鮮の咸鏡道と接する沿海州には、現在、カザフスタンやウズベキスタンなど中央アジアから移住した４万名余の高麗人らが暮している。この人々は、住むため、あるいは独立運動のため、日帝植民地期に中央アジア地域に移住した人々である。北東アジア平和連帯は、沿海州ロジナ地域を高麗人定着支援村にするため、2007年10月ウズベキスタンから移住した高麗人家庭９世代を、また翌年には12世帯を、それぞれ移住させた。こうしたロシア沿海州地域の高麗人は、化学肥料や農薬を使わず、自然農法で育てた豆を利用して伝統方式で味噌玉麹、醤油、味噌などを作って販売している。収益金は、新たに中央アジアから沿海州に再移住して来る高麗人らの安定的な定着を助けるために使われる。

主な事業に、沿海州親環境食品製造・加工・流通事業、東北アジア教育文化旅行事業、沿海州大規模農場経営事業、沿海州コンサルティング事業などがある。（李玧妻）

⑯善良な旅行（ソウル）착한여행

外国人女性のバックグラウンドを資源に

代表者：ナ・ヒョウ

設立年：2009年　**認証時期：**2010年12月

連係企業および連繋地方自治体：光州市庁（2009年７月）、持続可能な観光社会的ネットワーク企業（2010年４月）ソウル市ボランティアセンター（2010年12月）

Ｈ　Ｐ：http://www.goodtravel.kr/

事業内容：責任旅行プラン（メコン川シリーズ、島シリーズ）、優しいリュックサックおよび航空券販売、オーダー旅行デザイン、責任旅行プランナーアカデミー、持続可能な観光政策事業およびキャンペーン

所在地：ソウル市麻浦区

参加者らそして訪問地域の人々と歴史、環境、経済、文化に対する尊重と配慮がある「責任旅行」、感動と面白さそして体験と経験を‘分かち合いながら学ぶ旅行’、旅行を通じて結んだ関係を大切にする‘持続可能な旅行’を追求する。

・責任旅行プランの開発：親環境的、現地文化を保存できる旅行プラン開発
　－メコン川シリーズ（ベトナム、ラオス、カンボジア、タイ、ミャンマー、中国）
　－島シリーズ（インドネシア、マレーシア）
　－世界文化遺産シリーズ（インド、ネパールなど）
・オーダー旅行デザイン：企業および政府、地方自治体、学校および団体からのオーダーメードデザインなど
・国内のオルタナティブな修学旅行商品
・責任旅行プランナーアカデミー（エコエージェンシースクールなど）
・韓国観光公社共同キャンペーン
・責任旅行政策フォーラムおよび国際会議

（雇用労働部『社会的企業概要集』）

⑰ＡＬＬ利（清州）

移住女性など脆弱層の就労支援、地産地消（おからハンバーガー）

代表者：イ・ヘジョン

設立年：2008年　　**認証時期：**2008年４月

Ｈ　Ｐ：http://www.alllee.co.kr/

事業内容：親環境おやつの材料：豆バーガー、韓国麦ワッフル、シッケ
親環境生活材：代案生理用ナプキン、環境タワシなど

ＹＭＣＡ系列の社会的企業で、食品の安全と地域性、元気な働き口という社会的目的を持って韓国産の豆でつくった環境に優しいバーガー、韓国麦のワッフルなどを生産・販売して土地と生命を生かす食べ物文化をつくり出して、多国籍企業と大企業が競争している既存のバーガー市場に挑戦する。

主な活動

・親環境食べ物生産
－有機農豆おからと有機農ピーナッツと有精卵でつくったバーガー
－親環境米でつくったシッケをはじめとする有機農飲み物
－国産の豆でつくった豆ステーキなど親環境食事
－フェアートレードのコーヒー
・社会的分かち合い実現
－低所得児童らにバーガーを後援
－ＨＡＰＰＹ ＤＡＹ：地域社会疎外階層後援の日
－脆弱階層の雇用：参加者の福祉および教育
・社会的目的実現
－ローカルフード運動の展開：都市農村連繋プログラム
－食品安全関連運動の展開：モニター事業、連帯事業
＊同じＡＬＬ利の系列の社会的企業として、
鳥致院（チョチウォン）ＹＭＣＡ　ＡＬＬ利事業団（忠南）、論山ＹＷＣＡ　ＡＬＬ利事業団（忠南）、（株）生命サルリムＡＬＬ利事業団（忠北）、堤川（チェチョン）ＹＷＣＡ　ＡＬＬ利事業団（忠北）などがある。

（雇用労働部『社会的企業概要集』）

⑱HAJAセンター（ソウル市立青少年創意センター）

青少年社会的企業インキュベーション、持続可能で公共的な創意インフラ拡大のプラットホーム

代表者：チョン・ヒョクァン

設立年：1999年12月

Ｈ　Ｐ：http://www.haja.net

所在地：ソウル市永登浦区

事業内容：児童及び青少年の進路設計、創意的な教育プログラムの提供、若者のための社会的企業、コミュニティビジネス支援

韓国でも青少年問題、教室崩壊問題はもう昔からの話だ。こういう問題が出たとき公教育だけではなく、青少年たちが望んでるスペースを作って新しい代案を提示しようとしてできたのが今のHAJAセンターである。「HAJA」という言葉は「しよう」という意味である。名前から見られるように「HAJAセンター」のモットーは「やりたいことをしながらやるべきこともしよう」ということで何よりも自律と共生を重要ししている。

1999年12月に開館し、延世大学校がソウル市から委託運営していて正式名称は「ソウル市立青少年職業体験センター」である。初期にはウェブ、映像、音楽、デザイン、市民作業場など5個のスタジオを運営しながら青少年を対象に芸術分野の企画者たちと多様なプロジェクトを進行してきた。そういう活動は時間が経つと同時に具体的になり、2001年作業場学校を開校することになった。また、HAJAセンターの１期の青少年が若者になるという自然なこともあり、HAJAセンターの活動も社会的企業の支援と繋がるようになった。それが創業インキュベイティングプロジェクトである。その結果が文化芸術分野の社会的企業１号であるNoridanだ。

現在HAJAセンターは児童と青少年たちに進路設計及び創意性教育プログラムを提供するという教育分野のみらず、青壮年たちのためには持続可能な職場を創出するため社会的企業などコミュニティビジネスを支援まで幅広く事業を行っている。それで子どもから青年層まで包括する創意的教育と文化増進、社会的創意の活性化のための青少年社会的企業インキュベイティング、持続可能で公共的な創意インフラ拡大のプラットホームとしての役目で跳躍しようとしている。

主な事業

—創意ネットワーク学校

：脱学校の 10代中心の作業者を育てるHAJA作業場学校/ 徒歩旅行を通って現場の中の人文学を自ら学ぶロードスコラ/10代後半自立の時期に対面するようになる生存の問題を創意的に解いて行く錬金術師学校/ 料理を通じて夢と自立を実現するヤングシェフ

—社会的企業インキュベイティング

：社会的企業と予備社会的企業のためのインキュベイティング&支援及び共同事業

映画制作所 Nun /ユザサロン/ブラストング/語り手の本公演/豆３粒 N

—創意学習コミュニティ

：キャリアHAJA（一日職業体験プロジェクト、日就月将職業体験プロジェクト、キャリアワーク）

C-フラット（Creativity Platform）（創意リーダー特講シリーズ、不満を解決する創意性、青少年都市農夫プロジェクトなど）

（鄭眞愛）

⑲ジャバルテ　자바르떼

芸術を通じて芸術家への就職と町の人への「楽しい文化学校」

代表者：イ・ウンジン

設立年：2004年　**認証時期：**2007年12月

H　P：http://www.artplay.net

事業内容：地域文化事業、芸術教育事業、文化芸術教育及び社会的企業関連の研究・出版、文化行事の企画・制作

主な所在地：ソウル衿川区

ジャバルテは2004年、失業克服国民財団（現、ともに働く財団）の文化芸術人の職場を作る事業として始まった。job（職業）とart（芸術）、play（遊び）の合成語であるジャバルテは二つの目標を明確に説明してくれる。第一は、生活に困っている低所得層の文化芸術人に働き口を提供すること、第二は、経済的理由で文化生活から疎外された子供と住民たちが文化芸術教育を受けることを可能にすること。

2004年8月、1,430名余りの受恵者を排出した第1期を初めに、2010年まで5千人余りの子供と住民が、ジャバルテの作った楽しい文化学校ジャバルテで芸術教育を受けた。2007年に社会的企業として認証された後には、既存の芸術教育事業を公演、体験活動、祭りの企画などまで広げている。ジャバルテは自ら創作して体験する芸術教育を志向する。

現在は、ソウル、仁川、安山の地域児童センター、失業団体、市民団体など、80個の教室で950名余りの脆弱階層の子供と住民を対象として文化芸術講座を実施している。音楽、美術、西洋楽器、伝統楽器、踊り、マンガ、文学、映像、写真など、授業のテーマも非常に多様である。ここに、総65人の教師が参加する。また、仁川、安山のジャバルテは2010年に独自で社会的企業と認証され、各地の地域社会と連係し、多様な催しを企画するなど、活発な活動を行っている。

（李玧妻）

⑳社団法人　働く人びと（済州特別自治道西帰浦市）일하는사람들

自活共同体を統合して生まれた社会的企業、廃棄養殖魚を利用した液肥（液体肥料）生産で脚光をあびる

代表者：キム・ギョンファン

設立年：2009年　　**認証時期：**2010年10月

事業内容：清掃、防疫、液肥など

2009年に済州道西帰浦市の自活共同体が合同して立ち上げた社会的企業で、良質の就労機会の提供と福祉向上事業を通じて低所得層の自活自立をはかるとともに地域社会の脆弱層に多様な社会サービスを提供することによって道民の生活の質の向上に寄与することを目的としている。立ち上げから１年ほどで売り上げ８億ウォン余りを達成するとともに労働部から社会的企業の認証を受けた。

代表のキム・ギョンファンさんは大邱出身であるが、1990年代にソウルで参与連帯や自活運動を経験し、10年余り前から済州道で自活事業に身を投じたベテランの市民活動家である。済州島で年間4000万トンと言われる養殖ヒラメの生産過程で大量に出る廃死魚を自然発酵させてつくる、廉価で自然に優しいＥＭアミノ酸液肥の事業が有望視されている。

＊ＥＭは、Effective Microorganisms（有用微生物群）

主な事業

就労事業

－学校環境改善事業：環境にやさしい清掃で学生たちの健康と快適な学習環境づくり

－清掃委託管理：西帰浦市内の公衆トイレの清掃管理、ゴミ出し場所でのゴミ容器洗浄および消毒清掃管理

－家屋修理事業：脆弱階層住居の環境改善事業および一般工事

－天然染色事業：環境にやさしい天然染色反物の生産および製品の製作販売

－環境にやさしい防疫事業：微細害虫（ゴキブリ、家ダニ、蟻など）防疫サービス

－ＥＭアミノ酸液肥事業：廃死魚を資源化してＥＭを活用した液肥を生産販売

福祉事業および地域貢献事業

－危機家庭支援、奨学事業、住民参加型マイクロクレジット、従事者雇用安定基金事業など

（文京洙）

㉑韓国社会的企業振興院　한국사회적기업진흥원

社会的企業育成法改正によって設立された、社会的企業支援のための公共機関

院　長：リュ・シムン

所　在：京畿道城南市

Ｈ　Ｐ：http://www.socialenterprise.or.kr/index.do

設立の目的と機構

社会的企業の体系的専門的支援のために雇用労働部の出資による機関で、社会的企業育成法の改定（2010年６月８日）によって設立された。2011年１月24日企画財政部によってその他の公共機関として指定されている。

振興院は、社会的企業の設立・運営を支援し、これに関連する民間の活動を促進し、社会サービスを拡充し、新たな就労を生み出すことで社会統合と国民の生活の質向上に寄与することを目的としている。企画広報本部、事業運営本部、企画運営本部の３本部と傘下の６チームによって構成され、院長や各本部長はじめ40人余りの専任スタッフが勤務している。

主要機能

：社会的企業の創意に満ちた多様な成功モデルを発掘し、広報し、経営コンサルティングの提供や社会的企業家教育など、社会的企業のためのソフトウェアーの提供。

：社会的企業のための資本市場基盤を造成し、プロボノ活性化に向けた支援を提供

：社会的企業に対する認証を支援し、周期的な実態調査と分析を通じて社会的企業の発展方案を示し、国民に信頼される社会的企業の環境づくり

：「青年などの社会的企業家育成事業」など政府の社会的企業関連事業の遂行

：自治団体の社会的企業育成を支援し、企業・ＮＧＯおよび宗教界などと協力し、民間の社会貢献と社会的企業支援連携モデルを発掘するなど社会各界各層で社会的企業の発展に寄与できる基盤を構築する。

（文京洙）

㉒(株)EduMoney

韓国初の「金の原理や哲学を教える」経済教育とコンサルティング

代表者：チェ・ユンギョン

設立年：2007年　**認証時期：**2007年

所在地：ソウル特別市麻浦区

事業内容：経済教育／財務相談／出版･教材製作／キャンペーン／経済教育講師の養成

韓国は97年のＩＭＦ金融危機以降、お金至上主義の社会となり、多くの国民が株式投資をするようになった。しかし、実際には投資で儲ける個人は限られ、むしろ負債を抱える個人が多い。消費者が「お金の奴隷」となり、クレジットカードで必要以上の買い物をする人々も増えた。

消費者が銀行など金融機関で相談すれば、金融商品の販売に直結する。行員も相談だけではなく収益を得られる商品を販売せねばならない。学校で行われる経済教育もただお金持ちを目指すことに偏っていた。EduMoneyのパク・ジョンホも民間の生命保険会社でファイナンシャル・アドバイザーとして務めていたが、ノルマ中心のセールスを強いられた。そんななか、金融商品を販売しない財務相談と公正な経済教育を目指す、EduMoneyに出会い、保険会社を辞めて同社に飛び込んだ。

EduMoneyは2006年、「金融を消費者の主権に取り戻そう」という『ハンギョレ新聞』との共同キャンペーンを始め、07年法人に登録された。08年希望製作所の小企業発電所と共同で小企業を支援する活動も始め、同年12月に社会的企業に認証された。「販売なき金融相談」と「金の哲学や合理的な消費者教育」が社会から公式的に認められるようになった。良質な教育プログラムを開発し、それを通して人々が次第に経済の問題意識を自覚するようになるなど成果を挙げている。経済教育の中ではファイナンシャル・アドバイザーを養成する課程もある。現在30期まで運営しており、参加者の満足度も非常に高く、高い評価を受けている。

長期的には重要な収益とされる出版や教材製作などコンテンツ事業に力を尽くしている。主に家庭経済に関する本や子供向けの本を４年間で11冊出版しており、2007年に出版した『お父さんの家計簿』は10万部以上売れ、『お金持ちの幸せな家計簿』は文化観光部の教養図書に選定された。今後、実質的な家庭経済指数の開発や報告書の発刊など研究機能を強化し、良質な金融環境から疎外されている人々により健全で安定的に希望を見せる消費者教育を目指している。

(姜泰羊)

㉓仁川平和医療生活協同組合

住民の立場による医療の先駆け

設立年：1996年　**認証時期：**2008年７月

所在地：仁川広域市富平区　**ＨＰ：**http://www.icmed.coop.or.kr

事業内容：協同組合方式による医療機関の運営

「開発独裁」の典型ともいえる韓国は、急速な経済成長を遂げる一方、そのひずみも大きい。ソウル近郊の富平区はその象徴ともいえる地域だ。工場地帯と軍基地が地域の多くを占め、住民の社会サービス施設は少なく、医療の「空白区」でもあった。1989年、以前から地域の労働者を支援してきたカトリック青年医療人会の関係者は、劣悪な労働環境で健康を害している労働者と地域住民が公平に医療を受けられるよう、基金を集めて「平和医院」を設立した。診療と労災・職業相談および環境問題に取り組んでいく。そして、病気が単に個人の責任だけでなく社会的な問題であることを直視し、予防とリハビリを含む包括的な地域医療を展開したいと考えるようになった。

彼らは90年代半ば、日本の医療生協の視察・研修で大きな刺激を受ける。地域住民が自ら出資し、住民が医療に「参加」するという協同組合方式に共感して、96年「仁川平和医療生活協同組合」を設立する。設立後、住民のニーズを掘り起こして、訪問看護、保健予防学校を始める。99年には韓医院を開設した。（98年の生協法制定に伴って）2000年に正式に生協法人として認可された。その後、老人福祉センター、歯科開設など活動を多様化させている。2008年には社会的企業として認証され、地域づくりでもその役割を期待されている。また、政府が医療の「市場化」を進めるなか、医療の「公共性」を主張する同生協の社会的役割は大きい。

現在では、2000世帯以上の組合員が４億4,800万ウォンの出資をしており、職員43名（うち医師４名）を抱える組織に成長した。現在、近隣地域の組合員を増やそうと、出資金額を下げる方針（３万ウォン→１万ウォン）を提案しているが、金額を下げて組合員が急増すると医療生協が変質してしまうのではないか、という懸念が組合員から出されている。このことは同生協が地域住民からいかに愛着を持たれているかの証でもある。（秋葉武）

㉔ハンビット芸術団　한빛예술단

きわめて優秀な音楽の才能と力量を揃えた視覚障がい者の音楽団体

代表者：キム・ヤンス

設立年：2006年　　**認証時期：**2010年1月

H　P：http://www.hanbitarts.co.kr

事業内容：視覚障がい者の雇用、障がい者のための芸術教育、疎外階層のためのコンサート、巡回公演「HOPE Concert」

主な所在地：ソウル江北区

ハンビット芸術団は、2003年の職業選択の幅が狭い視覚障がい人のために作られたハンビット・ブラス・アンサンブルがその始まりである。アンサンブルの活動が良い成果をおさめるとハンビット盲学校の高等クラスに音楽科が設置され、専門学士過程まで開設されるようになった。そして、いよいよ2006年には、アンサンブルを拡大改編したハンビット芸術団が創立されることに至った。ハンビット芸術団の下には、打楽アンサンブル、ブラス・アンサンブル（管楽合奏団）、ダウィッド弦楽アンサンブル（弦楽合奏団）、チャリティー合唱団、ビッソリ重唱団、ブルーオーシャン（バンド）などがある。

2003年にハンビット・ブラス・アンサンブルが文化観光部の支援による農漁村巡演を初め、毎年20回位の多様な演奏行事に参加した。一般大衆と青少年を対象にした‘障がい認識改善音楽会’と全国の疏外階層を訪ねる‘希望音楽会’を定期的に開催した。

毎年、年末に行われる入団オーディションには全国から音楽を専攻した視覚障がい人が多数参加している。しかし、団員に選抜されたと言っても油断は禁物だ。ソウル市立交響楽団など他の公演団体と同じく実力が劣れば芸術団から追い出されるからである。

また、多くの公演が収益に直結しないことがハンビット芸術団が解決しなければならない当面の問題である。ハンビット芸術団の支出の中で人件費と基本維持費の比重が意外に高い。高価の楽器を保有して維持しなければならないことと、視覚障がい人の演奏者たちが公演をするためにはほぼ同じ人数の非障がい者職員が助けなければならないからである。

（李玧妻）

①(有)池田牧場

生産者と消費者をつなぐ「イケボク」のジェラート

代表者：池田喜久子

設立年：1997年

所在地：滋賀県東近江市　　**Ｈ　Ｐ**：http://www.ikeboku.com/

事業内容：ジェラートの製造・販売／農家レストラン

池田喜久子は中学校の同級生で酪農家の義昭と72年に結婚し、成牛40頭の酪農経営を始め、規模を拡大する。しかし、82年の牛乳の「生産調整」で状況は一変した。大手メーカーの買い取りシステムに組み込まれている以上、生乳の廃棄を連日続けねばならない。「食べ物を捨てる」という生産者としての辛酸をなめ、収入は激減した。

生計の足しに始めたハーブ栽培等を通して「直売」で初めて消費者と触れ合う楽しさを知った池田は、自分の一番の商品「牛乳」を加工・自家販売することで‘人とつながる’仕事をしたいと思い始めた。しかし、それは大手メーカーの制裁という「虎の尾」を踏みかねないことだった。喜久子のあまりの熱意に根負けした夫はメーカーに掛け合い、自家販売の‘黙認’をとりつける。

90年代半ばに「ニューヨークで低脂肪のアイスクリームが流行っている」と聞きつけた池田は日本でも健康志向の時代が来る、と考え、イタリアン・ジェラートというアイスに注目した。本物をみたいと47歳で単身イタリアに２週間滞在し、ジェラート生産のノウハウとスローフードの思想を学んできた。２年間準備に専念して、牧場の一角に「道から絶対見えない」関西初のジェラートショップを97年開業したのである。無添加で、見た目がきれい、豊富なメニューを揃えたジェラートは評判を呼び、シーズンには１日1000人以上が来店する人気店となった。

しかし03年客の車で集落が混雑するようになると、さらに奥地に転居し、ジェラート店だけではなくさらに「田舎の親戚」をコンセプトとした地産地消の農家レストランを開業した。生態系の悪化と共に増え過ぎた鹿を活用した、鹿肉料理は徐々に評判を呼び、経営を軌道に乗せた。現在、ジェラート店、レストラン併せて年間１億5000万円以上を売り上げ、地域の雇用創出にも貢献している。

（秋葉武）

②NPO法人京都コリアン生活センター　エルファ

「アイゴー」から「エルファ」へ

代表者：鄭禧淳

設立年：2000年

所在地：京都市南区

事業内容：在日コリアンをはじめとする多国籍住民の介護支援、作業所、地域づくりを展開

在日コリアン１世は日本の植民地支配、朝鮮戦争といった朝鮮半島の激動の歴史のなかで戦後も帰郷を果たせず差別の中で日本社会を生きてきた。1943年愛知県に生まれた鄭禧淳は、35年間に渡って関西で在日コリアン同胞のための生活支援、権利運動に取り組み、多くの相談に乗ってきた。就職相談が一番多かったが、次第に年老いた両親（１世）に関する相談が寄せられ始めた。

折りしも、日本では高齢社会に対応して2000年介護保険制度が始まることとなった。鄭禧淳は直感する。年老いた1世は介護保険料を徴収されても、複雑な仕組みである介護保険サービスを利用できないのではないか、と。彼女の直感は的中する。高齢化の進むなか日本語を忘れ、母国語であるハングルでしか意思を表現できなくなる１世たち。

福祉制度の狭間にある１世の現実を踏まえ、99年の春、「同郷の友がいて、食べ物、歌、遊び、環境」の共通した同胞高齢者の研究会を始めた。故郷の言葉、文化、風習に明るい同胞の人材を介護ヘルパーとして育成。こうしてエルファは始まる。そして、１世が心安らぐ場をデイサービス施設として開設し、訪問介護サービスも充実させた。さらに、障がい者共同作業所では地域の20人以上の障がい者が食品を製造している。介護保険事業の収益や寄付金を募って、エルファは京都府内の在日コリアンの集住地域４ヶ所でデイサービスを始めている。

エルファは日本の福祉関係者から高く評価されているだけでなく、京都には森清範（清水寺貫主）、末本雛子（エルファ友の会）、上田正昭（京都大学名誉教授）、山澤壽一郎（カトリック教会）など多くの支援者がいる。韓国からも多くのインターン生が来ている。定住外国人の高齢化は世界共通であり、国連機関をはじめ世界各国から関係者の視察も絶えない。エルファは運営方法を惜しみなく提供している。同砲の「アイゴー」のため息と涙の人生を笑顔と喜びに満ちた「エルファ」な人生に変えたいという願いを込めて始まった組織は、世界の福祉モデルになりつつある。写真はエルファの建物内部の一部。（秋葉武）

③おしごと興業合同会社

代表者：朴洋幸（代表社員）
設立年：2009年
所在地：大阪府八尾市
事業内容：大阪の中河内地域を中心とする就労支援、生活支援を通して地域の「しごとづくり」「まちづくり」に貢献。

おしごと興業合同会社（以下合同会社）の母体は八尾市人権協会だ。同協会の誕生は部落解放運動が大きな転換期となった同和対策法失効の2002年にさかのぼる。大阪の部落解放運動は運動と事業を分け、事業を担ったのが八尾市同和促進事業協議会であり、2002年に八尾市人権協会に改組され誕生した。当初から活動の中心になったのが就労支援の取組みであり、地域就労支援事業、八尾市における雇用対策への提案（2009年1月）、市民のための雇用・労働相談会の開催（2009年3月）など成果をあげてきた。その活動の蓄積こそが合同会社設立に結びついたのだ。さらに隣国韓国の社会的企業の活動に刺激を受けたことは大きかった。2009年9月にソウルの希望製作所を訪問し、社会的企業である「美しい財団」「美しい店」との交流を積んだ。

こうした活発な活動をした2009年の翌年2010年は大阪府の久宝寺緑地公園の指定管理更新を迎えていた時期であり、就労支援、生活支援から事業への応募が求められ合同会社を設立(2009年7月22日)、障がい者雇用をはじめとした就労困難者の雇用で取り組んで来たビルメンテナンスの株式会社美交工業（大阪府の2005年のハートフル企業大賞受賞）、大阪府公園協会と組んで応募し、2010年度からの指定管理の事業を初めて受注することになった。「失業者にもなれない失業者は世の中にいるのです。保険のある会社に勤められず、職業安定所に行く機会もない。障がい者であったり、被差別部落住民、外国人だったり、母子家庭のお母さんだったりする。地域就労支援事業がその相談の窓口であり、そこに登録している大阪市内の方が今回就労することにもなりました」。公園管理事務所の藤本高美所長はいう。就労と福祉の壮大なチャレンジである。

このほかの事業として「とらんぽりん事業」を2011年8月から始めた。八尾市内で生活保護を受けている稼動層の人が対象。働くことのモチベーションを高めるねらいがある。「指定管理事業は公園での清掃業務などの仕事を契機に、就労困難者、生活保護受給者の訓練の場としても位置付けています。そこで自分にあう仕事を発見していくことになれば」と合同会社代表社員の朴洋幸さんは抱負を語っている。

（川瀬俊治）

④(社福)一麦会　麦の郷

代表者：伊藤静美
設立年：1995年
所在地：和歌山県和歌山市
事業内容：日本版ソーシャル・ファームの先駆けで、精神障がい者の就労を通した自立

「麦の郷」は1977年、6畳一間の障がい者の共同作業所運動から始まった。作業所にボランティアとして関わっていた看護師・伊藤静美は、ある日家庭崩壊によって地域から追われた統合失調症の兄弟と出会う。行政は彼らに精神病院への入院を勧めていた。一度入院したら窓には鉄格子が張り巡らされ、外界からは完全に遮断された隔離病棟から一生出てこれないかもしれない。伊藤らは「放っとけやん（放っておけない）」として、地域で彼らが生活できる場を作ることに奔走することになる。当時、障がい者施設の建設には地域住民の激しい反対運動があったものの、それを乗り越え、やがて障がい者の自立の実践は福祉関係者から注目され始める。

1995年、精神障がい者の経済的自立を手助けする全国初の精神障がい者福祉工場「ソーシャルファーム・ピネル」を作り、クリーニング事業などを展開し始める。毎日安定して継続的に仕事につくことが難しいとされる精神障がい者の働く事業所は、「精神障がいに合わせた仕事の作り方」を生み出していった。例えば、1日の出勤パターンを4種類（①8:30～10:10②10:30～11:45③13:00～14:30④14:50～16:00）に細分化し、フルタイムではなく徐々に仕事時間を増やしていく。短時間労働で毎日出勤するか、長時間労働で隔日出勤かは、本人と相談しながら実践していく。丁寧な仕事で顧客の支持を得て売上高を拡大し、障がい者年金と組み合わせて経済的自立を果たす当事者が次々と生まれ、生活保護を返上してグループホームやアパートでの生活を可能とした。

当事者に寄り添うことを実践してきた麦の郷は（精神、知的といった）障がい種別を越えて様々な活動を展開し、「半分の障がい者が、半分の障がい者を支える」を実践してきた。さらに地域での不登校・ひきこもり支援、高齢者地域支援に活動を拡大し、「放っとけやん」を実践している。

（秋葉武）

⑤企業組合ワーカーズ・コレクティブ結女(ゆめ)

代表者：
設　立：1993年
Ｈ　Ｐ：http://www.yume-yume.co.jp/index.htm
所在地：東京都西東京市
事業内容：1994年に配食サービス開始して、現「悠遊(ゆうゆう)」内に移転して、グループホームサービスを開始した。夕食サービス（月、水、木、金に）。

「住み慣れたまちで、最後まで安心して暮らす」システムの要企業組合ワーカーズ・コレクティブ「結女(ゆめ)」

長年の生活クラブ生活協同組合の活動を通じて、地域で安心して豊かに暮らせるように、活動してきた。そのなかで、高齢社会を迎えて重要な高齢者福祉の取り組みとして、1993年、社会福祉法人「悠遊」が誕生し、デイサービスを開始した。　それに合わせて、食事サービスを担う「結女」が誕生した。「地域での問題解決は自分たちの手で」「市民が自治する」という発想が基礎になっている。組織は、市民がともに出資し、ともに運営し、ともに働く、ワーカーズ・コレクティブという新しい形態をとった。現在は企業組合の認可をとり法人化している。「素性のたしかなものを適性価格で」という生活クラブ生協の原点を踏まえ、安心して食べられる美味しい食材にこだわっている。そのため同じ理念で提携する生産者たちの食材を使うように心がけている。

「素性たしかな食材を用いる食」と「持続可能な社会づくり」にこだわったうえで、「季節感を大切にした美味しい調理」を提供する。「高齢者の方々それぞれの状況にもできるだけ細かく配慮」した食事サービスを提供している。

食のサービスを通じて、助けあい支えあって生きられる地域のしくみづくりを担っている。2007年には配食サービスは市全体の半分以上、４包括12町に広がっている。これまでの活動の歴史を以下記す。　（ホームページから—桔川純子引用）

1993年　設立。
1994年　配食サービス開始。
1997年　都から企業組合として認可され、法人格取得。
2000年　配食サービスは市のいきいき食事サービスに移行。
2001年　夕食サービス開始（水曜のみ）。
2002年　夕食サービス、金曜も。
2005年　現「悠遊」内に移転。グループホームサービス開始。
　夕食サービス（月、水、木、金に）。

⑥ＮＰＯ法人文化学習協同ネットワーク

代表者：佐藤洋作
設立年：1999年
所在地：東京都三鷹市
Ｈ　Ｐ：http://www.npobunka.net/
事業内容：安全な材料で若者がパンをつくり、地域に自転車で配達、保育園やcafeへの配達、役所内にある食堂での週３日の外販の仕事は若者が担う。「風のすみか農場」では新たな共同生活体験・環境教育として活用。

協同ネットの母体は、36年前から三鷹市で活動している「地域の学習塾」。父母たちとの協同によって、当時大学院生であった佐藤（協同ネット代表）を中心に“すべての子どもに知る喜びと学ぶ意欲を”のスローガンのもと、体験的で活き活きした学習活動に取り組んできた。「わかるまで教えます」と看板を掲げ、すべての子どもや若者の学ぶ権利、学習権を支えようとする取り組みでもある。子どもの発達支援活動として、1988年「不登校の居場所　フリースペースコスモ」を開設。安全・安心の居場所は、競争的な関係を越えて、対話的で民主的な生活空間をつくり出すとともに、子どもたちが自信と誇りを回復していく場であり、やがて社会へと飛び立っていくベースキャンプとして現在も活動を続けている。

2000年以降、ひきこもりやニートという用語が日常化されるとともに、若者たちの就業問題が時代の大きな課題となり、次なる事業へ展開。2004年に「コミュニティ・ベーカリー風のすみか」というパン屋を開設。「何をしてよいのか分からない」「自分はどう生きていけばいいのかみえない」「人間関係がうまくいかないことで、社会に向けての一歩を踏み出せない」という自信をもてない若者たちの訴えに、「若者が働くことを学びながら働く」研修の場となっている。

安全な材料で若者がパンをつくり、そのパンを地域の方へ届けに行く。お客様との関係性を通して、仕事の意味や喜びを感じてほしい。自前の農場でつくった自家製小麦を使用し、天然酵母でパンを焼く。添加物などは一切つかわず、できる限り自家製にこだわり、あんこやクリームを毎日炊いています。地域のお宅へ自転車で配達、保育園やcafeへの配達、役所内にある食堂での週三日の外販の仕事は若者が任されている仕事であり、研修プログラムの一環に。農場は「風のすみか農場」として新たな共同生活体験・環境教育の場となっている。「みたか地域若者サポートステーション」（若者のための総合相談窓口）を厚生労働省委託事業としておこなっている。　（ホームページから—桔川純子引用）

⑦ＮＰＯ法人えがおつなげて

代表者：曽根原久司
設　立：2001年２月
Ｈ　Ｐ：http://www.npo-egao.net/
代表理事：曽根原久司
所在地：山梨県北杜市
事業内容：農をはじめとした地域共生型のネットワーク社会を創ることを目的に、「村・人・時代づくり」を行っている。

都市の住民・企業と農村をつなげる都市農村交流コーディネート活動を軸に、地域共生型の市民ネットワーク構築を目指し、農業から教育、福祉、地域産業創出まで幅広い活動を展開している。

都市と農村の交流の重要性が指摘されるが、都市の住民・企業と農村の担い手の考え方や相手に求めること、交流イメージは異なる場合が多い。そのニーズの違いを踏まえ、効果的なプログラムをデザインし、連携・協働を実行できるコーディネーターの役割を果たしている。

活動で特徴的なのは、農村と企業との連携を積極的に推進している点にある。農業体験も単なる作業体験にとどめず、オーガニック・スーパーの販売員の研修、社員参加型ＣＳＲ、山村資源活用事業の基盤づくりなど、企業ニーズに対応できる農村資源の活用法を提案している。

このように農村のもつ潜在的な価値を事業化できる多様な人材を増やし、農村の維持・発展に都会人や企業が参画できる機会を増やすことを通して、地域共生の考え方、実践手法を普及している。

具体的な活動内容は以下のようなことがある。

・えがおの学校、えがおの専門学校など農村都市交流マネージメントコーディネーター人材育成
・関東ツーリズム大学など都市のニーズと地域の問題解決を学ぶネットワーク
・空と土プロジェクトや企業のはたけ倶楽部、やまなし企業ファームリーグなど、企業との連携での農商工連携、耕作放棄地解消活動
・山梨エネルギーファーム、木質バイオマスなどエネルギー対策
・えがおファームによる農村都市交流プログラムやえがおマルシェによる農作物・加工品の販売ほか。

曽根原久司代表理事は95年、東京から山梨へ移住し、農林業を柱とした自給自足の生活を実践。01年ＮＰＯ法人「えがおつなげて」設立。内閣府が選定する「地域活性化伝道師」235人中の１人に選ばれる。えがおファーム農場長の小黒裕一郎理事は2005年に現在の居住地である山梨県北杜市に移住。ＮＰＯ法人えがおつなげての農場・えがおファームの農場長として、持続可能な農業の実践と、農村を舞台としたグリーンツーリズムイベントの企画・運営を行っている。主要活動拠点は本部、開拓館〔えがおつなげての古民家〕、開拓館アネックス、えがおファーム＆都市農村交流センター鉱泉みずがきランド、東京事務所。

（広石拓司）

社会的企業育成法（一部改正二〇一〇・六・八　法律一〇三六〇号）

第一条（目的） この法律は、社会的企業の設立・運営を支援し社会的企業を育成し、我が社会で十分に供給されていない社会サービスを拡充し、新しい雇用を生み出すことにより、社会統合と国民生活の質の向上に資することを目的とする。

第二条（定義） この法律で使用する用語の定義は次の通りである。

一．〝社会的企業〟とは、脆弱階層への社会サービス又は雇用を提供し、地域社会に貢献することにより、地域住民の生活の質を高めるなど、社会的目的を追求しつつ、財貨及びサービスの生産・販売など営業活動をする企業として第七条の規定に従って認証されたものをいう。

二．〝脆弱階層〟とは、自身に必要な社会サービスを市場価格で購入することが困難な階層や労働市場の通常的な条件で就職が特に困難な階層を言い、その具体的な基準は大統領令で定める。

三．〝社会サービス〟とは、教育や保健、社会福祉、環境、文化分野のサービス、その他これに準ずるサービスとして大統領令に定める分野のサービスをいう。

四．〝連携企業〟とは、特定の社会的企業に対する財政支援、経営諮問など多様な支援をする企業として、その社会的企業と人的・物的・法的に独立しているものをいう。

五．〝連携地方自治団体〟とは、地域住民に向けた社会サービスの拡充及び雇用創出のために特定の社会的企業を行政的・財政的に支援する地方自治体をいう。

第三条（運営主体別役割及び責務）

①国は、社会サービスの拡充及び就労創出のために社会的企業に対する支援対策を策定し、必要な施策を総合的に推進することとする。

②地方自治体は、地域別特性に相応しい社会的企業支援施策を策定し実行することとする。
③社会的企業は、営業活動を通じて新たに創出した利益を社会的企業の維持拡大に再投資するように努力することとする。
④連携企業は、社会的企業が新たに創出した利益を取得することがあってはならない。
（第四条削除）

第五条（社会的企業育成基本計画の策定）

①雇用労働部長官は、社会的企業を育成し体系的に支援するために、「雇用政策基本法」第十条の規定による雇用政策審議会（以下〝雇用政策審議会〟という）の審議を経て社会的企業育成基本計画（以下〝基本計画〟という）を五年ごとに策定しなければならない。
②基本計画は次の各号の事項が含まれなければならない。
一．社会的企業に対する支援の推進方向
二．社会的企業の活性化のための環境整備に関する事項
三．社会的企業の運営支援に関する事項
四．その他、社会的企業の育成及び支援のために、大統領令で定める事項
③雇用労働部長官は、基本計画による年度別施行計画を毎年策定・施行しなければならない。
④基本計画及び年度別施行計画の策定・施行に必要な事項は大統領令で定める。

第五条の二（市・道別の社会的企業支援計画の策定など）

①特別市長・広域市長・道知事及び特別自治道知事（以下〝市・道知事〟という）は、管轄区域の社会的企業を育成し体系的に支援するために、大統領令に定めるところにより、市・道別の社会的企業支援計画（以下〝支援計画〟という）を策定し、施行しなければならない。この場合、支援計画は基本計画と連携されるようにしなければならない。
②市・道知事は、第一項の規定による支援計画を策定した時には、大統領令に定めることに従い、その計画を雇用労働部長官に提出しなければならない。
③雇用労働部長官は、策定された支援計画の内容などが優秀な市・道に別途の支援ができる。

第六条（実態調査）雇用労働部長官は、社会的企業の活動に関する実態調査を五年ごとに実施し、その結果を雇用政策審議会に通

知しなければならない。

第七条（社会的企業の認証）

①社会的企業を運営しようとする者は、第八条の規定による認証要件を充たして雇用労働部長官の認証を受けなければならない。

②雇用労働部長官は、第一項の規定による認証をしようとする場合、雇用政策審議会の審議を経なければならない。

第八条（社会的企業の認証要件及び認証手続き）

①社会的企業として認証を受けようとする者は次の各号の要件をすべて充たさなければならない。

一.「民法」上の法人・組合、「商法」上の会社又は非営利民間団体など、大統領令で定める組織形態を充たしていること。

二.有給勤労者を雇用し財貨とサービスの生産・販売など営業活動を行うこと。

三.脆弱階層への社会サービス又は就労を提供することや地域社会に貢献することにより、地域住民の生活の質を高めるなど、社会的目的の実現を組織の主たる目的とすること。この場合の具体的な判断基準は大統領令で定める。

四.サービス受恵者、勤労者など利害関係者が参加する意思決定構造を整備すること。

五.営業活動を通じて得る収入が、大統領令に定める基準以上であること。

六.第九条の規定による定款や規約などを整えること。

七.会計年度別に分配可能な利潤が発生した場合、その利潤の三分の二以上を社会的目的のために使用すること（「商法」上の会社の場合に限る）。

八.その他、運営基準に関して大統領令に定める事項を備えること。

②雇用労働部長官は、社会的企業を認証した場合その旨を官報に掲載しなければならない。

③社会的企業の認証方法及び手続きに関して必要な事項は雇用労働部令に定め、社会的企業の認証審査基準は雇用労働部長官が告示する。

第九条（定款など）

①社会的企業として認証を受けようとする者は、次の各号の事項を記載した定款や規約など（以下〝定款など〟という）を備えなければならない。

一.目的

二．事業内容
三．名称
四．主たる事務所の所在地
五．機関及び支配構造の形態と運営方式及び重要事項の意思決定方式
六．収益分配及び再投資に関する事項
七．出資及び融資に関する事項
八．従事者の構成及び任免に関する事項
九．解散及び清算に関する事項（「商法」上の会社の場合には、分配可能な残余財産がある場合、残余財産の三分の二以上を他の社会的企業又は公益的基金などに寄付する内容が含まれなければならない）
一〇．その他、大統領令に定める事項
②第一項による定款などが変更された場合は、変更日から一四日以内にその内容を雇用労働部長官に報告しなければならない。

第一〇条（経営支援など）
①雇用労働部長官は、社会的企業の設立及び運営に必要な経営・技術・税務・労務・会計などの分野における専門的な諮問及び情報提供などの支援をすることができる。
②雇用労働部長官は、第一項の規定による支援業務を大統領令に定める政府出捐機関や民間団体に委託することができる。

第一〇条の二（教育訓練の支援など） 雇用労働部長官は、社会的企業の設立・運営に必要な専門人材の育成、社会的企業の勤労者の能力向上のために教育訓練を実施することができる。

第一一条（施設費などの支援） 国及び地方自治体は、社会的企業の設立又は運営に必要な敷地購入費、施設費などをサポートすることを目的として融資し、国・公有地を賃貸することができる。

第一二条（公共機関の優先購入）
①「中小企業振興に関する法律」第二条第八号の規定による公共機関の長（以下〝公共機関の長〟という）は、社会的企業が生産する財貨やサービスの優先購入を促進しなければならない。
②公共機関の長は、「中小企業製品購買促進及び販路支援に関する法律」第五条第一項の規定による購買計画を作成する場合には、

社会的企業が生産する財貨及びサービスの購買計画を区分し盛り込まなければならない。

第一三条（租税減免及び社会保険料の支援）

①国及び地方自治体は社会的企業に対し「法人税法」、「租税特例制限法」及び「地方税法」が定めるところによって国税及び地方税を減免することができる。

②国は社会的企業に対し「雇用保険及び産業災害補償保険の保険料徴収等に関する法律」による雇用保険料及び産業災害補償保険料、「国民健康保険法」による保険料、及び「国民年金法」による年金保険料の一部を助成することができる。

第一四条（社会サービスを提供する社会的企業に対する財政支援）

①雇用労働部長官は、社会サービスを提供する社会的企業において、予算の範囲内で公開募集及び審査を通じて社会的企業の運営に必要な人件費、運営費、諮問費用など財政的支援をすることができる。

②雇用労働部長官は、連携企業又は連携地方自治体より支援を受けている社会的企業に第一項の規定による支援を行う場合は、その連携企業や連携地方自治体の財政支援状況を考慮し、事業費を追加で支援することができる。

③財政支援対象の選定要件及び審査手続などに関して必要な事項は、雇用労働部省令で定める。

第一五条（連携企業の責任限界） 連携企業は社会的企業の勤労者に対し雇用上の責任を負わない。

第一六条（連携企業などに対する租税減免） 国及び地方自治体は、社会的企業に寄付する連携企業・法人又は個人に対し「法人税法」、「所得税法」、「租税特例制限法」及び「地方税法」が定めるところにより、国税及び地方税を減免することができる。

第一六条の二（社会的企業の日）

①国は、社会的企業に対する理解を増進させ、社会的企業家の活動を奨励するために、毎年七月一日を社会的企業の日とし、社会的企業の日より一週間を社会的企業の週間とする。

②国と地方自治体は、社会的企業の日の趣旨に適切な行事などの事業を実施するよう努力しなければならない。

第一七条（報告など）

①社会的企業は事業実績、利害関係者の意志決定の参加内容など、雇用労働部令に定める事項を記載した事業報告書を作成し、毎会計年度の四月末までに雇用労働部長官に提出しなければならない。この場合、雇用労働部長官は雇用労働部令で定められた方法により事業報告書を公表することができる。

②雇用労働部長官は、社会的企業を指導・監督し、必要であると認めた場合は社会的企業及びその構成員に対しその業務に必要な報告や関係書類の提出を命ずることができる。
③雇用労働部長官は、第一項の規定により提出された事業報告書に基づき、社会的企業の運営に対する評価をすることができる。
④雇用労働部長官は、第一項から第三項までによる報告事項の検討・指導・監督及び評価の結果、必要な場合は是正を命令することができる。

第一八条（認定の取り消し）
①雇用労働部長官は、社会的企業が次の各号のいずれかに該当する場合は認証を取り消すことができる。
一．虚偽やその他の不正な方法で認証を受けた場合。
二．第八条の規定による認証要件を満たさない場合。
②雇用労働部長官は、第一項の規定による認証を取り消す場合は、聴聞を実施しなければならない。
③認証取り消しの具体的な基準及び詳細手続きは、雇用労働部令で定める。

第一九条（類似名称の使用禁止）社会的企業ではない者は社会的企業又はこれに類似する名称を使用してはならない。

第二〇条（韓国社会的企業振興院の設立など）
①雇用労働部長官は、社会的企業の育成及び振興に関する業務を効率的に遂行するために韓国社会的企業振興院（以下振興院という）を置く。
②振興院は、法人とする。
③振興院は、その主たる事務所の所在地で設立登記を行うことにより成立する。
④振興院は、次の各号の事業を行う。
一．社会的企業家の育成と社会的企業モデルの発掘及び事業化支援。
二．社会的企業のモニタリング及び評価。
三．業種、地域及び全国単位の社会的企業のネットワーク構築・運営支援。
四．社会的企業のホームページ及び統合情報システムの構築・運営。
五．その他、この法律又は他の法令等により委託を受けた社会的企業と関連する事業。

六．第一号から第五号までの事業に付随した事業。
⑤政府は、予算の範囲内で振興院の設立・運営に必要な経費を助成することができる。
⑥振興院に関してこの法律に規定したものを除き、「民法」の中の財団法人に関する規定を準用する。
⑦振興院は、国、地方自治体、教育・研究機関等の公共機関の業務遂行に必要な資料を提供するよう要請することができる。
⑧振興院の職員は、「刑法」第百二十九条から第百三十二条までの規定による罰則の適用では公務員とみなす。
⑨振興院の職員又は元職員であった者は、職務上知った秘密を漏らしたり、他の用途で使用してはならない。
⑩雇用労働部長官は、振興院の指導・監督し、振興院に関する事務・会計及び財産に関し必要な事項を報告させたり、又は所属公務員に振興院に出入りし帳簿・書類その他の物を検査させることができる。
⑪振興院の定款、理事会、役員、会計、関係機関との業務協力、その他振興院の設立・運営等に必要な事項は大統領令に定める。
⑫振興院以外の者は、韓国社会的企業振興院、又はこれに類似する名称を使用することができない。

第二一条（権限の委任及び委託）

①この法律による雇用労働部長官の権限は、大統領令に定めるところに従い、その一部を地方自治体の長又は地方労働官署の長に委任することができる。
②雇用労働部長官は、次の各号の業務を振興院に委託することができる。
一．第六条に基づく社会的企業の活動に関する実態調査。
二．第七条第一項の規定による社会的企業の認証に関する業務。
三．第九条第二項の規定による定款等の変更に関する報告書の修理。
四．第一〇条の二に基づく教育訓練の実施。

第二二条（罰則） 第二〇条第九項に違反し、職務上知った秘密を漏らしたり、他の用途に使用した者は、三年以下の懲役または一千万ウォン以下の罰金に処する。

第二三条（過怠料）

①次の各号のいずれかに該当する者は一千万ウォン以下の過怠料を処する。
一．第一七条第四項の規定による是正命令を履行していない者。

二．第一九条の規定に違反し社会的企業、又はこれに類似する名称を使用した者。
②次の各号のいずれかに該当する者は五百万ウォン以下の過怠料を処する。
一．第九条第二項の規定による定款などの変更に対する報告義務を履行していない者。

二．第一七条第一項の規定による事業報告書作成・提出義務を怠ったり、虚偽やその他の不正な方法で作成した者。

三．第一七条第二項の規定による報告を怠ったり、虚偽の報告した者又は書類の提出を怠ったり、虚偽の提出した者。

四．第二〇条第一二項の規定に違反し、韓国社会的企業の振興院、又はこれに類似する名称を使用した者。
③第一項及び第二項の規定による過怠料は大統領令に定めるところに従い、雇用労働部長官が賦課・徴収する。

あとがき

本書は日韓の社会的企業の現状と課題をさぐることを目的として企画されたが、結果的には両国の市民社会がおかれている状況を「危機の時代」というキーワードが抽出して論考した書となった。

「希望叢書」2と名付けた本書は、二〇〇九年一〇月に刊行した「希望叢書」1『ろうそくデモを越えて―韓国社会はどこに行くのか』(東方出版)に続くものだ。李明博政権出帆まもなくしておきた二〇〇八年の「ろうそくデモ」は、一九八七年の六月民主抗争に並び称される民衆運動として位置づけられたものだが、社会的基層となっているものは大きく異にした。八七年抗争は軍事政権を打ち破る血みどろの民主主義革命ともいえるものであるのに対して、「ろうそくデモ」は、金大中、盧武鉉の進歩政権一〇年で成熟しつつあった民主主義の基盤が李明博政権によって旧時代に逆戻りすることへの巨大なプロテストであった。

後者をより具体的に言うならば、「希望叢書」1で編者文京洙さんが端的に次のように指摘している。進歩政権時代に進んだシステムと市民社会の垣根を越えた相互浸透、コミュニケーションの断絶が大きな起因としてあった、と。ここでいう「市民社会の垣根を越えた相互浸透」の一局面とは、市民運動団体が行政・企業と一定の協力関係を結ぶあり様であり、進歩政権時代に「非営利民間団体支援法」（二〇〇〇年一月）「社会的企業育成法」の成立が活動を後押しした。しかし、政権交代があろうとも韓国社会での民主主義の基層は着実に根付いているわけであり、李明博政権以後の社会的企業の活発化はたしかな民主主義の成熟を示しているといえる。

本書刊行の経過はこうだ。日本希望製作所の桔川純子さんらを中心として本書の編著者が二〇一〇年七月、その社会的企業の動向をさぐるため韓国での調査、交流を行い、そこでインタビューした社会的企業推進のパイオニア李恩愛さんらの内容を反映した本を出そうということになった。「希望叢書」1で探った韓国の民主主義の姿を「希望叢書」2は社会的企業という角度から切り込んだものであり、二つの書はテーマの上で連続したものなのだ。日本の状況をとらえるため湯浅誠さんに政権交代を市民運動というテーマでインタビューに応じていただいた。

ところが本書編集途中の二〇一一年三月一一日、東日本大震災が発生した。この予期しない大震災に対して市民社会はどの様に立ち上がり助け合おうとしているのか、この観点を抜きにして本書は語れないと、菊池新一さん、田村太郎さんにインタビューを申し込んだ。さらに同年一〇月、本書刊行のためインタビューした希望製作所常任理事（当時）朴元淳さんがソウル市長に当選する新たな動きもおきた。なぜ朴元淳さんが市民の支持を受けたのか、その分析もまとめる必要が出てきた。二〇一二年二月末現在の状況を文京洙さんが執筆し、また朴元淳さんが市長に就任してまもなくの発言「第二のソンミサン・マウルを一五か所つくる」を受けて、一気に注目を集めたソウル市麻浦区のソンミサン・マウルのまちづくりも一文を草して本書に加えねばならなくなった。なぜなら社会的企業試行の先進地であるからだ。

当初は二〇一〇年中刊行を目標に今回の編著者が編集委員会（「危機の時代の市民活動」編集委員会）をつくり臨んだのが、結果的に二〇一二年三月刊行になってしまった。二〇一〇年刊行を目途にインタビューを受けていただいた湯浅誠さん、李恩愛さんには重ね重ねの刊行の遅れをお詫び申し上げたい。さらに大震災後、東奔西走されて活動されていた菊池新一さん、田村太郎さんのインタビュー実現は、本書の性格付けを新たに決定づけた。本文末尾ながらお礼申し上げたい。

最後になるが、本書刊行で前書に続きお世話いただいた東方出版の今東成人社長、装丁の林眞理子、本書テーマをシンボリックに形象化されたともいえる絵画作品を提供いただいた瀬谷豊さん、校正の草野権和さん、入稿から責了まで時間を要しながら立派な本書を仕上げるため尽力いただいた印刷会社・国際印刷出版研究所の方々にお礼を申し上げます。なお本書の出版は下記の研究成果の一部に基づいていることを記します。

①科研費補助金　課題番号22530651（代表：桔川純子）
「韓国における貧困女性の自立支援のための市民事業に関する研究」
②科研費補助金　課題番号21730476（代表：秋葉武）
「地域社会におけるNPOのアドボカシー――事業化をめぐって――」
③科研費補助金　課題番号21530137（代表：文京洙）
「韓国における市民的公共性の新たな展開としての市民事業に関する研究」
④文部科学省私立大学戦略的研究基盤形成支援事業

「大学を模擬社会空間とした自立支援のための持続的対人援助モデルの構築」（立命館大学）本書のタイトルが示すように「危機の時代」の市民活動について、何らかのかたちで示唆を与える書となること、そのことが編著者六人の共通の願いでもあることを付します。ありがとうございました。

二〇一二年三月一日

「危機の時代の市民活動」編集委員会

川瀬俊治

の供給額は1,500億ウォン（2009年）に達する。

民主労総：全国民主労働組合総連盟。政府寄りの労組のナショナルセンター・韓国労総（韓国労働組合総連盟）に対して1995年に創立された、産別労組を志向する民主労働運動の全国組織。複数労組を禁じた労働法によって法外団体とされたが、99年以後合法化されて現在に至っている。2010年の組合員数は約67万人。

落薦落選運動：収賄・選挙法違反・反人権・反民主主義行為の前歴などを基準に公薦不適格者を選定し、公薦反対運動を展開し、それにもかかわらず政党がその候補を公薦した場合には落選運動をくりひろげた。ターゲットとなった候補の70％を落選させ社会的なセンセーションを巻き起こした。

ワークフェア：生活保護、医療費保護などからなる「福祉」（welfare）の受給者に対して、一定の「勤労」を義務づけ、給付を労働の対価とすることによって、その精神的自立を促すと共に、「勤労」を通じて、招来の経済的自立の基盤たる技術・技能を身に着けさせようとする制度。もともとはアメリカのニクソン大統領が福祉改革に際して用いた言葉であり、一人親家庭の扶助が福祉依存層を拡大させているという認識から、こうした世帯に何らかのかたちで就労を義務付けることを目指した。

の組織や機能、予算状況などを把握し、新しい政府の政策基礎づくりのために各界の専門家を招集して構成される組織。

地域自活センター（旧「自活後見機関」）：国民基礎生活保障法に基づき、各基礎自治体に設置された組織（2010年段階で全国に242ヶ所）で、貧困層のうち労働可能な者に対し「自活支援事業」を行う。事業内容としては、自活意欲を高めるための教育、自活のための情報提供・相談・職業教育及び職業斡旋、生業のための資金融資斡旋、自営創業支援及び技術・経営指導、自活共同体の設立・運営支援などがある。自活後見機関の運営は、法制定以前から貧困層のためのコミュニティづくりや協同組合運動に取り組んできた市民団体に委託されているケースが多い。2009年現在の自活事業参加者数は約78,000人。自活共同体数は1,164、参加者は約9,400人（保健福祉部『保健福祉白書2009年』）となっている。

地方自治体：韓国の地方自治体は以下のような広域・基礎の二層構造からなる。広域自治体は、ソウル特別市、釜山、仁川などの広域市、京畿道、慶尚南・北道などの道、さらに済州特別自治道からなる。基礎自治体は、都市部の市・区と農村部の郡からなる。

広域自治体（16）	ソウル特別市	広域市（6）		道（8）		済州特別自治道
基礎自治体（228）	区（25）	区（44）	郡（5）	市（72）	郡（82）	

トゥレ（두레）**生協：**1997年に首都圏の生協が連合して結成され、設立当初は「生協首都圏連合会」。2005年に「地域生命運動」を掲げて名称を「トゥレ生協連合会」に変えた。会員数は2010年で約6万人。トゥレ（두레）は農繁期に互いに協力するための部落や村（里）単位の農民の伝統的な互助組織。

都市産業宣教会：1957年に聖公会の米国人主教がソウル永登浦に都市、産業宣教会を設立したことに始まる新旧のキリスト教の宣教団体で、70年代の東一紡績争議やＹＨ貿易事件など底辺労働者の生存権闘争に積極的に関与したことで知られている。

ニューライト：1990年代に社会主義体制が崩壊し、経済や人権をめぐる北朝鮮の疲弊が明らかになるなかで、主に運動圏勢力から分岐した学者や活動家が、「自由主義連帯」（2004年結成）や「ニューライト全国連合」（2006年）などを組織したことに始まる。Old-right（保守右派）とOld-left（保守左派）との双方から自らを峻別し、減税および教育自律化、規制緩和、公企業民営化など経済、行政、教育における自由主義改革と世界化（貿易の自由化）などを主張している。

ノリダン（노리단）**：**若者が中心となり、生活廃棄物を素材として作った楽器による演奏とパフォーマンス、そして、それを活用したワークショップを事業とする社会的企業。

ハンサルリム（한살림）**：**人と自然、都市と農村が一体となって生きるという独自の生命思想に基づいて張壹淳、金芝河らが主導した農民運動（ハンサルリム運動）から成長した韓国最大の生協組織。1986年に小さな米屋（ハンサルリム農産）から始まって2010年８月末現在で全国19地域で232,000世帯の都市消費者会員と2,000世帯の農村会員が加入し、産直による有機農産物など

のに対して、経実連はそうした運動圏とは一線を画した。

コンブパン（공부방）**：**勉強部屋の意味で、シングルマザーなど低所得家庭の学童のための放課後保育。

雇用保険：韓国の雇用保険は、95年から施行され、雇用部（現在の雇用労働部）傘下の雇用保険管理公団が管理し施行当初の基金の規模は3,000億ウォンであった。97年末の通貨金融危機に伴う大量失業と保険適用範囲の拡大（当初30人以上の事業所から99年10月までに全事業所に段階的に拡大）にともなう基金残高の逼迫を保険料の引き上げ（67％）によってカバーした。現在の保険料水準（被雇用者、雇用者ともに賃金総額の0.45％）はこの引き上げによる。その後、雇用保険収支は黒字基調で安定したが、2000年代半ば以降の雇用保険支出の急増によって2007年以降再び赤字に転じ、2013年には基金が底をつくものとされている。

五月闘争：1991年の４月26日から６月20日まで続いた、青年学生や労働運動の急進派に主導されて盧泰愚政権の公安統治（警察・検察など公安機関を動員した運動圏に対する弾圧政策）に反対してたたかわれた闘争。

国民基礎生活保障法：1997年末の経済危機によるＩＭＦ救済以降、臨時・日雇い労働者が増えることによって生計の不安定な階層が拡大したことを背景に、2000年に制定された社会福祉法制。就業可否、年齢に拘わらず最低の生計費（National Minimum）に満たない全ての世帯を対象にし、生計費の不足分を、国の責任において支給することを定めている。その第16条において低所得者層の自活を促進する支援組織として「自活後見機関」を設置することが盛り込まれている。参与連帯を中心として全国の市民団体が立法の原動力となった。

五大保険：国民年金、健康、雇用、長期療養（介護）、産業災害（通常「産災」と略称、日本の労災にあたる）保険の五つ。

参与連帯：経実連とならぶ韓国の代表的市民団体で94年に設立。「参与民主社会と人権のための市民連帯」として発足し、略称を参与連帯としていたが、1995年に「参与民主社会市民連帯」となり、1999年に名称を単に「参与連帯」に変えて現在に至っている。政権や大企業の監視や異議申し立て、検察の捜査権や起訴権の乱用を防ぐ司法改革、透明性や説明責任を高める政治改革や腐敗防止、さらには新たな社会的セフティネット構築のための立法運動などを推進した。わずか会員166人で出発したが、落選運動を展開した2000年には50人近い専従スタッフと10,000人を超える会員をもつ大組織に成長した。朴元淳は、96年にこの参与連帯の実務を総括する事務処長に就任している。

次上位層：国民基礎生活保障法によって算定される最低生計費（2008年基準で四人家族で1,255,848ウォン）からその120％（同1,519,018ウォン）の収入を上限とする貧困層でおよそ30万世帯余り（200万人余り）と算定されている。

大統領職引継ぎ委員会：2003年に制定された「大統領職引継ぎ委員会に関する法律」に基づくもので、大統領当選人が大統領としての職務を円滑に引き継ぐために、政府

キーワード解説（韓国関連）

【あいうえお順―本文中にも脚注で解説した用語も含まれる】

ＩＭＦ事態：1997年～98年にかけて、タイにはじまりインドネシア、韓国など東アジア各国を襲った通貨金融危機の韓国での呼称。

ｉＣＯＯＰ：1997年に京畿・仁川地域の七つの地域生協が京仁地域連帯として結集して共同物流を始めたことから出発し、21世紀生協連帯（98年）、韓国生協連合会（2002年）の段階を経て2008年にｉＣＯＯＰ生協連帯と名称変更、2010年３月現在、全国に74の会員生協と83,544人の組合員が加入している。

美しい財団：2000年に寄付文化を韓国社会に根付かせることを目的に設立され，現在では、年に100億ウォンにのぼる寄付金を集めている。その傘下のリサイクル・ショップ「美しい店」（2002年に第１号店）は市民からの寄贈物品を販売することを通じて、かつてはあった「分かち合い」の文化を現代に再生することを目指す。2007年の第一次認証で社会的企業となり、店舗を全国に展開して2009年100号店を出店している。

永久賃貸アパート：国、地方自治体、韓国国土住宅公社などを事業主体とする低所得者用のアパート。

ＮＬ／ＰＤ：ＮＬ（National Liberation）、ＰＤ（People' s Democracy）は80年代の半ばに台頭した青年・学生を中心とする急進的社会運動の二大潮流。前者は反米自主化・統一を掲げて民族的課題を重視し、後者はオーソドックスなマルク主義の立場に立って階級的課題を重視した。

韓国女性団体連合（女連）：1987年に結成された韓国最大の女性団体。1980年代から民主化や男女平等を訴えてきた女性団体の連合体として結成された。この女連とならぶ韓国を代表する女性団体の全国組織としては、やはり1987年に結成され、より生活に密着して生協活動なども展開する女性民友会がある。

韓国の「団塊の世代」：朝鮮戦争（1950－1953年）以後の1955～63年に生まれた世代で、70年代前半までは出生率４％以上を維持した。だが83年に2.1人を下回ったのを起点に出生率が急速に下降し続け、2009年には1.15人と世界的にも最低水準となっている。いわゆる高齢化社会となったのは2000年で日本より30年遅れているが、その後高齢化が急速に進み、高齢社会となるのは日本より10年余り遅れて2018年だと予測され、2020年頃には、韓国版の団塊の世代が大挙してシニア世代となる時代を迎える。

希望製作所：2006年、朴元淳弁護士を中心に、市民が社会デザインの担い手となることを目指して設立された市民参加型シンクタンク。英語名 The Hope Institute。現在、市民会員は5,000名を超え、地域活動の支援や市民社会づくりの担い手の育成に取り組んでいる。

経実連（経済正義実践市民連合）：民主化後の1989年に結成され、94年に成立した参与連帯と並んで韓国を代表する市民運動団体。両者とも権力・経済システムへの監視や異議申し立て、提案などに総合的に取り組んだアドボカシー組織であるが、参与連帯が急進的社会運動の流れをくむ団体であった

編著者紹介（あいうえお順）

秋葉武（あきば・たけし）
東京都生まれ　現在、立命館大学産業社会学部准教授(NPO・NGO論)。日韓の市民団体の事業化、協同組合、社会的企業に関心。社会的活動としてNGOの第３者評価、コンサルティングに関わるほか、行政の各種委員を歴任。NPO法人パブリックリソースセンター理事。共著『21世紀型生協論―生協インフラの社会的活用とその未来』日本評論社など。

川瀬俊治（かわせ・しゅんじ）
1947年三重県生まれ。編集者。主な著者に『夜間中学設立運動』たいまつ社、『もうひとつの現代史序説』ブレーンセンター、訳書に孫錫春『言論改革』みずのわ出版、ハンギョレ新聞社『不屈のハンギョレ新聞』(現代人文社、森類臣立命館大学（RiCKS）研究員と共訳）など。

菊地謙（きくち・けん）
1968年生まれ。大学卒業後ワーカーズコープの運動に参加。現在、ワーカーズコープちば専務理事。2009年より不安定就労者の住まいづくりを目指し「自由と生存の家」の活動を行っている。ＮＰＯ日本希望製作所理事、ＮＰＯくらしえん・しごとえん理事など。

桔川純子（きっかわ・じゅんこ）
現在NPO法人日本希望製作所副理事長。大阪外国語大学大学院外国語研究科 修士課程東アジア語学専攻修了。 韓国慶熙大学修士課程留学後、女性の健康に関わるNGO等の勤務を経て 日本希望製作所日本支部設立に関わる。成蹊大学、明治大学兼任講師。共著に『ろうそくデモを越えて』東方出版、『まちの起業がどんどん生まれるコミュニティ』日本希望製作所など。

広石拓司（ひろいし・たくじ）
株式会社エンパブリック代表取締役。2001年から社会起業家の育成に取り組んだ後、2008年に社会的企業や地域活動を生み、育むコミュニティづくりに取り組むエンパブリックを創業。韓国、中国の社会的企業との交流も行う。共著に『好きなまちで仕事を創る』『まちの起業がどんどん生まれるコミュニティ』など。

文京洙（ムン・ギョンス）
1950年東京生まれ、現在、立命館大学国際関係学部教員。政治学・朝鮮現代史。主な著書に『韓国現代史』岩波新書、『済州島四・三事件』平凡社、共編著に『ろうそくデモを越えて』東方出版、『在日コリアン辞典』明石書店、『エティック国際関係学』東信堂など。

執筆協力者
李玧妟（イ・ユンヒ）総合研究大学院大学文化科学研究科国際日本研究専攻博士後期課程
梁京姫（ヤン・キョンヒ）大阪市立大学大学院経済学研究科　特任助教
姜泰羊（カン・テヤン）立命館大学　大学院社会学研究科博士前期課程
鄭眞愛（チョン・ジネ）首都大学東京　システムデザイン研究科インダストリアルアートコース研究生

危機の時代の市民活動—日韓「社会的企業」最前線　希望叢書２

2012年３月25日　初版第１版発行

編著者………… 秋葉武、川瀬俊治、菊地謙、桔川純子、広石拓司、文京洙

発行者……………………………………………………………………… 今東成人

発行所…………………………………………………………………… 東方出版㈱

〒543-0062　大阪市天王寺区逢阪2-3-2-602　Tel.06-6779-9571　Fax.06-6779-9573

印刷所…………………………………………………………… ㈱国際印刷出版研究所

ISBN978-4-86249-196-1 C0036 ￥2200E